NULIDADES, RECURSOS E AÇÕES IMPUGNATIVAS NO PROCESSO PENAL

SÉRIE ESTUDOS JURÍDICOS: DIREITO CRIMINAL

2ª edição

Eduardo Pião Ortiz Abraão

Rua Clara Vendramin, 58 . Mossunguê . CEP 81200-170 . Curitiba . PR . Brasil
Fone: (41) 2106-4170 . www.intersaberes.com . editora@intersaberes.com

Conselho editorial Dr. Alexandre Coutinho Pagliarini, Drª Elena Godoy, Dr. Neri dos Santos, Mª Maria Lúcia Prado Sabatella ▪ **Editora-chefe** Lindsay Azambuja ▪ **Gerente editorial** Ariadne Nunes Wenger ▪ **Assistente editorial** Daniela Viroli Pereira Pinto ▪ **Preparação de originais** Letra & Língua Ltda. - ME ▪ **Edição de texto** Palavra do Editor, Guilherme Conde Moura Pereira ▪ **Capa** Luana Machado Amaro ▪ **Projeto gráfico** Mayra Yoshizawa ▪ **Diagramação** Luana Machado Amaro ▪ *Designer* **responsável** Charles L. da Silva ▪ **Iconografia** Regina Claudia Cruz Prestes

---

Dados Internacionais de Catalogação na Publicação (CIP)
(Câmara Brasileira do Livro, SP, Brasil)

Abraão, Eduardo Pião Ortiz
  Nulidades, recursos e ações impugnativas no processo penal / Eduardo Pião Ortiz Abraão. -- 2. ed. -- Curitiba, PR : Editora Intersaberes, 2023. -- (Série Estudos Jurídicos: Direito Criminal)

  Bibliografia.
  ISBN 978-85-227-0670-9

  1. Direito processual penal 2. Direito processual penal – Brasil 3. Nulidades (Direito) 4. Recursos (Direito) I. Título. II. Série.

23-154782   CDU-343.1

Índices para catálogo sistemático:
1. Direito processual penal 343.1
  Eliane de Freitas Leite – Bibliotecária – CRB 8/8415

1ª edição, 2021.
2ª edição, 2023.

Foi feito o depósito legal.

Informamos que é de inteira responsabilidade do autor a emissão de conceitos.

Nenhuma parte desta publicação poderá ser reproduzida por qualquer meio ou forma sem a prévia autorização da Editora InterSaberes.

A violação dos direitos autorais é crime estabelecido na Lei n. 9.610/1998 e punido pelo art. 184 do Código Penal.

2ª edição especial – capa dura

Sumário

13 ▪ *Apresentação*
15 ▪ *Nota à 2ª edição*

Capítulo 1
17 ▪ **Nulidades no processo penal**
19 | Vícios processuais
22 | Princípios aplicáveis às nulidades
31 | Nulidade absoluta e nulidade relativa
32 | Nulidades em espécie

Capítulo 2
49 ▪ **Teoria geral dos recursos**
51 | Fundamentos jurídico e político dos recursos
57 | Classificação dos recursos
62 | Princípios gerais dos recursos
91 | Pressupostos recursais
103 | Efeitos dos recursos

Capítulo 3
111 ▪ **Apelação**
115 | Cabimento
138 | Prazos e procedimento na primeira instância
159 | Procedimento na segunda instância

162 | Interesse
166 | Legitimidade
167 | Efeitos

Capítulo 4
171 ▪ Recurso em sentido estrito
172 | Cabimento
189 | Prazos e procedimento na primeira instância
191 | Procedimento na segunda instância
192 | Legitimidade
192 | Efeitos

Capítulo 5
195 ▪ Agravo em execução
196 | Cabimento
197 | Prazo, procedimento e efeitos

Capítulo 6
201 ▪ Carta testemunhável
202 | Cabimento
203 | Prazo, procedimento e efeitos

Capítulo 7
205 ▪ Embargos infringentes e de nulidade
206 | Cabimento
207 | Prazo, procedimento e efeitos

Capítulo 8
211 ▪ Embargos de declaração
214 | Cabimento

219 | Legitimidade e interesse
219 | Prazo e procedimento
221 | Efeitos do recurso e possibilidade de efeito infringente
224 | Efeito da oposição dos embargos de declaração em relação aos prazos de outros recursos

Capítulo 9
231 ▪ **Correição parcial**
233 | Cabimento
236 | Legitimidade
238 | Procedimento

Capítulo 10
243 ▪ **Recurso especial e recurso extraordinário**
247 | Requisitos específicos de admissibilidade
258 | Cabimento: diretrizes gerais
270 | Legitimidade
271 | Prazo e procedimento
276 | Efeitos

Capítulo 11
285 ▪ **Ações de impugnação**
288 | *Habeas corpus*
321 | Revisão criminal

349 ▪ *Considerações finais*
351 ▪ *Referências*
367 ▪ *Sobre o autor*

Dedico este livro à minha mulher, Alessandra, aos meus filhos, Diego, Rafaela e Lucas, à minha mãe, sr.ª Diva, e ao meu pai, sr. Abraão. O amor de vocês é o que dá sentido à minha caminhada na vida! Muito obrigado por tudo o que fazem por mim e pela nossa família!

Agradeço aos professores Jaílson de Souza Araújo e André Peixoto de Souza, pelas oportunidades acadêmicas a mim conferidas e pela possibilidade de escrever este livro.

Agradeço, também, aos colegas e amigos da minha equipe de trabalho na Defensoria Pública do Estado do Paraná pelas sugestões dadas para ajustar algumas partes do material escrito.

Apresentação

Na presente obra, abordamos os temas de fechamento do estudo do direito processual penal. Nulidades, recursos e ações impugnativas compõem a tríade de institutos que encerram o conteúdo da matéria de processo penal nos bancos acadêmicos e na estrutura normativa do Código de Processo Penal, já que seu livro final – Livro IV: "Da execução" – foi revogado quase inteiramente com o advento da Lei n. 7.210/1984 (Lei de Execução Penal).

Os capítulos foram distribuídos de forma didática, considerando-se não apenas a sistemática do Código de Processo Penal, mas também a estrutura utilizada em boa parte dos livros e manuais de doutrina que tratam dos mesmos pontos.

Procuramos, em linguagem acessível, desenvolver o estudo com base na análise do texto legal e de posições da doutrina e da jurisprudência, principalmente com relação aos pontos de maior debate e polêmica.

Como sugestão, recomendamos que outros assuntos do processo penal – como princípios constitucionais, ação penal, competência, procedimentos e sentença – sejam revisados pelo leitor sempre que possível, pois trabalhar no eixo dos temas examinados nesta obra significa, também, analisar de modo sistemático a ciência do processo.

Nosso objetivo é contribuir com os estudantes e com os operadores do direito, na teoria e na prática, na busca pelo aperfeiçoamento do conhecimento e da aplicação dos institutos processuais penais aqui contemplados.

Boa leitura!

Nota à 2ª edição

A 2ª edição visa atualizar o conteúdo da obra em virtude da entrada em vigor da Emenda Constitucional n. 125, de 14 de julho de 2022, que alterou o artigo 105 da Constituição Federal (adicionando-lhe os parágrafos 2º e 3º), para incluir no recurso especial o requisito da relevância das questões de direito federal infraconstitucional.

Aproveitamos a ocasião para promover pequenos ajustes textuais a sua edição inaugural, com o objetivo de tornar a consulta ao texto cada vez mais prazerosa e enriquecedora ao leitor.

Esperamos que esta 2ª edição contribua, ainda mais, para o conhecimento jurídico daqueles que optarem por fazer conosco seus estudos dos temas de processo penal abordados neste livro.

Um abraço fraternal e boa leitura!

Capítulo 1

Nulidades no processo penal

O estudo das nulidades parte da análise do princípio da legalidade dos atos processuais, segundo o qual é tarefa do legislador estabelecer a forma a ser observada pelos sujeitos (processuais) quando da prática dos atos que compõem o processo.

Para que os atos constitutivos do processo produzam seus efeitos jurídico-legais, a forma definida pela lei para a realização de tais atos representa verdadeiro modelo típico de observância obrigatória pelo magistrado e pelas partes. Temos, assim, um sistema de tipicidade das formas dos atos processuais. "A observância do procedimento modelado pela lei é penhor da legitimidade política e social do provimento judicial a ser proferido afinal, justamente porque é através dela que se assegura a efetividade do contraditório" (Cintra; Grinover; Dinamarco, 2004, p. 342).

Ademais, no processo penal acusatório, o respeito à tipicidade das formas se manifesta como expressão das garantias constitucionais próprias do sistema processual de um Estado democrático.

Caso não seja respeitado o modelo fixado pelo legislador para a realização do ato processual, este será considerado atípico e, assim, nascerá o vício processual. Conforme a maior ou menor intensidade da ofensa à formalidade legal, os vícios processuais podem ser das seguintes ordens: inexistência, irregularidade ou nulidade.

— 1.1 —
Vícios processuais

A **inexistência** refere-se ao vício processual de maior intensidade, que nasce da falta de elemento imprescindível para que o ato exista no plano jurídico. Embora seja um ato existente no mundo material, a atipicidade formal será grave a ponto de ser entendido como um não ato jurídico. Devemos nos ater, também, ao fato de que a análise de (in)existência jurídica do ato precede o exame de sua validade. Portanto, caso o vício seja de inexistência, prejudicada estará a verificação de sua validade.

Da mesma forma, não há de se falar em preclusão de arguição do vício de inexistência nem na possibilidade de sua convalidação para que produza efeitos jurídicos. São exemplos de atos inexistentes a sentença proferida por juiz aposentado[1] e a sentença sem o dispositivo[2].

Caso não seja observada formalidade não preponderante, de menor relevância, que não traga prejuízo às partes, ao processo e à relação jurídica processual, haverá **irregularidade**. Ainda que seja destacada como espécie de vício processual, caracterizando, como tal, desprendimento da forma legal, a irregularidade é incapaz de comprometer a validade do ato. Este, pois,

---

1 Se o magistrado estiver aposentado, não estará mais no exercício de atividade jurisdicional a ser observada.

2 O dispositivo (ou parte dispositiva) é um dos requisitos da sentença. É a parte da sentença que contém a decisão propriamente dita, na qual o juiz aplica o direito ao caso concreto. É nele que, depois de ser apresentada a motivação, o magistrado julga o réu e acolhe ou não a pretensão punitiva estatal, condenando-o ou absolvendo-o.

existirá no âmbito jurídico e terá sua validade (jurídica) preservada, quando irrestritamente meramente irregular.
O Código de Processo Penal (CPP) – Decreto-Lei n. 3.689, de 3 de outubro de 1941 –, em seu art. 564, inciso IV, prevê que a nulidade ocorrerá (entre outras situações arroladas no mesmo artigo) "por omissão de formalidade que constitua elemento essencial do ato" (Brasil, 1941).

Portanto, ao interpretarmos o duplo significado dessa norma, podemos compreender que: (a) caso haja omissão de formalidade que componha elemento essencial do ato, ocorrerá sua nulidade; (b) se, por outro lado, houver omissão de formalidade que não seja considerada elemento essencial do ato (sendo, pois, de menor importância), este será considerado meramente irregular e, logo, será válido.

Assim, quando se estiver diante de mera irregularidade, apesar de o ato desbordar em parte do modelo típico legal, ele terá existência e validade jurídicas. Exemplo de mera irregularidade é o oferecimento de denúncia pelo representante do Ministério Público fora do prazo legal[3].

---

3   Determina o CPP: "Art. 46. O prazo para oferecimento da denúncia, estando o réu preso, será de 5 dias, contado da data em que o órgão do Ministério Público receber os autos do inquérito policial, e de 15 dias, se o réu estiver solto ou afiançado. No último caso, se houver devolução do inquérito à autoridade policial (art. 16), contar-se-á o prazo da data em que o órgão do Ministério Público receber novamente os autos. § 1º Quando o Ministério Público dispensar o inquérito policial, o prazo para o oferecimento da denúncia contar-se-á da data em que tiver recebido as peças de informações ou a representação. § 2º O prazo para o aditamento da queixa será de 3 dias, contado da data em que o órgão do Ministério Público receber os autos, e, se este não se pronunciar dentro do tríduo, entender-se-á que não tem o que aditar, prosseguindo-se nos demais termos do processo" (Brasil, 1941).

Entre os extremos dos vícios processuais de inexistência e irregularidade, há a **nulidade**. Mossin (2005, p. 61) define *nulidade* como "a falta de observância das fórmulas legais capaz de tornar sem eficácia um ou mais atos processuais, o processo ou a relação jurídico-processual". Há autores que a entendem como vício processual. Nesse sentido, Nucci (2005, p. 854) conceitua *nulidade* como "o vício que impregna determinado ato processual, praticado sem observância da prevista em lei, podendo levar à sua inutilidade e consequente renovação".

Contudo, outros tratam a nulidade como uma sanção a ser aplicada quando não houver a correspondência do ato jurídico- -processual à formalidade prevista em lei. Nessa perspectiva, Grinover, Gomes Filho e Fernandes (2004, p. 22) registram que "para certos desvios de forma estabelece-se a sanção de nulidade, pela qual a lei possibilita que se retire do ato a aptidão de produzir efeitos".

Para Mirabete (2006, p. 614), entretanto, há um duplo aspecto na nulidade, ou seja, ela significa tanto vício quanto sanção: "A nulidade, portanto, é, sob um aspecto, vício, sob outro, sanção, podendo ser definida como a inobservância de exigências legais ou a falha ou imperfeição jurídica que invalida ou pode invalidar o ato processual ou todo o processo".

Na relação processual, o reconhecimento da nulidade como vício que macula o ato dependerá de declaração feita judicialmente, ou seja, "a ineficácia do ato decorre sempre do pronunciamento judicial que lhe reconhece a irregularidade" (Cintra;

Grinover; Dinamarco, 2004, p. 342). Caso seja reconhecida – no ambito judicial – a nulidade do ato processual, será declarada sua falta de aptidão para produção de efeitos jurídicos. Desse modo, ao ser declarada a nulidade processual, retira-se a eficácia jurídica do ato.

Dependendo da finalidade para a qual a formalidade desrespeitada foi fixada pelo legislador, a nulidade pode ser absoluta ou relativa. A diferença entre elas será descrita adiante.

— 1.2 —
Princípios aplicáveis às nulidades

Regulamentado o sistema das nulidades processuais, há os chamados *princípios gerais* aplicáveis às nulidades. Utilizamos, aqui, a palavra *princípio* não em seu significado jurídico mais apropriado, ou seja, não na concepção de que os princípios representam os principais valores de um sistema jurídico, o que inclui todo o eixo de garantias constitucionais do processo[14].

---

4   Em uma perspectiva mais ligada à teoria geral do direito e do processo, o estudo dos princípios exige análise pormenorizada da própria origem do sistema punitivo, uma vez que são eles o sustentáculo da Constituição Federal e da própria dogmática penal e processual penal, que, em um Estado democrático de direito, impõem uma leitura constitucional. Nesse sentido, os princípios formam o comando central do ordenamento jurídico, fornecendo-lhe o alicerce para que seu sistema punitivo seja forjado de forma subserviente a esses mesmos mandamentos centrais estruturantes. Assim, os princípios expressam os valores fundamentais que informam e formam a ordem jurídica e seu sistema punitivo, os quais, no caso do Brasil, precisam ser moldados conforme esse conjunto de valores que compõem o modelo democrático de Estado. Sob esse aspecto, os princípios processuais são as garantias constitucionais do processo penal.

Na essência, estamos diante de regras – e não de princípios – centrais que auxiliam na avaliação da possível ocorrência do vício e da necessidade (ou não) de declaração de nulidade do ato processual.

— 1.2.1 —
Princípio do prejuízo e/ou da instrumentalidade das formas

Parte da doutrina aborda os princípios do prejuízo e da instrumentalidade das formas separadamente. No entanto, há quem defenda tratar-se de um único princípio (do prejuízo ou da instrumentalidade das formas). Cuida-se de mera opção acadêmica, que não altera a necessidade de tê-los como normas complementares que devem ser conjuntamente aplicadas.

Inaugurando o título "Das nulidades" no CPP (Título I do Livro III), dispõe o art. 563 que "nenhum ato processual será declarado nulo, se da nulidade não tiver resultado prejuízo para uma das partes" (*pas de nullité sans grief*) (Brasil, 1941). Portanto, para que seja declarada a nulidade do ato, é necessário que haja prejuízo à parte que arguiu a existência do vício.

Além disso, o processo tem caráter instrumental, ou seja, é mero instrumento de solução de conflito de interesses e de aplicação do direito ao caso concreto, não contendo um fim em si mesmo. Dessa forma, toda a atividade processual deve ser guiada, também, pela chamada *instrumentalidade das formas*.

Conforme prevê o art. 566 do CPP, "não será declarada a nulidade de ato processual que não houver influído na apuração da verdade substancial ou na decisão da causa" (Brasil, 1941). No mesmo sentido, o art. 65, *caput*, da Lei n. 9.099, de 26 de setembro de 1995, dispõe que: "Os atos processuais serão válidos sempre que preencherem as finalidades para as quais foram realizados, atendidos os critérios indicados no art. 62 desta Lei"[15] (Brasil, 1995). Complementando, o parágrafo 1º do mesmo art. 65 estabelece que: "Não se pronunciará qualquer nulidade sem que tenha havido prejuízo" (Brasil, 1995).

Por fim, o inciso II do art. 572 do CPP, em reforço à instrumentalidade das formas, prevê que determinadas nulidades (as fixadas no art. 564, inciso III, alíneas "d", "e", segunda parte, "g" e "h", e inciso IV, do CPP) serão consideradas sanadas "se, praticado por outra forma, o ato tiver atingido o seu fim" (Brasil, 1941).

Contudo, como veremos em breve (ao tratarmos do princípio da convalidação), o saneamento do ato processual somente será possível quando a nulidade for relativa.

---

5 Lei n. 9.099/1995: "Art. 62. O processo perante o Juizado Especial orientar-se-á pelos critérios da oralidade, simplicidade, informalidade, economia processual e celeridade, objetivando, sempre que possível, a reparação dos danos sofridos pela vítima e a aplicação de pena não privativa de liberdade. (Redação dada pela Lei n. 13.603, de 2018)" (Brasil, 1995).

— 1.2.2 —
Princípio da causalidade
ou consequencialidade

De acordo com o parágrafo 1º do art. 573 do CPP, "a nulidade de um ato, uma vez declarada, causará a dos atos que dele diretamente dependam ou sejam consequência" (Brasil, 1941). Desse modo, apenas os atos dependentes ou que sejam consequência do anulado são contaminados pelo vício de nulidade. Caso, portanto, seja reconhecida a existência da nulidade, o magistrado deverá declarar quais atos serão também atingidos pelo vício (art. 573, § 2º, CPP).

Entretanto, se for declarada a nulidade do ato de citação (que pertence à fase postulatória), deverão ser igualmente declarados nulos todos os atos seguintes, em razão da existência de nexo de dependência destes em relação àquela. Ademais, a citação feita de forma regular é fundamental ao exercício das garantias constitucionais emanadas do devido processo legal. Logo, se não for regularmente realizada a citação, os demais atos terão de ser consequentemente anulados, preservando-se, assim, os princípios da ampla defesa e do contraditório.

Em regra, a anulação de ato da fase postulatória atinge os demais atos processuais instrutórios e decisórios, ao passo que a anulação de ato da fase instrutória não contamina (em regra) os demais atos de conteúdo probatório praticados de acordo com a lei[6].

---

6   Ver: Grinover; Gomes Filho; Fernandes (2004, p. 35).

— 1.2.3 —
Princípio da convalidação

Convalidação ou saneamento é a possibilidade de que, mesmo padecendo de nulidade, o ato produza os efeitos dele esperados. Nesse sentido, dispõe o art. 571 do CPP:

> Art. 571. As nulidades deverão ser arguidas:
>
> I – as da instrução criminal dos processos da competência do júri, nos prazos a que se refere o art. 406;
>
> II – as da instrução criminal dos processos de competência do juiz singular e dos processos especiais, salvo os dos Capítulos V e Vll do Título II do Livro II, nos prazos a que se refere o art. 500;
>
> III – as do processo sumário, no prazo a que se refere o art. 537, ou, se verificadas depois desse prazo, logo depois de aberta a audiência e apregoadas as partes;
>
> IV – as do processo regulado no Capítulo VII do Título II do Livro II, logo depois de aberta a audiência;
>
> V – as ocorridas posteriormente à pronúncia, logo depois de anunciado o julgamento e apregoadas as partes (art. 447);
>
> VI – as de instrução criminal dos processos de competência do Supremo Tribunal Federal e dos Tribunais de Apelação, nos prazos a que se refere o art. 500;

VII – se verificadas após a decisão da primeira instância, nas razões de recurso ou logo depois de anunciado o julgamento do recurso e apregoadas as partes;

VIII – as do julgamento em plenário, em audiência ou em sessão do tribunal, logo depois de ocorrerem. (Brasil, 1941)

Todavia, o art. 571 do CPP está obsoleto e precisa ser relido em conformidade com a reforma de 2008, tendo em vista as alterações promovidas pela Lei n. 11.689/2008 e pela Lei n. 11.719/2008. Por seu turno, o art. 572 do CPP estabelece:

Art. 572. As nulidades previstas no art. 564, III, d e e, segunda parte, g e h, e IV, considerar-se-ão sanadas:

I – se não forem arguidas, em tempo oportuno, de acordo com o disposto no artigo anterior;

II – se, praticado por outra forma, o ato tiver atingido o seu fim;

III – se a parte, ainda que tacitamente, tiver aceito os seus efeitos. (Brasil, 1941)

A nulidade absoluta (como será visto na seção seguinte), contudo, é considerada vício insanável e, dessa maneira, não se convalida por não ter sido arguida em dado momento, podendo ser trazida a qualquer tempo até o trânsito em julgado. Ainda assim, no processo penal, a coisa julgada somente será causa de convalidação de nulidade absoluta caso a decisão irrecorrível seja absolutória. Entretanto, se a sentença definitiva for condenatória, a nulidade de caráter absoluto seguirá podendo ser arguida a qualquer momento mediante revisão criminal ou habeas corpus, instrumentos destinados a anular o processo após o trânsito em julgado da condenação e que não possuem prazo para manejo.

Portanto, somente serão convalidáveis pela preclusão os atos quando se estiver diante de nulidade relativa. Quando se tratar de nulidade absoluta, não haverá convalidação pela preclusão temporal, ou seja, não se perdará o direito de argui-la por não ter sido apontada em determinado momento processual. No entanto, poderá haver convalidação pela coisa julgada, quando se tratar de nulidades em prejuízo do acusado. Caso, porém, possam ser reconhecidas em favor do acusado, nem mesmo o trânsito em julgado saneará o vício.

Além disso, a redação do art. 572 do CPP deve ser vista com temperamentos, não sendo possível afirmar que sempre haverá sanatória do ato conforme por ele previsto. Voltaremos a essa questão ao examinarmos as nulidades em espécie.

Finalmente, o art. 570 do CPP estabelece:

> Art. 570. A falta ou a nulidade da citação, da intimação ou notificação estará sanada, desde que o interessado compareça, antes de o ato consumar-se, embora declare que o faz para o único fim de argui-la. O juiz ordenará, todavia, a suspensão ou o adiamento do ato, quando reconhecer que a irregularidade poderá prejudicar direito da parte. (Brasil, 1941)

Todavia, como ressalta Badaró (2015, p. 802),

> A convalidação não se confunde com a substituição do ato processual por outro ato ou por um comportamento da parte. A citação nula poderá ser substituída – e não sanada – pelo comparecimento espontâneo do acusado ao processo, ainda que o faça para o fim único de alegar a nulidade da citação (art. 570, CPP).

De qualquer forma, deve o juiz suspender ou adiar o ato no caso de reconhecer que a irregularidade pode prejudicar direito da parte (cf. art. 570).

— 1.2.4 —
Princípio do interesse

O art. 565 do CPP contempla o princípio do interesse, segundo o qual a parte que deu causa à nulidade não pode argui-la pleiteando a anulação do ato, ou seja, a declaração de nulidade somente interessa àquela parte que não tenha provocado o vício. Na redação do dispositivo consta: "Art. 565. Nenhuma das partes poderá arguir nulidade a que haja dado causa, ou para que tenha concorrido, ou referente a formalidade cuja observância só à parte contrária interesse" (Brasil, 1941).

Entretanto, apenas as nulidades relativas se submetem ao princípio do interesse, pois nelas, como veremos, busca-se apenas a tutela de um interesse privado. Nas nulidades absolutas, por outro lado, é o interesse público que deve ser preservado. Logo, ainda que a parte lhe tenha dado causa, é de toda a sociedade (e não do particular) o interesse em que ela seja reconhecida, para que o devido processo legal não seja maculado.

Com relação à previsão de que "nenhuma das partes poderá arguir nulidade [...] referente a formalidade cuja observância só à parte contrária interesse" (art. 565, CPP), devemos entendê-la com cautela quando se trata da atuação do Ministério Público. A proposta contida no dispositivo é que uma parte não pode invocar nulidade que interesse somente à parte contrária, pois lhe faltaria interesse para tanto. Porém, no processo penal, a atuação do *parquet* deve sempre ser pautada pela busca por um resultado justo e pela obtenção de um título executivo judicial válido.

Assim, em prol da correta aplicação da lei penal e da restauração da ordem jurídica, o Ministério Público tem interesse na declaração de nulidade que, em um primeiro momento, possa ser vista como favorável apenas ao réu. Isso porque a inobservância de formalidades para prática dos atos processuais pode levar ao reconhecimento da nulidade e à anulação do processo até mesmo após o trânsito em julgado, caso se trate de nulidade absoluta favorável ao réu.

Doutrina em destaque

Grinover, Gomes Filho e Fernandes (2004, p. 37) afirmam: "assim, não estando convencido tratar-se de nulidade relativa, sanada pela falta de alegação do interessado, pode e deve o promotor postular o reconhecimento de eventuais irregularidades que impliquem ofensa ao direito de defesa".

Como veremos, é bastante nebulosa a zona de separação entre o que representa um vício de nulidade relativa e o que constitui um vício de nulidade absoluta.

— 1.3 —
Nulidade absoluta e nulidade relativa

Dependendo da finalidade para a qual a formalidade desrespeitada foi prevista, a nulidade pode ser absoluta ou relativa.

A **nulidade absoluta** ocorre quando se verifica o desrespeito à formalidade que objetiva proteger interesse de ordem pública e que deriva de violação de norma de natureza constitucional. A preservação do devido processo legal, bem como de todas as garantias que dele são consectárias, é de interesse público, ou seja, está acima do mero interesse das partes. Por violar norma de interesse público, é possível seu reconhecimento de ofício pelo magistrado, sua arguição não preclui e o prejuízo dela decorrente é presumido, evidente e certo.

Por sua vez, a **nulidade relativa** tem origem na inobservância de formalidade instituída para a tutela de interesse privado e prevista em norma infraconstitucional. Tendo em vista que a violação é de norma de interesse privado, deve a parte interessada demonstrar o prejuízo existente, arguindo-a no momento oportuno, sob pena de preclusão, não podendo ser reconhecida de ofício pelo magistrado.

Essa separação, tradicionalmente feita pela doutrina, é também útil para a compreensão do tema das nulidades no processo penal, notadamente diante da obsoleta e confusa disciplina do instituto no Código de Processo Penal.

— 1.4 —
Nulidades em espécie

O art. 564 do CPP traz um rol exemplificativo de situações que dão ensejo às nulidades. Se lido em conjunto com o art. 572 do CPP, em tese, haveria condições de predefinir quais seriam as nulidades absolutas e relativas já no plano legal, sem necessidade de se fazer uma avaliação à luz do caso concreto. Por essa interpretação literal, o art. 572 cumpriria o papel de definir expressamente as nulidades relativas (aquelas previstas no inciso III, alíneas "d", "e", segunda parte, "g" e "h", e no inciso IV do art. 564 do CPP) e, *a contrario sensu*, por exclusão chegaríamos às absolutas (as estabelecidas nos incisos, I, II, III, alíneas "a", "b", "c", "e", primeira parte, "f", "i", "j", "k", "l", "m", "n", "o" e "p", do art. 564 do CPP). Criticando essa ótica de separar a natureza da nulidade com base somente na duvidosa premissa dada pelos arts. 572 e 564 do CPP, Lopes Jr. (2018, p. 940) defende o seguinte:

> Pensamos que o art. 564 é, atualmente, imprestável para qualquer tentativa de definição precisa em termos de invalidade processual, além de incorrer no erro de pretender estabelecer um rol de nulidades cominadas. Como muito, serve de indicativo, a apontar atos que merecem uma atenção maior em relação ao risco de defeitos. [...] O ponto nevrálgico nessa matéria é que nenhum defeito pode ser considerado sanável ou insanável sem uma análise concreta e à luz da principiologia constitucional. Daí por que qualquer tentativa de definição *a priori* é extremamente perigosa e reducionista. Isso, por si só, já fulmina a eficácia do art. 564 do CPP.

Constatada a dificuldade de categorização das nulidades com base apenas nos dispositivos citados, analisaremos as nulidades em espécie indicadas expressamente pelo art. 564 do CPP, segundo o qual a nulidade ocorrerá nas seguintes hipóteses:

"1 por inuuiii[iwif m in, suspeição ou suborno do juiz;" (Brasil, 1941).

Três são os critérios de fixação de competência: (1) lugar (territorial; *ratione loci*); (2) matéria (*ratione materiae*); e (3) pessoa (funcional; *ratione personae*).

Prevalece o entendimento de que o lugar é critério relativo de fixação de competência, razão pela qual sua inobservância acarreta somente nulidade relativa. Assim, caso não seja oposta exceção de incompetência no prazo de defesa (art. 108, CPP), haverá prorrogação de competência e o vício estará sanado[17].

No entanto, há quem sustente que, no processo penal, a fixação da competência territorial pelo local da prática do crime é determinada considerando-se o interesse público, e não o privado, por isso não seria prorrogável nem sanável o vício[18].

De qualquer forma, ainda que se entenda como causa de nulidade relativa a incompetência territorial, trata-se de hipótese *sui generis* de nulidade relativa, visto que, pela regra do art. 109 do CPP, o juiz pode dar-se por incompetente de ofício em qualquer fase do processo, seja qual for o critério de fixação de competência (inclusive o territorial).

---

7   Nesse sentido, ver: Mirabete (2006, p. 616).
8   Ver: Grinover; Gomes Filho; Fernandes (2004, p. 52); e Badaró (2015, p. 248, 794).

Ainda, a Súmula n. 706 do Supremo Tribunal Federal (STF) dispõe: "É relativa a nulidade decorrente da inobservância da competência penal por prevenção" (Brasil, 2017, p. 409).

Já quanto à matéria e à pessoa, a competência tem natureza absoluta. Desse modo, a incompetência decorrente da inobservância destes critérios é causa de nulidade absoluta.

Segundo prevê o art. 567 do CPP, "A incompetência do juízo anula somente os atos decisórios, devendo o processo, quando for declarada a nulidade, ser remetido ao juiz competente"[19] (Brasil, 1941).

Ainda, de acordo com o inciso I do art. 564 do CPP, há nulidade por suspeição ou suborno do juiz. Caso o juiz seja considerado suspeito (art. 254, CPP), haverá nulidade absoluta, pois comprometida restará sua imparcialidade. Embora não exista menção expressa no CPP, nos casos de impedimento (art. 252, CPP) e de incompatibilidade (art. 253, CPP) também haverá nulidade absoluta, assim como no caso de suborno do juiz. No contexto desse dispositivo, a expressão *suborno* reflete a prática de conduta que configure crime de concussão (art. 316, CPP), corrupção passiva (art. 317, CPP) ou prevaricação (art. 319, Código Penal).

---

9 Há, entretanto, entendimento no sentido de que, quando a incompetência decorre de inobservância de norma constitucional, como há ofensa ao juiz natural, o processo é inexistente e, assim, não se aplica o disposto no art. 567 do CPP, pois todos os atos são inexistentes, devendo ser todos refeitos. Nesse sentido, ver: Grinover; Gomes Filho; Fernandes (2004, p. 51-52, 58-61); e Badaró (2015, p. 794). Porém, o tema é bastante controverso.

"II - por ilegitimidade de parte," (Brasil, 1941).

Há imprecisão técnica do CPP, uma vez que seu art. 395, no inciso II, prevê como hipótese de rejeição liminar da denúncia ou queixa a falta de "pressuposto processual ou condição para o exercício da ação penal" (Brasil, 1941). Portanto, se a parte for ilegítima, deverá o juiz rejeitar a inicial liminarmente. Caso, porém, a ilegitimidade de parte seja constatada somente após o recebimento da inicial acusatória, o processo deverá ser extinto sem resolução de mérito, e não encerrado por existência de nulidade.

O inciso II do art. 395 do CPP deve ser aplicado aos casos de ilegitimidade *ad causam* (de parte; ex.: propositura de ação penal de iniciativa privada pelo Ministério Público) e *ad processum* (ausência de pressuposto processual) por falta de capacidade de estar em juízo (ex.: ofendido menor de 18 anos que ajuíza ação penal de iniciativa privada sem estar representado) ou por falta de capacidade postulatória (oferecimento de queixa-crime por procurador sem poderes especiais). Em se tratando de ilegitimidade *ad processum*, prevê o art. 568 do CPP: "A nulidade por ilegitimidade do representante da parte poderá ser a todo tempo sanada, mediante ratificação dos atos processuais" (Brasil, 1941).

"III – por falta das fórmulas ou dos termos seguintes:
a) a denúncia ou a queixa e a representação e, nos processos de contravenções penais, a portaria ou o auto de prisão em flagrante;" (Brasil, 1941).

A falta de denúncia ou queixa é hipótese de inexistência do processo, e não de nulidade absoluta. A falta de representação da vítima ou, por analogia, de requisição do Ministro da Justiça, acarreta nulidade absoluta.

A menção à portaria e ao auto de prisão em flagrante referia-se à forma de se iniciar o processo pelo procedimento sumário, que já não havia sido recepcionado pela Constituição Federal de 1988, em seu art. 129, inciso I, que estabelece ser função privativa do Ministério Público a promoção da ação penal pública (Brasil, 1988). Essa forma de abertura do processo foi extinta do CPP com o advento da Lei n. 11.719/2008.

"b) o exame do corpo de delito nos crimes que deixam vestígios, ressalvado o disposto no art. 167;" (Brasil, 1941).

Não nos parece tratar-se de problema afeto à existência de nulidade, mas de ausência de prova capaz de interferir no resultado do processo. Assim, se a infração penal deixou vestígios e o exame não foi feito, mas ainda for possível fazê-lo, deverá ser determinada sua realização.

Grinover, Gomes Filho e Fernandes (2004, p. 177) esclarecem: "Com razão, a doutrina tem criticado a solução do Código, seja porque constitui resquício do sistema já superado da prova legal, seja porque a não demonstração da existência do crime, mais do que problema de nulidade, representa falta de prova que interfere na decisão do processo".

Dessa forma, se não for possível mais sua produção por não existirem mais os vestígios (e, portanto, "faltar o exame"), haverá carência probatória apta a gerar a absolvição do réu.

"c) a nomeação de defensor ao réu presente, que o não tiver, ou ao ausente, e de curador ao menor de 21 anos;" (Brasil, 1941).

A falta de defensor técnico ao réu viola a garantia constitucional da ampla defesa e, portanto, é causa de nulidade absoluta.

Quanto à parte final da alínea "c", houve revogação tácita do texto, uma vez que a Lei n. 10.792/2003 revogou expressamente o art. 149 do CPP, que determinava a nomeação de curador ao réu menor de 21 anos.

"d) a intervenção do Ministério Público em todos os termos da ação por ele intentada e nos da intentada pela parte ofendida, quando se tratar de crime de ação pública;" (Brasil, 1941).

A alínea "d" trata da falta de intervenção do Ministério Público na ação penal de iniciativa pública e na ação penal de iniciativa privada subsidiária da pública. Se a falta de intervenção do *parquet* ocorrer na ação penal de iniciativa pública, haverá nulidade absoluta, ao passo que, se a não intervenção ministerial ocorrer na ação penal de iniciativa privada subsidiária da pública, a nulidade será relativa. Essa conclusão decorre da dicção do art. 572, *caput* e inciso I, do CPP.

"e) a citação do réu para ver-se processar, o seu interrogatório, quando presente, e os prazos concedidos à acusação e à defesa;" (Brasil, 1941).

Nesse caso, identificamos três situações: (1) falta de citação; (2) falta de interrogatório, quando presente o réu; e (3) falta de prazos concedidos às partes.

Citação é o ato que dá conhecimento oficial ao réu da acusação a ele imputada, abre a oportunidade para que ele se defenda em juízo e torna triangular a relação jurídico-processual (Estado-Juiz, como sujeito imparcial; e partes: acusação e defesa, como sujeitos imparciais). Trata-se, assim, de ato essencial ao exercício da ampla defesa e do contraditório, e sua ausência deve acarretar nulidade absoluta. Entretanto, segundo o art. 570 do CPP, eventual comparecimento espontâneo do réu a juízo pode suprir a falta de citação.

Pela redação do art. 572, *caput* e inciso I, do CPP, a ausência de interrogatório (segunda parte da alínea "e") ocasiona apenas nulidade relativa. Contudo, o interrogatório é ato processual que deve ser compreendido – e praticado – com base na garantia da ampla defesa, como momento oportunizado ao exercício da autodefesa e manifestada no direito de presença e de audiência do acusado. Portanto, negada a possibilidade de o réu ser interrogado, viola-se garantia constitucional e, assim, há nulidade absoluta.

Quanto à falta de prazos concedidos à acusação e à defesa, deve ser analisada circunstancialmente para se aferir se configura hipótese de nulidade absoluta ou relativa.

"f) a sentença de pronúncia, o libelo e a entrega da respectiva cópia, com o rol de testemunhas, nos processos perante o Tribunal do Júri;" (Brasil, 1941).

Se faltar a pronúncia, a hipótese será de inexistência do ato decisório que encerraria a primeira fase do Júri e determinaria a submissão do réu a julgamento em plenário pelo tribunal popular. Se o processo seguir pela segunda fase do Júri sem existir a anterior decisão de pronúncia, todos os atos posteriores estarão viciados e deverão ser anulados. Com relação à ausência de libelo e à entrega da respectiva cópia, com o rol de testemunhas, a previsão perdeu sentido com a extinção do libelo feita pela Lei n. 11.689/2006.

"g) a intimação do réu para a sessão de julgamento, pelo Tribunal do Júri, quando a lei não permitir o julgamento à revelia;" (Brasil, 1941).

Com a reforma de 2008, o CPP passou a prever a possibilidade de que o julgamento em plenário do Júri seja realizado sem a presença do acusado, sendo o crime afiançável ou não e independentemente de ele estar preso ou solto. Para o acusado solto, vale a regra do *caput* do art. 457 do CPP: "O julgamento não será adiado pelo não comparecimento do acusado solto, do assistente ou do advogado do querelante, que tiver sido regularmente intimado" (Brasil, 1941). Já ao preso aplica-se o parágrafo 2º do art. 457 do CPP: "Se o acusado preso não for conduzido, o julgamento será adiado para o primeiro dia desimpedido da mesma reunião, salvo se houver pedido de dispensa de comparecimento subscrito por ele e seu defensor" (Brasil, 1941).

Em qualquer situação, preso ou solto, se não intimado o réu, haverá nulidade absoluta, por ofensa ao contraditório e à ampla defesa. Porém, em se tratando de acusado preso e não intimado, com a previsão do parágrafo 2º do art. 457 do CPP, o julgamento dificilmente será realizado, pois somente poderá ocorrer na ausência do réu se houver pedido expresso de dispensa de comparecimento assinado por ele e seu defensor.

"h) a intimação das testemunhas arroladas no libelo e na contrariedade, nos termos estabelecidos pela lei;" (Brasil, 1941).

Adaptando-se o dispositivo ao procedimento do Júri pós-reforma de 2008, as testemunhas que as partes desejem ser ouvidas em plenário devem ser arroladas na fase do art. 422 do CPP. Caso a testemunha que foi arrolada pela parte não seja intimada, tendo sido sua oitiva deferida pelo magistrado, estará configurada a nulidade.

"i) a presença pelo menos de 15 jurados para a constituição do júri;" (Brasil, 1941).

Quanto ao procedimento de escolha dos jurados que podem compor o conselho de sentença, o CPP, em seu art. 462, dispõe: "Realizadas as diligências referidas nos arts. 454 a 461 deste Código, o juiz presidente verificará se a urna contém as cédulas dos 25 (vinte e cinco) jurados sorteados, mandando que o escrivão proceda à chamada deles" (Brasil, 1941). E, ainda, no art. 463 do CPP: "Comparecendo, pelo menos, 15 (quinze) jurados, o juiz presidente declarará instalados os trabalhos, anunciando o processo que será submetido a julgamento" (Brasil, 1941). Não havendo no mínimo 15 jurados, o julgamento deverá ser adiado (art. 464, CPP), sob pena de, se realizado, caracterizar nulidade absoluta.

"j) o sorteio dos jurados do conselho de sentença em número legal e sua incomunicabilidade;" (Brasil, 1941).

Se não houver sorteio dos jurados, ou se, havendo, for irregular o sorteio ou a composição do conselho de sentença, ou, ainda, se houver quebra da incomunicabilidade entre os jurados, em todas essas hipóteses, a nulidade será absoluta.

"k) os quesitos e as respectivas respostas;" (Brasil, 1941).

A falta de quesitos e das respectivas respostas acarreta nulidade absoluta. Isso porque a resposta aos quesitos é a forma pela qual os jurados dão seu veredicto em conformidade com o sistema da íntima convicção. Trata-se, pois, de formalidade essencial do sistema do Júri brasileiro, guiado pelo sigilo das votações e pela soberania dos veredictos. Ademais, dispõe o parágrafo único do art. 564 do CPP: "Ocorrerá ainda a nulidade, por deficiência dos quesitos ou das suas respostas, e contradição entre estas" (Brasil, 1941). Estas são, também, causas de nulidade absoluta pelos mesmos fundamentos apresentados ante a falta de quesito e de respostas; além disso, o art. 572 do CPP não as prefixa como possíveis nulidades relativas (assim como não o faz com a alínea "k" do art. 564 do CPP).

"l) a acusação e a defesa, na sessão de julgamento;" (Brasil, 1941).

Essa previsão deve ser lida de modo a torná-la aplicável, pois, se ausente a acusação ou a defesa, sequer o Júri poderá ser realizado, conforme disciplinam os arts. 455 e 456 do CPP. Assim, mesmo que o promotor de justiça esteja presente,

> se deixar de expor aos jurados a imputação em que se consubstancia a acusação e as provas que lhe dão suporte, haverá ausência de acusação. Por outro lado, a defesa insuficiente, falha, que não explore as provas (por exemplo, de legítima

defesa), acarretará a nulidade da sessão, por ausência de defesa. Aliás, neste caso, o juiz, em vez de deixar o julgamento prosseguir, deverá declarar o réu indefeso e dissolver o conselho de sentença (CPP, art. 497, V). (Badaró, 2015, p. 800)

Desse modo, a falta de acusação ou de defesa, aqui, deve ser vista no plano material.

"m) a sentença;" (Brasil, 1941).

A falta de sentença reflete um não ato, ou seja, um ato inexistente, não havendo nulidade. O processo, até esse momento derradeiro de prolação da sentença, é válido e não deve ser anulado, restando ao juiz dar a sentença. Por sua vez, a falta de fundamentação torna absolutamente nula a sentença, por ofensa ao princípio da motivação das decisões judiciais (art. 93, IX, CF/1988), hipótese que encontra amparo no inciso V do art. 564 do CPP (acrescido pela Lei n. 13.964/2019). No entanto, a falta de dispositivo na sentença torna juridicamente inexistente o ato decisório.

"n) o recurso de ofício, nos casos em que a lei o tenha estabelecido;" (Brasil, 1941).

O recurso de ofício (ou reexame necessário) é previsto pelo CPP nas hipóteses de decisão que concede o habeas corpus em primeira instância (art. 574, I, CPP) e que concede reabilitação (art. 746, CPP). Contudo, caso não haja recurso de ofício quando a lei exige, não haverá nulidade da decisão e nem dos atos praticados no processo. Nesse sentido, a Súmula n. 423 do STF prevê: "Não transita em julgado a sentença por haver omitido o recurso *ex officio*, que se considera interposto *ex lege*" (Brasil, 2017, p. 240). Porém, se, a despeito da ausência de recurso de ofício, mesmo assim tiver sido elaborada a certidão do trânsito em julgado, haverá nulidade da certidão que foi expedida, e não da decisão que não foi objeto de reexame necessário.

"o) a intimação, nas condições estabelecidas pela lei, para ciência de sentenças e despachos de que caiba recurso;" (Brasil, 1941).

Também aqui a falta de intimação não implica nulidade da sentença ou da decisão, e sim de atos posteriores que delas decorram, como a nulidade da certidão de trânsito em julgado, caso expedida.

"p) no Supremo Tribunal Federal e nos Tribunais de Apelação, o *quorum* legal para o julgamento;" (Brasil, 1941).

A falta de observância do *quorum* definido legalmente para a realização de julgamento em órgãos colegiados, em competência originária ou recursal, é causa de nulidade absoluta, seja nos Tribunais de Justiça (TJs), Tribunais Regionais Federais (TRFs), no Superior Tribunal de Justiça (STJ) ou Supremo Tribunal Federal (STF).

"IV – por omissão de formalidade que constitua elemento essencial do ato;" (Brasil, 1941).

Trata-se de cláusula genérica e, novamente, mal redigida, pois, em verdade, expõe o conceito de inexistência jurídica do ato, e não de nulidade. Ignorando esse detalhe e lendo o dispositivo como se versasse sobre nulidade, ele deve ser distinguido do inciso III da seguinte forma: o inciso III trata da falta das fórmulas ou dos termos, o que traz a ideia de ausência do ato (faltou o ato), enquanto o inciso IV implica que o ato foi emanado, existe, mas foi omitida formalidade legal que o compõe.

Mas "omissão de formalidade legal de qual ato"? De qualquer dos atos arrolados no inciso III, e somente deles. Isso porque "os atos não mencionados nas alíneas do inc. III, ainda que não existam ou não sejam praticados, não acarretarão a nulidade do processo; com maior razão, se tais atos forem realizados, mas sem observância de formalidade, o caso não será de nulidade" (Badaró, 2015, p. 802).

"V – em decorrência de decisão carente de fundamentação."
(Brasil, 1941).

Cuida-se de dispositivo introduzido no CPP pela Lei n. 13.964/2019, que representa hipótese de nulidade absoluta, uma vez que viola a garantia da motivação das decisões judiciais (art. 93, IX, CF/1988).

Por fim, lembramos que a regra contida no parágrafo único do art. 564 do CPP já foi analisada ao comentarmos o disposto na alínea "k" do inciso III desse mesmo art. 564.

Capítulo 2

Teoria geral dos recursos

Recurso é o instrumento jurídico que permite a reanálise, na mesma relação processual e antes do trânsito em julgado ou da preclusão da decisão, da matéria que compõe seu objeto e eventual alteração, integração, esclarecimento ou anulação da decisão impugnada. A interposição de um recurso mantém a mesma relação de base entre as partes (sujeitos processuais parciais) e o Estado-juiz (sujeito processual imparcial) e não cria nova relação jurídico-processual. Ainda, o recurso somente pode ser utilizado antes do trânsito em julgado ou da preclusão da decisão.

Doutrina em destaque

Grinover, Gomes Filho e Fernandes (2005, p. 32) argumentam: "O traço característico de distinção entre os recursos e as ações de impugnação deve ser buscado em outro elemento: pelo recurso, não se instaura uma nova relação processual (um novo processo), operando-se por ele um mero prosseguimento da relação processual já existente. Ao contrário, o meio autônomo de impugnação configura sempre o exercício de uma nova ação, dando vida a uma diversa relação jurídica processual".

O *habeas corpus* e a revisão criminal, por outro lado, criam nova relação jurídico-processual e, observadas algumas condições, são instrumentos passíveis de utilização após o trânsito em julgado. Portanto, como se verá adiante nesta obra, o *habeas corpus* e a revisão criminal têm natureza jurídica de ação (ação autônoma de impugnação), e não de recurso.

— 2.1 —
Fundamentos jurídico e político dos recursos

Os recursos encontram fundamento jurídico na Constituição Federal (CF) de 1988 (Brasil, 1988) quando ela, ainda que implicitamente, traça o duplo grau de jurisdição ao apresentar, a partir de seu art. 92, o Poder Judiciário e suas distintas instâncias jurisdicionais, fixando como função primordial dos tribunais analisar recursos.

Definindo o que vem a ser o duplo grau de jurisdição, Lopes Jr. (2018, p. 970) destaca que esse princípio

> traz, na sua essência, o direito fundamental de o prejudicado pela decisão poder submeter o caso penal a outro órgão jurisdicional, hierarquicamente superior na estrutura da administração da justiça. Além de garantir a revisão da decisão de primeiro grau, também compreende a proibição de que o tribunal *ad quem* conheça além daquilo que foi discutido em primeiro grau, ou seja é um impedimento à supressão de instância.

Salvo a Constituição Imperial de 1824[1], nenhuma outra Constituição brasileira previu expressamente o duplo grau de jurisdição. Portanto, considerando-se que a Constituição de 1988 também não trouxe de forma explícita o duplo grau de jurisdição, a dúvida que surge é saber se efetivamente ele seria um princípio constitucional.

Sustentando ser o duplo grau de jurisdição princípio constitucional implícito, afirma Badaró (2015, p. 809, grifo nosso) que, embora pródiga em explicitar diversos princípios constitucionais, a Constituição de 1988 carece

> de um dispositivo que, expressamente, assegure o direito ao reexame das decisões judiciais por um órgão superior. Todavia, como a Magna Carta estrutura os órgãos do Poder Judiciário, criando órgãos de primeiro e órgãos de segundo grau de jurisdição, sendo função precípua desses últimos rever as decisões proferidas em primeiro grau, tem-se entendido que o princípio do duplo grau de jurisdição é um **princípio constitucional implícito**.

Condensando uma diversidade de fundamentos jurídicos sobre o duplo grau de jurisdição, Grinover, Gomes Filho e Fernandes (2005, p. 25) explicam que, caso se negue tratar-se de princípio constitucional implícito, é possível extraí-lo do princípio da igualdade, segundo o qual "todos os litigantes, em

---

1 Constituição de 1824: "Art. 158. Para julgar as Causas em segunda, e última instância haverá nas Províncias do Império as Relações, que forem necessárias para comodidade dos Povos" (Brasil, 1824).

paridade de condições, devem poder usufruir ao menos de um recurso para a revisão das decisões, não sendo admissível que venha ele previsto para algumas e não para outras".

Para os mesmos autores, o duplo grau decorre também da "necessária revisão dos atos estatais, como forma de controle da legalidade e da justiça das decisões de todos os órgãos do Poder Público" (Grinover; Gomes Filho; Fernandes, 2005, p. 25).

E finalizam: "Seja como for, um sistema de juízo único fere o **devido processo legal**, que é garantia inerente às instituições político-constitucionais de qualquer regime democrático" (Grinover; Gomes Filho; Fernandes, 2005, p. 25, grifo do original).

Há, ainda, os que sustentam ter o duplo grau de jurisdição *status* de direito fundamental com base no parágrafo 2º do art. 5º da Constituição Federal[2], somado à Convenção Americana sobre Direitos Humanos (CADH), que, em seu art. 8.2, letra "h", prevê o "direito de recorrer da sentença para juiz ou tribunal superior" (CIDH, 1969).

Doutrina em destaque

Nessa linha, Lopes Jr. (2018, p. 971) defende: "Ainda que existam algumas bem-intencionadas tentativas de extraí-lo de outros princípios da Constituição (como o direito de defesa e o próprio

---

2   "Os direitos e garantias expressos nesta Constituição não excluem outros decorrentes do regime e dos princípios por ela adotados, ou dos tratados internacionais em que a República Federativa do Brasil seja parte". O Brasil aderiu à CADH e a incorporou ao ordenamento jurídico interno por meio do Decreto n. 678/1992.

devido processo), não foi o duplo grau expressamente consagrado pela Carta de 1988. Mas essa divergência perdeu muito do seu fundamento com o art. 8.2, letra 'h', da Convenção Americana de Direitos Humanos, que expressamente assegura o direito de recorrer da sentença para juiz ou tribunal superior. Os direitos e garantias previstos na CADH passaram a integrar o rol dos direitos fundamentais, a teor do art. 5, § 2°, da Constituição, sendo, portanto, autoaplicáveis (art. 5°, § 1°, da CF). Logo, nenhuma dúvida paira em torno da existência, no sistema brasileiro, do direito ao duplo grau de jurisdição".

Também nesse sentido, Grinover, Gomes Filho e Fernandes (2005, p. 25-26) afirmam: "E a partir de 1992, pela ratificação da Convenção Americana sobre Direitos Humanos, o princípio do duplo grau integra o direito positivo brasileiro, em nível supralegal, mediante a norma do art. 8, n, 2-h, do Pacto, que assegura ao acusado o direito de recorrer da sentença para juiz ou tribunal superior. Como sustentamos nas edições anteriores, hierarquicamente, os dispositivos da Convenção Americana colocam-se no mesmo nível das regras constitucionais, por força do disposto no art. 5°, § 2°, CF ('Os direitos e garantias expressos nesta Constituição não excluem outros decorrentes do regime e dos princípios por ela adotados, ou dos tratados internacionais em que a República Federativa do Brasil seja parte'). Entendemos, também, que a edição da Emenda Constitucional n. 45, de 2004, introduzindo o § 3° ao art. 5° ('Os tratados e convenções internacionais sobre direitos humanos que forem aprovados, em cada

Casa do Congresso Nacional, em dois turnos, por três quintos dos votos dos respectivos membros, serão equivalentes às emendas constitucionais') não altera os termos da questão aqui discutida, até porque a garantia do duplo grau já decorre do próprio sistema constitucional, não sendo necessária uma emenda – com o quórum exigido pelo novo texto – para incluí-la no ordenamento, em nível supralegal".

Entretanto, como observa Lopes Jr. (2018), devemos atentar para o posicionamento do Supremo Tribunal Federal (STF) sobre o *status* com que a CADH ingressa no sistema jurídico brasileiro. Na ocasião do julgamento do *Habeas Corpus* n. 87.585/TO (Brasil, 2009b), o STF se posicionou no sentido de que ela ingressa com *status* supralegal (e não como se norma constitucional fosse) no sistema interno, posicionando-se hierarquicamente acima das leis ordinárias, mas abaixo da Constituição Federal[13].

Garantir o duplo grau de jurisdição significa dar o direito de que a decisão seja revista por órgão jurisdicional diverso do que a proferiu, permitindo-se um reexame. Portanto, o não cabimento de recurso especial ou recurso extraordinário – respectivamente ao Superior Tribunal de Justiça (STJ) ou ao STF – no caso concreto não viola o duplo grau de jurisdição.

---

3   Na ocasião do julgamento do *Habeas Corpus* n. 87.585/TO (Brasil, 2009b), foi reconhecida a supralegalidade da CADH, o que implicou a derrogação das normas estritamente legais referentes à prisão do depositário infiel e a consequente limitação da prisão civil por dívida aos casos de descumprimento de prestação alimentícia.

Além disso, em dadas circunstâncias, o duplo grau de jurisdição sofre pequenas flexibilizações. Isso ocorre nos casos de prerrogativa de função, em que autoridades são julgadas originariamente pelos tribunais e, por vezes, somente por um único tribunal (por exemplo, no julgamento de autoridades que detêm prerrogativa de função diretamente no STF).

Nos Juizados Especiais Criminais, há a possibilidade de duplo reexame, visto que das decisões de seu juízo monocrático há previsão de recursos à Turma (Colégio) Recursal. Todavia, trata-se de colegiado composto por três juízes de primeira instância, não sendo, portanto, propriamente órgão de segundo grau, como os Tribunais de Justiça (TJs) e os Tribunais Regionais Federais (TRFs).

Sobre essa questão, ponderam Grinover, Gomes Filho e Fernandes (2005, p. 30):

> tem-se entendido que "juiz superior" possa ser o órgão colegiado de primeiro grau, que revê as decisões do juiz monocrático. Nesse caso, está preservado o princípio do duplo grau, que não exige, para sua observância, o julgamento por tribunais de cúpula, mas pode ser satisfeito com a revisão da decisão por órgão diverso do que julgou em primeiro grau.

Além do alicerce jurídico, a existência dos recursos em um ordenamento jurídico escora-se, também, em fundamentos de cunho político. Em um Estado democrático de direito, ter uma via recursal que permita exercitar de modo completo as garantias do devido processo legal – próprias de um sistema acusatório – é essencial à concretização desse modelo estatal eleito entre as opções políticas apresentadas ao constituinte originário.

Dessa forma, podem ser apontados como fundamento político dos recursos: (a) a possibilidade de maior e melhor controle da atividade jurisdicional e a consequente redução do arbítrio e dos excessos que podem macular o equilibrado desenvolvimento da prestação jurisdicional no ambiente democrático; (b) a necessidade de correção de erros ante a falibilidade humana, para o que contribuirá a possível maior experiência dos julgadores que compõem os tribunais, bem como a ampliação do debate em relação ao objeto do recurso; e (c) a continuidade do diálogo na esfera jurisdicional com o inconformismo da parte vencida, natural da condição de ser humano.

— 2.2 —
Classificação dos recursos

Considerando-se a extensão ou o âmbito de devolutividade, os recursos podem ser totais ou parciais. **Total** é o recurso no qual se impugna todo o conteúdo da decisão da qual se recorre (ex.: contra sentença condenatória que fixou pena de 6 anos de reclusão em regime fechado é interposta apelação na qual o réu se insurge contra a condenação, o *quantum* de pena de prisão aplicada e o regime inicial de seu cumprimento). **Parcial**, por seu turno, é o recurso que combate somente parte da decisão recorrida (ex.: conformando-se com a condenação, o réu apela apenas para buscar a conversão da pena privativa de liberdade em restritiva de direitos, negada pelo juízo *a quo*).

A classificação dos recursos quanto ao bem jurídico tutelado (ou ao objeto) divide-os entre ordinários e extraordinários em sentido lato. O significado de cada uma dessas espécies de recurso quanto ao objeto, entretanto, pode variar. Assim, **recurso ordinário** pode, primeiramente, significar aquele cujo objeto diz respeito diretamente à tutela de direito subjetivo do recorrente, tais como: apelação, recurso em sentido estrito, agravo em execução e embargos infringentes.

Por sua vez, **recurso extraordinário *lato sensu*** é aquele que tem a proteção do direito objetivo como *prima ratio* e que, portanto, apenas indiretamente tutela direito subjetivo do recorrente. São eles: (a) **recurso especial**, que tem por objeto a tutela do direito objetivo afeto à legislação infraconstitucional federal, em busca da manutenção de sua autoridade, integridade e uniformidade interpretativa; e (b) **recurso extraordinário em sentido estrito**, cujo objeto é a preservação de direito objetivo relativo à garantia da autoridade e da integridade da Constituição Federal.

Doutrina em destaque

Grinover, Gomes Filho e Fernandes (2005, p. 35-36) alertam: "Esta classificação tem sido criticada por processualistas civis, uma vez que o recurso – que seria ordinário –, quando interposto pelo Ministério Público, como *custus legis*, também visa precipuamente à proteção do direito objetivo. No processo penal, algo parecido ocorre quando o Ministério Público apela em benefício da defesa, atuando nesse caso como órgão da Justiça e não como parte parcial e visando, antes de tudo, a observância do direito objetivo".

Noutro sentido, consideram-se **recursos ordinários** aqueles que permitem a discussão de matéria de fato e de direito, como ocorre com a apelação, o recurso em sentido estrito, o agravo em execução e os embargos infringentes. São **recursos extraordinários**, por sua vez, os que admitem o debate apenas de matéria de direito, como o especial, o extraordinário (em sentido estrito) e o agravo de decisão que não os admite no juízo *a quo*.

Há, ainda, uma classificação que define *recursos ordinários* e *extraordinários* em uma terceira via de significados, na qual são considerados ordinários os recursos de admissibilidade geral, não sujeitos a requisitos especialíssimos (apelação, recurso em sentido estrito, agravo). E são extraordinários os recursos sujeitos a regras que lhe cabimento excepcional. O recurso extraordinário brasileiro (art. 102, III, CF) é o recurso extraordinário por antonomásia, mas ao lado dele figura, na mesma classe, o recurso especial (art. 105, III, CF). [...] o critério por último estabelecido parece-nos relevante, pois são exatamente os recursos ordinários, nessa acepção, que retratam a observância do duplo grau de jurisdição (enquanto os recursos extraordinários importam num terceiro ou quarto reexame, o que foge à garantia constitucional do duplo grau. (Grinover; Gomes Filho; Fernandes, 2005, p. 36)

Doutrina em destaque

No mesmo caminho, Pacelli (2013, p. 900) afirma: "Os recursos, por exemplo, são extraordinários ou ordinários, segundo o grau de jurisdição a ser atingida. A via ordinária dos recursos insere-se no conceito do duplo grau. O seu acesso não oferece maiores dificuldades, bastando a observância dos requisitos gerais de admissibilidade dos recursos. A via extraordinária situa-se mais além, atingindo o terceiro grau de acesso às instâncias recursais. E, por isso, esse acesso é sempre mais limitado, de modo a se impedir uma eternização dos recursos. É o caso típico dos recursos especial e extraordinário".

São os recursos também classificados quanto ao fundamento ou à fundamentação. Por esse critério, configuram-se os de fundamentação livre e os de fundamentação vinculada. **Recursos de fundamentação livre** são aqueles que permitem como motivo impugnativo qualquer fundamentação, podendo por meio deles ser atacada qualquer espécie de erro, pois não há limites legais fixados aos fundamentos que podem ser apresentados pelo recorrente. Como exemplo, podemos citar a apelação, salvo a de decisões do Júri, que é vinculada aos motivos previstos no art. 593, inciso III, do Código de Processo Penal (CPP) – Decreto-Lei n. 3.689, de 3 de outubro de 1941 (Brasil, 1941).

Já os **recursos de fundamentação vinculada** são os que têm motivos delimitados pela lei para que sejam utilizados pelo recorrente. Portanto, quando de fundamentação vinculada, não se admite no recurso a invocação de todo e qualquer fundamento, mas somente daqueles definidos em lei. São exemplos dessa espécie os recursos especial e extraordinário (que ficam circunscritos aos motivos previstos, respectivamente, no art. 102, inciso III, e no art. 105, inciso III, da CF/1988) e a apelação de decisões do Júri (cabível somente em conformidade com os motivos delineados no art. 593, inciso III, do CPP, como já visto).

— 2.3 —
Princípios gerais dos recursos

Os princípios gerais dos recursos funcionam como normas básicas estruturantes e orientativas do sistema recursal em geral. Dessa forma, e como já alertado quando do estudo dos "princípios" das nulidades, utilizamos aqui a expressão *princípios* de modo flexível, sem seguir os rigores técnicos pelos quais a denominação *princípios* faria referência apenas às garantias constitucionais do processo.

Entre os princípios gerais dos recursos estão: taxatividade (legalidade), unirrecorribilidade (unicidade ou singularidade), fungibilidade recursal, conversão e vedação da *reformatio in pejus*.

— 2.3.1 —
Princípio da taxatividade (legalidade) dos recursos

De acordo com o princípio da taxatividade ou da legalidade, as partes podem valer-se somente dos recursos previamente previstos em lei e de acordo com as hipóteses de cabimento por ela fixadas. Compete, portanto, à lei estabelecer quais são os recursos existentes no ordenamento jurídico e qual é o cabimento destes para a impugnação das decisões judiciais ante as quais a parte demonstra inconformismo. Assim, o rol de recursos é taxativo (*numerus clausus*), não podendo a parte criar e utilizar recurso que não encontre amparo legal. Apesar da taxatividade dos recursos, a aplicação do art. 3º do CPP permite fazer uso da interpretação extensiva às suas hipóteses de cabimento. É o que ocorre, por exemplo, ao se admitir recurso em sentido estrito da decisão que não recebe o aditamento da denúncia. Embora o recurso em sentido estrito seja previsto expressamente (art. 581, I, CPP) apenas no caso de decisão que não recebe a denúncia (ou a queixa), o recurso também é admissível quando rejeitado o aditamento desta.

— 2.3.2 —
Princípio da unirrecorribilidade (unicidade ou singularidade)

Em atenção ao princípio da unirrecorribilidade (unicidade ou singularidade), para cada decisão judicial há um único recurso, ou seja, não se admite a interposição simultânea de mais de um recurso em face da mesma decisão judicial.

Nesse sentido, refletindo manifestação da unirrecorribilidade recursal, dispõe o parágrafo 4º do art. 593 do CPP: "quando cabível a apelação, não poderá ser usado o recurso em sentido estrito, ainda que somente de parte da decisão se recorra" (Brasil, 1941).

Claro resta desse dispositivo que, para se preservar a unirrecorribilidade, nessa circunstância o recurso de apelação tem primazia sobre o recurso em sentido estrito. Portanto, se, por exemplo, na sentença condenatória, o juiz indeferir a suspensão condicional da pena e a defesa desejar impugnar a decisão, deverá dela apelar, e não recorrer em sentido estrito.

Assim deverá proceder, inclusive, se, conformando-se com a condenação, seu apelo tratar apenas da possibilidade de concessão do *sursis*. Isso porque estamos diante de uma decisão com natureza de sentença – houve julgamento de mérito acolhendo a pretensão punitiva estatal –, ante a qual o recurso adequado é o de apelação.

Questão que se coloca – mas que não interfere no cabimento dos recursos – é se há exceções à unirrecorribilidade recursal.

Duas possíveis exceções são apresentadas pela doutrina ao princípio da unicidade: (1) interposição simultânea dos recursos especial e extraordinário contra o mesmo acórdão; e (2) interposição concomitante de embargos infringentes e recurso especial (e/ou recurso extraordinário) se houver unanimidade em parte do julgado e decisão por maioria de votos em outra parte.

Sustentando que, nessas situações, estamos diante de exceções ao princípio da unirrecorribilidade, Pacelli (2013, p. 891) afirma que aquilo que "não constituiria exceção ao princípio, rigorosamente falando, seria apenas a hipótese de interposição de recursos distintos por partes também distintas, sobre o mesmo julgado". Contudo, mesmo assim entendendo, o autor reconhece que não há relevância prática nessa visão, considerando que "não se discute a possibilidade da concomitância das referidas impugnações recursais" (Pacelli, 2013, p. 891).

Compreendendo que tais hipóteses não configuram tecnicamente exceções à unirrecorribilidade, Grinover, Gomes Filho e Fernandes (2005) defendem que, sendo essas decisões objetivamente complexas (constituindo, portanto, capítulos diferentes), cada capítulo do *decisum* será objeto de um recurso próprio.

Doutrina em destaque

Nesse sentido, os autores afirmam: "Há casos, porém, de decisões objetivamente complexas, com capítulos distintos, em que entram em jogo diversos requisitos de admissibilidade. Para esses casos, a lei pode prever expressamente o oferecimento de recursos concomitantes e diversos para impugnar a mesma decisão. [...] Entende-se que, nesses casos, cada capítulo da sentença é objeto de um recurso distinto, de modo que a hipótese não configura exceção ao princípio da unirrecorribilidade" (Grinover; Gomes Filho; Fernandes, 2005, p. 39).

Com a devida *venia* aos que argumentam em sentido contrário, entendemos que a interposição simultânea de recurso especial e extraordinário – assim como no caso de ser necessário o manejo concomitante de embargos infringentes em paralelo ao recurso especial ou extraordinário – contra um mesmo acórdão não é exceção ao princípio em comento. Isso porque esses recursos tratam de matérias distintas, não têm a mesma finalidade e, quando for o caso, devem ser utilizados simultaneamente com o fito de atacar capítulos distintos do julgado.

Doutrina em destaque

Nesse sentido, Mossin (2006, p. 15-16) esclarece: "Por outro lado, nos termos do art. 26 da Lei n. 8.038, de 28 de maio de 1990, os recursos extraordinário e especial deverão ser interpostos no prazo comum de 15 dias, perante o Presidente do Tribunal recorrido. Esses recursos tidos como excepcionais, embora incidam sobre um único acórdão, por prévia disposição legal, não maculam o princípio da unirrecorribilidade. É que enquanto o extraordinário é interposto basicamente em matéria penal, quando houver contrariedade à Constituição Federal, o especial é utilizado, também em matéria penal, quando contrariar lei federal, ou negar-lhe vigência ou der àquela lei interpretação divergente de que lhe haja atribuído outro tribunal".

Logo, em face do capítulo ou da parte do acórdão que, em tese, afronta a CF/1988, cabe recurso extraordinário, ao passo que, ante outro capítulo ou outra parte da decisão que enseja uma das hipóteses previstas no inciso III do art. 105 da CF/1988, deve ser interposto recurso especial.

2.3.3
Princípio da fungibilidade recursal (ou teoria do recurso indiferente)

Pelo princípio da fungibilidade recursal – ou teoria do recurso indiferente –, a interposição equivocada de um recurso pelo outro, salvo hipótese de má-fé, não impede que ele seja conhecido (art. 579, CPP).

Assim, mesmo que interposto o recurso errado, o magistrado poderá admiti-lo a julgamento quando inexistir má-fé do recorrente. A fungibilidade recursal é expressão do caráter instrumental do processo.

Ponto determinante para que se aplique a fungibilidade, portanto, é saber no que consiste a presença ou a ausência de má-fé daquele que recorre, visto que o legislador não as predefiniu.

Na prática, a aferição da má-fé ou não do recorrente se concentra na análise de dois pontos: (1) inexistência de erro grosseiro; e (2) interposição do recurso equivocado dentro do prazo do adequado.

De acordo com Greco Filho (1995, p. 310), erro grosseiro é aquele "caracterizado pela afronta literal à lei, se cometido por quem não poderia fazê-lo". Buscando dar mais concretude à definição, Grinover, Gomes Filho e Fernandes (2005, p. 42) afirmam: "O erro grosseiro poderia ser aferido por algumas circunstâncias objetivas, como, por exemplo, a disposição expressa e induvidosa de lei indicando o recurso cabível, sem divergências na doutrina na jurisprudência".

Por exclusão, portanto, podemos entender que não há erro grosseiro quando existe discussão doutrinária e/ou jurisprudencial sobre o recurso cabível da decisão da qual se pretende recorrer.

Quanto à necessidade de interposição do recurso errado dentro do prazo do correto, há diversas críticas doutrinárias a respeito desse posicionamento jurisprudencial. Nessa diretriz, entendemos que exigir em todos os casos que o recurso inadequado observe a tempestividade do adequado macula a própria essência da fungibilidade.

A má-fé pode confirmar-se, até mesmo com certa frequência, justamente na utilização de lapso temporal maior para interpor dado recurso, quando se sabe que o prazo menor e correto já se expirou. Porém, a má-fé não deve ser presumida. É possível que haja situações em que a parte realmente confie que o recurso a ser empregado seja o de prazo mais dilatado do que o do ajustado para a hipótese. Não havendo erro grosseiro, se a parte realmente entender que o recurso interposto era aquele que protocolou, muitas vezes utilizará o prazo deste.

Grinover, Gomes Filho e Fernandes (2005, p. 42-43) explicam:

> O certo é que, se o recurso impróprio é interposto no prazo do cabível, há claros indícios de inexistência de má-fé, e o recurso pode ser aproveitado, nos termos do art. 579 CPP. Mas a dúvida subsiste quando o recurso impróprio é interposto dentro de seu prazo específico, mas fora do previsto para a interposição do recurso cabível – e é exatamente nesse caso que se deveria

falar propriamente em fungibilidade. Entendemos que para a subsistência do princípio, em sua inteireza, deveria haver aproveitamento do recurso impróprio, mesmo quando interposto fora do prazo do cabível, como hoje se entende para o processo civil. Mas o art. 579 CPP, que ainda exclui o princípio na hipótese de má-fé, impõe a manutenção de critérios antigos: parece, então, poder-se concluir que, se houver realmente incerteza quanto ao recurso adequado – seja pelo próprio sistema, seja por controvérsias doutrinárias ou jurisprudenciais –, o recurso impróprio pode ser aproveitado, mesmo se interposto fora do prazo do cabível. Mas se essa dúvida não existir, a interposição de um recurso por outro, dentro do prazo maior, será claro indício de má-fé.

Doutrina em destaque

No mesmo caminho, Badaró (2015, p. 814) leciona: "Em suma a interposição do recurso impróprio, no prazo do recurso cabível, não é requisito legal para aplicação da fungibilidade recursal, segundo a regra do art. 579, *caput*, do CPP, que se limita a excluí-la no caso de má-fé. Por outro lado, no caso em que há efetivamente dúvida objetiva sobre o recurso cabível, e os prazos de interposição são diversos, não se pode inferir a má-fé simplesmente porque a parte se valeu do recurso de maior prazo, interpondo-o após o término do prazo do outro recurso cujo cabimento também se admite".

Entretanto, a despeito da existência dessa – a nosso ver correta – visão doutrinária, prevalece o entendimento no sentido de que o recurso impróprio tenha sido interposto dentro do prazo do recurso correto.

O parágrafo único do art. 579 do CPP, complementando o tratamento procedimental a ser dado ao ser aplicada a fungibilidade, dispõe que, "se o juiz, desde logo, reconhecer a impropriedade do recurso interposto pela parte, mandará processá-lo de acordo com o rito do recurso cabível" (Brasil, 1941).

Portanto, caso o recurso interposto de forma equivocada seja recebido com base na fungibilidade, deverá tramitar conforme o procedimento do recurso correto.

— 2.3.4 —
Princípio da vedação da *reformatio in pejus*

Pela vedação da *reformatio in pejus*, quando o recurso for exclusivo da defesa, a situação do acusado não poderá ser agravada. Esse princípio encontra amparo no art. 617 do CPP, que disciplina: "O tribunal, câmara ou turma atenderá nas suas decisões ao disposto nos arts. 383, 386 e 387, no que for aplicável, não podendo, porém, ser agravada a pena, quando somente o réu houver apelado da sentença" (Brasil, 1941).

Embora o CPP faça referência exclusiva à apelação (além do fato de seu art. 617 constar do capítulo referente ao apelo) e mencione não poder "ser agravada a pena", trata-se de regra que recai sobre qualquer recurso e não somente impede que a pena seja aumentada, mas também proíbe o reconhecimento de qualquer condição mais gravosa ao acusado em recurso da defesa.

Isso porque estamos diante de disposição normativa que reflete diretrizes de um sistema processual penal acusatório, no qual o Judiciário não pode agir de ofício (*ne procedat iudex ex officio*). Nesse contexto, considerando-se o princípio da inércia da jurisdição, caso a acusação não provoque o Judiciário recorrendo com o objetivo de agravar a situação do réu, não cabe ao tribunal fazê-lo quando do julgamento de recurso unicamente defensivo. Caso contrário, estar-se-ia agindo de ofício (sem pedido formulado pelo órgão acusatório) e julgando *ultra* ou *extra petitum*, em clara violação à inércia da jurisdição e do sistema acusatório.

Ademais, haveria afronta aos princípios do contraditório e da ampla defesa, pois o acusado teria contra si reconhecida circunstância ou condição mais onerosa, sem que tivesse a oportunidade de contra-argumentar para tentar evitar a sua incidência.

A proibição da reforma em prejuízo do acusado em recurso exclusivo da defesa atinge, até mesmo, o campo das nulidades absolutas, matéria que pode ser reconhecida de ofício por violar norma de interesse público. Nesse sentido, a Súmula n. 160 do STF estabelece: "É nula a decisão do Tribunal que acolhe, contra o réu, nulidade não arguida no recurso da acusação, ressalvados os casos de recurso de ofício" (Brasil, 2017, p. 97).

Apesar de existirem vozes minoritárias[4] em sentido contrário, domete-se dar também a chamada *reformatio in pejus* indireta, como prevalece na doutrina e na jurisprudência[5].

Doutrina em destaque

Em defesa da vedação também da reforma em prejuízo indireta, Pacelli (2013, p. 860) argumenta: "A adoção de semelhante entendimento atende às preocupações com a ampla defesa, na medida em que procura afastar eventuais embaraços no manejo dos recursos cabíveis, como a intimidação do condenado ao exercício do duplo grau de jurisdição, sob a ameaça, potencial, é claro, de ver piorada a sua situação. A proibição da reforma para pior, direta ou indireta, funcionaria como uma garantia do efetivo exercício da ampla defesa. Seja como for, tratando-se de vício decorrente de incompetência relativa, não vemos maiores

---

4   Em sentido contrário à proibição de *reformatio in pejus* indireta, Rangel (2012b, p. 935, grifo do original) defende: "**A uma**, por falta de texto expresso proibindo o juiz de dar uma sentença com *quantum* superior à que foi dada no primeiro julgamento, pois o que se proíbe no art. 617 é a reforma para pior **pelo tribunal** e não pelo juízo *a quo*. Assim, o que não é proibido é permitido. Aplica-se o 'princípio da legalidade'. **A duas**, porque deve haver diferença entre a 'decisão recorrida' (e anulada) e a 'decisão proferida' no recurso. Ora, como haver diferença entre uma decisão que não mais existe (a anulada) e a do recurso? Não se agrava aquilo a que a ordem jurídica não mais confere validade. Assim, agravar o nada é um não senso jurídico. **A três**, porque estar-se-ia emprestando força a uma decisão que desapareceu em detrimento de uma que é proferida em perfeita harmonia com a ordem jurídica. Seria o inválido sobrepondo-se ao válido, em verdadeira aberração. **A quatro**, porque o recurso, como vimos, é voluntário, ou seja, o réu recorre se quiser. Portanto, carrega o ônus do seu recurso com os resultados que lhe são previsíveis e possíveis: provimento, improvimento ou não conhecimento". Ver também: Grinover, Gomes Filho e Fernandes (2004, p. 48).

5   Ver: RTJ 74/654; RTJ 84/687; RT 607/416; RT 735/597; JSTF 159/351.

problemas na solução tal como aventada na jurisprudência e na doutrina quando se tratar de recurso exclusivamente da defesa. Nas edições anteriores, entendíamos que, em se tratando de incompetência absoluta, instituída em razão da matéria e da função exercida pelo acusado, a solução deveria ser outra. E recorríamos à antigas decisões da Suprema Corte (RE n. 87.394, RTJ n. 88/1.018; STJ – REsp n. 66.081/SP; RHC n. 5.857/SP, DJU 12.8.1997). No entanto, evoluímos para não fazer qualquer distinção na proibição de *reformatio in pejus* indireta. Se o fundamento da regra repousa na afirmação da liberdade recursal da defesa, de modo a não reduzir a sua pretensão de midificação da condenação, deve ele prevalecer também sobre o juiz natural. Pensamos, aliás, que essa é a melhor maneira de se alinhar a solução da questão aos ditames da citada Súmula 160, do STF. Se ali, a ausência de alegação da acusação foi suficiente para se afastar o vício de incompetência absoluta, por que não o seria aqui? Ao fim e ao cabo, não se teria também a omissão dos órgãos públicos no curso do processo anulado?".

No mesmo sentido, Tourinho Filho (2012, p. 503) pondera: "De fato, se a decisão transitou em julgado para a Acusação, não havendo possibilidade de agravamento da pena, não teria sentido, diante de uma decisão do Tribunal anulando o feito, pudesse o Juiz, na nova sentença, piorar-lhe a situação. Do contrário os réus ficariam receosos de apelar e essa intimidação funcionaria como um freio a angustiar a interposição de recursos. Mesmo que, em face da nulidade decretada pelo Tribunal, entenda o Juiz, à vista do art. 383, deve dar ao fato qualificação jurídica diversa, ainda que lhe impedi-lo, conquanto não majore a pena. E a razão é simples: se o próprio Tribunal não tem essa faculdade, com mais se infere do art. 617, muito menos a instância inferior".

No entanto, Tourinho Filho (2012, p. 504) apresenta entendimento diverso quando a nulidade decorre de reconhecimento de incompetência absoluta do juízo: "Contudo, se a nulidade ocorrer em decorrência de incompetência absoluta, a decisão funcionará como ato inexistente e, então, o Juiz competente terá inteira liberdade na dosimetria da pena, mesmo porque a primeira decisão foi proferida por um órgão desvestido do poder de julgar. Se assim é na incompetência *ratione materiae*, com muito mais razão na *rationae personae* (RTJ, 88/1018 e 100/927; RT, 558/414; REsp 66.081/SP, DJU, 26-2-1996, p. 4038; RHC 5.857/SP, DJU, 12-8-1997, p. 36282)".

Portanto, caso seja dado provimento ao recurso exclusivo da defesa para anular a sentença da qual se recorreu, a nova decisão a ser proferida pelo órgão *a quo* não poderá contemplar situação mais gravosa ao réu do que aquela que constava da decisão anulada.

Dessa forma, a sentença condenatória anulada em recurso exclusivo da defesa, embora nula, produz o efeito de servir de limitador à gravidade de eventual condenação em novo julgado. Apesar de nulo o ato (sentença), nesse caso, ele produz o efeito de limitar o máximo de pena a ser fixada na futura decisão, caso haja nova condenação.

Explicando essa consequência, Grinover, Gomes Filho e Fernandes (2004, p. 24) apontam:

> Além disso, no campo processual, a declaração de invalidade diz respeito à inaptidão do ato para produzir certos efeitos jurídicos, sendo até mesmo possível a subsistência de alguns deles depois de reconhecida a nulidade; é o que ocorre, entre nós, com a sentença viciada que vem a ser anulada através de recurso exclusivo da defesa; em virtude da proibição da *reformatio in pejus*, a jurisprudência dominante tem entendido que, mesmo nula, tal sentença continua a possuir efeito de fixar o máximo de pena que poderá ser aplicado ao réu recorrente (nesse sentido: STF, RTJ 88/1.018; 95/1.081, RT 548/418 contra: STJ, HC 67, DJU 05.02.1990, p. 458).

Questão tormentosa diz respeito à análise da proibição da *reformatio in pejus* indireta sob a perspectiva das decisões do Tribunal do Júri, tendo em vista o princípio da soberania dos veredictos (art. 5º, XXXVIII, "c", CF/1988)[6].

---

6   Com o fito de conceituar a soberania dos veredictos, Marques (1963, p. 40) ensina: "'Soberania dos veredictos' é uma expressão técnico-jurídica que deve ser definida segundo a ciência dogmática do processo penal, e não de acordo com uma exegese de lastro filológico, alimentada em esclarecimentos vagos de dicionários. Se soberania do Júri, no entender da *communis opinio doctorum*, significa a impossibilidade de outro órgão judiciário substituir ao Júri na decisão de uma causa por ele proferida, soberania dos veredictos traduz, *mutatis mutandis*, a impossibilidade de uma decisão calcada em veredicto dos jurados, ser substituída por outra sentença sem esta base. Os veredictos são soberanos, porque só os veredictos é que dizem se é procedente ou não a pretensão punitiva".

Para enfrentar o tema, é necessário relembrar que as sentenças dadas no Tribunal do Júri são subjetivamente complexas, ou seja, resultam da decisão de mais de um órgão. Compete aos jurados decidir sobre o mérito (fato e autoria) e ao juiz-presidente cabe aplicar a sanção penal, caso necessário. Apenas a matéria de competência dos jurados está abrigada na soberania dos veredictos.

Assim, caso a discussão envolva apenas a parte decisória de competência do juiz togado, diante da soberania dos veredictos, a vedação da *reformatio in pejus* indireta deve imperar como nos feitos que não são de competência do Júri.

Como exemplo, vamos supor o seguinte: o réu foi condenado no primeiro julgamento por homicídio doloso simples a uma pena de 6 anos de reclusão, apelou com base no art. 593, inciso III, alínea "a", do CPP, e a condenação foi anulada com o provimento de seu recurso. No novo julgamento, caso os jurados mantenham o posicionamento pela condenação por homicídio doloso simples, não poderá o juiz-presidente fixar a pena além dos 6 anos de reclusão. Caso contrário, haveria ofensa à proibição da *reformatio in pejus* indireta em relação à matéria de competência do juiz togado e não acobertada pela soberania dos veredictos.

Agora, vejamos a seguinte situação: a pronúncia foi por homicídio qualificado, mas, em plenário do Júri, houve afastamento da qualificadora pelos jurados e o réu acabou condenado por homicídio doloso simples a 6 anos de reclusão. Interposta a apelação com base no art. 593, inciso III, alínea "a", do CPP, o recurso foi provido e o julgamento foi anulado. No novo Júri, poderá o réu ser condenado por homicídio qualificado e, por consequência, sua pena ser fixada além dos 6 anos de reclusão?

Considerando-se a existência do princípio da soberania dos veredictos, o que faz com que a análise do mérito seja retomada por completo (portanto, no exemplo dado, voltará à análise dos jurados a qualificadora antes afastada), poderá o réu ser condenado a uma pena maior no novo julgamento? Mossin (2006, p. 109) defende não haver "absolutamente nenhuma violação à *reformatio in pejus* indireta, porquanto essa situação decorreu da soberania dos veredictos". Da mesma forma, Mirabete (2006) entende que a soberania dos veredictos não pode sofrer limitações decorrentes da proibição da *reformatio in pejus* indireta. Nas palavras do autor:

> A regra, porém, não tem aplicação para limitar a soberania do Tribunal do Júri, decorrente de preceito constitucional. Não pode a lei ordinária impor-lhe limitações que lhe retirem a liberdade de julgar a procedência ou a improcedência da acusação, bem como a ocorrência, ou não, de circunstâncias que aumentem ou diminuam a responsabilidade do réu, em virtude de anulação de veredicto anterior por decisão da Justiça togada. Isso implica dizer que tem o novo Júri, nos limites da pronúncia e do libelo, a liberdade de responder diferentemente do anterior aos quesitos que lhe são apresentados, podendo agravar a situação do réu. Nos termos do artigo 617, somente o Juiz Presidente estará proibido de aumentar a pena se o novo Júri responder da mesma forma que o primeiro

quanto ao crime e às circunstâncias influentes da pena. Não está em jogo, nessa hipótese a soberania do Júri, devendo sur var-se o Juiz Presidente ao ditado pelo mencionado dispositivo. (Mirabete, 2006, p. 683-684)

Todavia, indaga-se: A soberania dos veredictos constitui princípio constitucional intransponível, mesmo quando a tarefa de preservá-lo põe em xeque o *status libertatis* do acusado em recurso exclusivo da defesa?

Marques (1963, p. 54) já alertava para o fato de não poder a soberania dos veredictos "ser atingida enquanto preceito para garantir a liberdade do réu. Mas se ela é desrespeitada em nome desta mesma liberdade, atentado algum se comete ao texto constitucional. Os veredictos do Júri são soberanos enquanto garantem o *jus libertatis*".

Embora, nesse ponto de sua obra, Marques (1963) não estivesse sustentando a vedação à reforma em prejuízo das decisões do Júri, a premissa de que a soberania dos veredictos é preceito que não pode ser usado em detrimento do direito de liberdade, apresenta-se como base também para solucionar a questão posta.

Nucci (1999), defendendo a preservação da proibição da *reformatio in pejus* indireta também nos julgados do Júri quando o conteúdo do novo veredicto for diverso do que constou no julgamento pretérito, busca harmonizá-la com a soberania dos veredictos. Para tanto, com vistas a não vedar que o Júri decida com liberdade a matéria, caso reconheçam qualificadora antes rejeitada, ao aplicar a pena, o juiz-presidente, "lembrando que há impossibilidade de prejudicar o réu em recurso que foi exclusivo da defesa, reduzirá a reprimenda até atingir o patamar primário" (Nucci, 1999, p. 104).

No *Habeas Corpus* n. 89.544-1/RN, julgado pela 2ª Turma do STF, foi reconhecida essa solução. Confira a seguir.

Jurisprudência em destaque

STF, *Habeas Corpus* n. 89.544-1/RN:

"AÇÃO PENAL. Homicídio doloso. Tribunal do Júri. Três julgamentos da mesma causa. Reconhecimento da legítima defesa, com excesso, no segundo julgamento. Condenação do réu à pena de 6 (seis) anos de reclusão, em regime semiaberto. Interposição de recurso exclusivo da defesa. Provimento para cassar a decisão anterior. Condenação do réu, por homicídio qualificado, à pena de 12 (doze) anos de reclusão, em regime integralmente fechado, no terceiro julgamento. Aplicação de pena mais grave. Inadmissibilidade. *Reformatio in pejus* indireta. Caracterização. Reconhecimento de outros fatos ou circunstâncias não ventilados no julgamento anterior. Irrelevância. Violação consequente do justo processo da lei (*due process of law*), nas cláusulas do contraditório e da ampla defesa. Proibição compatível com a regra constitucional da soberania relativa dos veredictos. HC concedido para restabelecer a pena menor. Ofensa ao art. 5º, incs. LIV,

LV e LVII, da CF. Inteligência dos arts. 617 e 626 do CPP. Anulados o julgamento pelo tribunal do júri e a correspondente sentença condenatória, transitada em julgado para a acusação, não pode o acusado, na renovação do julgamento, vir a ser condenado a pena maior do que a imposta na sentença anulada, ainda que com base em circunstância não ventilada no julgamento anterior" (Brasil, 2009c).

Em seu voto, o Min. Cezar Peluso, relator, entre outros pontos, sustentou: "Mas a proibição de reforma para pior, inspirada no art. 617 do Código de Processo Penal, não comporta exceção alguma que a convalide ou legitime, ainda quando indireta, tal como se caracterizou no caso. Se, de um lado, a Constituição da República, no art. 5º, inciso XXXVIII, letra 'c', proclama a instituição do júri e a soberania de seus veredictos, de outro assegura aos acusados em geral o contraditório e a ampla defesa, com os meios e recursos a ela inerentes (inc. LV do art. 5º). Ambas essas garantias, que constituem cláusulas elementares do princípio constitucional do justo processo da lei (*due process of law*) devem ser interpretadas sob a luz do critério da chamada concordância prática, que, como se sabe, consiste 'numa recomendação para que o aplicador das normas constitucionais, em se deparando com situações de concorrência entre bens constitucionalmente protegidos, adote a solução que otimize a realização de todos eles, mas ao mesmo tempo não acarrete a negação de nenhum. [...] E, como corolário do contraditório e da ampla defesa, o Código de Processo Penal contempla, dentre outros, o princípio da personalidade dos recursos (parte final do art. 617), que obsta à *reformatio in pejus*. [...] Suposto consolidada nesta Corte, a proibição da *reformatio in pejus* indireta tem sido aplicada restritivamente ao Tribunal do Júri, sob a explícita condição de o conselho de sentença reconhecer a existência dos mesmos fatos e circunstâncias admitidos no julgamento anterior. [...] Tal restrição, sobre não encontrar amparo no ordenamento jurídico, aniquila, na prática, a ampla defesa, na medida em que, intimidando o condenado, lhe embaraça senão que inibe o manejo dos recursos. E subtrair ao condenado a segurança para recorrer, sem o temor de que a nova decisão possa de algum modo piorar-lhe a situação resultante do juízo impugnado, viola o cerne do devido processo legal. [...] A regra constitucional da soberania dos veredictos em nada impede a incidência da vedação da *reformatio in pejus* indireta, pois esta não impõe àquela limitações de qualquer ordem, nem tampouco despoja os jurados da liberdade de julgar a pretensão punitiva, nos termos em que a formule a pronúncia. [...] O conselho de sentença decide sempre como lhe pareça; o juiz presidente do Tribunal do Júri, esse é que, ao fixar a pena, está obrigado a observar o máximo da reprimenda imposta ao réu no julgamento anterior. [...] Conferir ao Tribunal do Júri, chamado a rejulgar a causa após provimento de recurso exclusivo do réu, poder jurídico de lhe agravar a pena anterior, significaria transformar o recurso da defesa em potencial instrumento de acusação, ante as vicissitudes do novo julgamento, em clara afronta ao postulado do *favor rei* ou *libertatis*, que descende, em linhagem direta, da norma constitucional da chamada presunção de inocência (art. 5º, LVII). Ou seja, sob pretexto e no âmbito de julgamento de recurso da defesa, operar-se-ia, em dano do réu, autêntica revisão da sentença *pro societate*, em favorecendo a acusação, que não recorreu [...] Não encontro nenhuma razão lógico-jurídica que, legitimando outra conclusão, preexclua estender a proibição da *reformatio in pejus* indireta, sempre admitida na província das decisões singulares, aos julgamentos da competência do Tribunal do Júri, ainda quando consideradas circunstâncias decisivas que o não tenham sido em julgamento anterior. A regra que o sustenta é, em substância, de natureza processual e, no específico quadro teórico desta causa, aparece, com caráter cogente, dirigida apenas ao juiz presidente do júri, que a deve reverenciar no momento do cálculo da pena, sem que isso importe limitação à competência do conselho de sentença ou à soberania de seus veredictos" (Brasil, 2009c).

Portanto, nesse caso, embora tenha mantido a condenação do réu por homicídio qualificado, o STF decidiu que a pena deveria ser mantida no patamar do julgamento anterior com o escopo de vedar a reforma em prejuízo indireta. Também há precedente do STJ nesse sentido[17].

Doutrina em destaque

Ao comentar em artigo próprio a decisão tomada pelo STF no julgamento do *Habeas Corpus* n. 89.544-1/RN, Rabelo (2009, p. 16-18) expõe seus fundamentos – outros que não os mesmos do STF – para não se permitir a *reformatio in pejus* indireta também no âmbito do tribunal popular: "Inicialmente, deve-se considerar inadequado, do ponto de vista constitucional, a afirmação de que o princípio da *ne reformatio in pejus* tem *status* infraconstitucional. Não é preciso muito para concluir que se trata, isso sim, de um princípio constitucional implícito, decorrente do princípio da ampla defesa e do devido processo legal. [...] Uma vez que se reconheça natureza constitucional ao princípio

---

7   STJ, *Habeas Corpus* n. 205.616/SP: "HABEAS CORPUS. HOMICÍDIO QUALIFICADO. CONDENAÇÃO NO JÚRI POPULAR. APELAÇÃO. REDUÇÃO DA REPRIMENDA. NOVO JULGAMENTO. IMPOSIÇÃO DE SANÇÃO CORPORAL SUPERIOR. IMPOSSIBILIDADE. PRINCÍPIO QUE VEDA A REFORMATIO IN PEJUS INDIRETA. 1. Os princípios da plenitude de defesa e da soberania dos veredictos devem ser compatibilizados de modo que, em segundo julgamento, os jurados tenham liberdade de decidir a causa conforme suas convicções, sem que isso venha a agravar a situação do acusado, quando apenas este recorra. 2. Nesse contexto, ao proceder à dosimetria da pena, o Magistrado fica impedido de aplicar sanção superior ao primeiro julgamento, se o segundo foi provocado exclusivamente pela defesa. 3. No caso, em decorrência de protesto por novo júri (recurso à época existente), o Juiz presidente aplicou pena superior àquela alcançada no primeiro julgamento, o que contraria o princípio que veda a *reformatio in pejus* indireta. 4. Ordem concedida, com o intuito de determinar ao Juízo das execuções que proceda a novo cálculo de pena, considerando a sanção de 33 (trinta e três) anos, 7 (sete) meses e 6 (seis) dias de reclusão, a ser cumprida inicialmente no regime fechado" (Brasil, 2012b).

da *ne reformatio in pejus*, a resolução da questão não mais se pode dar com base no critério hierárquico – pois, agora, se está diante de dois princípios constitucionais fundamentais –, mas deve ser solucionada no âmbito da ponderação de princípios. [...] não haveria necessidade sequer de se falar em colisão de princípios constitucionais. Poderia ter-se dado mais um passo na constitucionalização do processo penal. Bastaria, para tanto, uma exegese contextualizada do princípio da soberania dos veredictos, situando seu círculo hermenêutico dentro de um contexto protetivo do acusado. Em outros termos, deve-se entender o princípio da soberania dos veredictos como uma garantia constitucional do acusado e não dos jurados. Por esse prisma, também o princípio da soberania dos veredictos deve ser visto como uma garantia do acusado, pois de nada adiantaria assegurar a este o direito de ser julgado por seus pares, se se admitisse que o tribunal técnico pudesse 'rejulgar' o caso quando provocado. Bastaria, pois, um simples recurso para que fosse afastado o direito fundamental da pessoa de ser julgada por juízes leigos. Nessa senda, o princípio da soberania dos veredictos deve ser compreendido como um instrumento destinado a garantir o direito fundamental do réu de crime doloso contra a vida de ser julgado por seus pares (juízes leigos). Estando, pois, o princípio da soberania dos veredictos situado em um contexto de garantia do acusado, não pode o princípio ser utilizado em seu prejuízo. Portanto, quando houver recurso exclusivo da defesa, a pena do segundo julgamento não poderá jamais ser mais severa do que a fixada na decisão cassada, mesmo nos processos de competência do Tribunal do Júri, em virtude da vedação da *reformatio in pejus* e da impossibilidade de se invocar o princípio da soberania dos veredictos em prejuízo do acusado (em razão do caráter garantista deste princípio). Se o princípio da soberania dos veredictos fosse compreendido dessa maneira, por certo não haveria necessidade de se falar em sua colisão com o princípio da *ne reformatio in pejus*, nas hipóteses de cassação das decisões do Tribunal do Júri. O que ocorreria é a não incidência do princípio da soberania dos veredictos contra o acusado, uma vez que se trata de um princípio-garantia do réu de crimes dolosos contra a vida. Não sendo hipótese de incidência do princípio da soberania dos veredictos, não haveria colisão e o princípio da *ne reformatio in pejus* regulamentaria sozinho o caso".

Comentando o tema e, também, a decisão do STF, Pacelli (2013, p. 861) afirma: "A vedação da *reformatio in pejus*, porém, não deveria se aplicar ao Tribunal do Júri, no que respeita à decisão dos jurados. Anulado o julgamento, o novo Júri deveria ser livre para apreciar toda a matéria do fato e de direito. Se, contudo, as respostas aos quesitos forem no mesmo sentido, o Juiz-Presidente não poderá agravar a pena. Esse era o entendimento jurisprudencial de nossos tribunais. No entanto, a 2ª Turma do STF, HC n. 89.544/RN, julgado em 14.4.2009, Relator o então Min. Cezar Peluso, decidiu em sentido contrário, fazendo prevalecer a regra da proibição da *reformatio in pejus* também no júri. A decisão reduz, indisfarçavelmente, a soberania do (segundo) Conselho de Sentença. Pode-se compreendê-la e até mesmo acompanhá-la, sobretudo na perspectiva da potencialização da ampla defesa, vetor essencial na configuração do nosso processo penal [...]. De mais a mais, uma ordem constitucional democrática não se compatibiliza com a absolutização de princípios constitucionais, não havendo razão, em princípio, para que tal ocorra em relação à apontada soberania dos jurados. No particular, o princípio da ampla defesa ocupa posição proeminente na estrutura do processo penal".

Esses são os principais argumentos sobre a questão de ser ou não possível a aplicação da vedação da *reformatio in pejus* indireta em face de decisões do Tribunal do Júri.

Até o momento, a avaliação foi feita sob a ótica de recurso exclusivo da defesa. E quando o recurso é exclusivo da acusação, pode o órgão julgador reconhecer algo que seja mais favorável ao réu? Dito de outra forma: Admite-se a *reformatio in melius*? Antes de enfrentarmos este tema, vale esclarecer que a expressão *reformatio in melius*, embora frequentemente utilizada, é imprecisa, pois a recorrente nesse caso é a acusação. Portanto, cuida-se também de *reformatio in pejus*, mas agora sob o viés acusatório.

Mirabete (2006, p. 684), partindo do princípio de que o juiz não pode ir além do pedido das partes (*ne eat judex ultra petita partium*), entende não ser possível a *reformatio in melius*:

De acordo com o princípio *ne eat judex ultra petita partium*, não pode o tribunal *ad quem*, em recurso exclusivo da acusação, reformar decisão em favor do réu, seja atenuando-lhe a pena, seja beneficiando-o de outra forma. [...] Entretanto parte da doutrina, bem como tribunais estaduais, aceitam a *reformatio in melius*. Dispondo o artigo 617 que "O tribunal, câmara ou turma atenderá nas suas decisões ao disposto nos arts. 383, 386 e 387, no que for aplicável, não podendo, porém, ser agravada a pena, quando somente o réu houver apelado da sentença", tem-se entendido que, se tratando de recurso da acusação, há amplo efeito devolutivo e só se proíbe a *reformatio in pejus*. Por isso, a conclusão, nesse raciocínio, *a contrario sensu*, é a de que o tribunal pode julgar *extra petita* em favor do condenado em recurso exclusivo da acusação. *Data venia* de tal entendimento, o artigo 617, ao se referir aos artigos 383, 386 e 387, não está ditando uma regra geral de proibição à *reformatio in pejus* e permitindo implicitamente a *reformatio in melius*, mas apenas procura prever os requisitos das sentenças absolutórias e condenatórias e traçar os limites quanto às sentenças de desclassificação, proibindo a aplicação da pena mais grave quando se der ao fato definição jurídica diversa da que constar da queixa ou denúncia, diferentemente do que se estabelece no artigo 383, ao qual, apenas nessa parte, lhe faz exceção. Cabe ao condenado, na hipótese, valer-se da revisão.

Todavia, a razão parece estar com aqueles que advogam o entendimento de ser possível a *reformatio in melius* (*reformatio in pejus* em recurso exclusivo da acusação). Ao Estado-juiz cabe assegurar a correta aplicação da lei penal. Assim, caso presente uma circunstância que favoreça o réu deve, ainda que de ofício, reconhecê-la em prestígio ao *favor rei* ou *favor libertatis*. É possível, inclusive, a concessão de *habeas corpus* de ofício para a correção de situações em favor do acusado.

Do contrário, se o Judiciário não pudesse assim proceder, poderia se consumar a injustiça de se manter condenado um inocente ou de se sustentar uma pena desproporcionalmente severa, até que, quiçá, se ingressase com revisão criminal ou *habeas corpus* para reparar a situação, postura que, também, andaria na contramão do zelo pela economia processual.

Admitindo a *reformatio in melius*, Marques (1965, 277) afirma:

> como o art. 617, do Código de Processo Penal, unicamente limita a extensão e área decisória do juízo de apelação quando só o réu interpõe o recurso, forçoso é concluir-se não ter havido proibição da *reformatio in melius*, pelo que, apelando o Ministério Público (ou o querelante ou o ofendido), cabível será a redução da pena, ou mesmo a absolvição do réu. E isto

se dá tanto no caso de apelação plena como naquele de apelação limitada.[18]

Na jurisprudência, além de decisões dos tribunais estaduais que admitem a *reformatio in melius*[19], há, também, precedentes do STJ nesse sentido.

Jurisprudência em destaque

STJ, Recurso Especial n. 753.396/RS:
"RECURSO ESPECIAL. PROCESSUAL PENAL. RECURSO EXCLUSIVO DA ACUSAÇÃO. OCORRÊNCIA DA REFORMATIO IN MELLIUS. POSSIBILIDADE. INEXISTÊNCIA DE VEDAÇÃO LEGAL. 1. O art. 617 do Código de Processo Penal veda, tão somente, a *reformatio in pejus*, sendo admissível a *reformatio in mellius* na hipótese sob exame, em que o Tribunal *a quo*, ao julgar o

---

8 Defendendo também a possibilidade de *reformatio in melius*, Pacelli (2013, p. 894) explica: "De tal perspectiva, nada justifica a vedação da *reformatio in mellius*, que na verdade será sempre *in pejus* para a acusação (recorrente). Não há sequer norma legal expressa nesse sentido, como há, por exemplo, em relação à reforma prejudicial ao acusado (art. 617, CPP). O argumento do respeito aos limites objetivos do recurso (vinculação do tribunal ao pedido expresso contido no recurso), por vezes utilizado, *data venia*, é insustentável. Primeiro, porque reduzido a uma principiologia de natureza exclusivamente infraconstitucional, que não pode ser oposta aos princípios constitucionais aqui apontados. Segundo, porque o Estado, em uma ordem de Direito, por quaisquer de seus órgãos, e em qualquer fase ou momento processual, tem o dever da correta aplicação da lei penal, a partir do convencimento judicial nesse sentido. Terceiro, porque o próprio ordenamento permitiria a revisão do julgado em favor do acusado, em sede de *habeas corpus* de ofício ou até por meio de revisão criminal. Ora, se assim é, por que não o permitir desde logo?".

9 Ver: RT 514/357; RT 526/394; RT 568/272; RT 572/368; RT 659/335.

recurso da Acusação, reconheceu a insubsistência do conjunto probatório e absolveu o Réu, com fulcro no art. 386, inciso VI, do Código de Processo Penal. 2. Recurso especial desprovido" (Brasil, 2006a).

STJ, Recurso Especial n. 756.285/RS:
"RECURSO ESPECIAL. PENAL E PROCESSUAL PENAL. RECURSO EXCLUSIVO DA ACUSAÇÃO. OCORRÊNCIA DA REFORMATIO IN MELLIUS. POSSIBILIDADE. INEXISTÊNCIA DE VEDAÇÃO LEGAL. PORTE ILEGAL DE ARMA DE FOGO. ANULAÇÃO DO EXAME PERICIAL. INEXISTÊNCIA DE OUTROS MEIOS DE PROVA. 1. O art. 617 do Código de Processo Penal veda, tão somente, a *reformatio in pejus*. Sendo assim, infere-se do sistema processual penal que a *reformatio in mellius* deve ser admitida, pois em recurso exclusivo do Ministério Público toda a matéria resta devolvida, podendo, desta forma, ser analisada a existência de ilegalidades na condenação pelo Tribunal de Origem. Precedentes. 2. A Corte a quo absolveu os Recorridos porque reconheceu, além da nulidade da perícia, inexistir nos autos prova suficiente para a condenação. Desse modo, atender a pretensão recursal do Recorrente de, afastando a nulidade da perícia, confirmar a condenação de primeiro grau, implica, necessariamente, reexame da matéria fático-probatória constante dos autos, impossível na via estreita do recurso especial, a teor do disposto na Súmula n. 07 do STJ. 3. Recurso especial não conhecido" (Brasil, 2005d).

— 2.4 —
Pressupostos recursais

Os pressupostos recursais, ou *requisitos de admissibilidade dos recursos*, são as condições mínimas a serem observadas pelo recorrente quando da interposição de seu recurso, para que ele seja julgado. Ao interpor o recurso, o recorrente busca sua admissão a julgamento para que, eventualmente, seja provido e acolhida sua pretensão.

Segundo Grinover, Gomes Filho e Fernandes (2004, p. 90), "Assim como ocorre para o processo em geral, que se subordina a requisitos para a constituição de uma relação processual válida, a constituição da relação procedimental atinente aos recursos também se sujeita a pressupostos necessários para que possa nascer e desenvolver-se validamente".

A análise dos pressupostos recursais constitui o chamado *juízo de admissibilidade* (ou *juízo de prelibação*). Por sua vez, o posicionamento de dar ou negar provimento ao recurso é feito após sua admissão, no momento do exame do mérito, sendo denominado *juízo de delibação* ou *juízo de mérito*.

Interposto o recurso, em regra, o primeiro juízo de admissibilidade é feito pelo órgão *a quo*[10]. Caso seja positivo, o recurso deve ser encaminhado ao órgão *ad quem*, que, inicialmente, faz novo juízo de admissibilidade (não ficando vinculado ao

---

10 Em regra, pois, nos casos de embargos de declaração, embargos infringentes e de nulidade, carta testemunhável e correição parcial, em razão das peculiaridades desses recursos, isso não ocorre.

posicionamento do órgão *a quo* sobre a admissão do recurso). Preenchidos os pressupostos, o recurso é conhecido e, então, é feito o juízo de mérito, ocasião em que o recurso é provido (total ou parcialmente) ou desprovido.

As decisões de inadmissibilidade também podem ser impugnadas. Mais adiante, quando do estudo de cada espécie recursal, apresentaremos os recursos cabíveis de decisões que não admitem o recurso anterior.

Os pressupostos recursais são classificados em objetivos e subjetivos.

— 2.4.1 —
Pressupostos recursais objetivos

Os pressupostos recursais objetivos são divididos em: cabimento; legitimidade; regularidade; inexistência de fato impeditivo ou extintivo do direito de recorrer.

Cabimento

Para que seja admitido a julgamento, o recurso deve estar previsto em lei como instrumento apto a impugnar o ato a ser combatido.

É tarefa do legislador, conforme visto no princípio da taxatividade, estabelecer os recursos admitidos pelo ordenamento jurídico. Ademais, considerando-se que a lei, em tese, prevê um recurso para cada decisão que se pretenda impugnar (princípio da unirrecorribilidade), quanto ao cabimento, o recorrente deve eleger a via recursal adequada entre aquelas definidas pelo legislador.

Todavia, conforme visto anteriormente, o art. 579 do CPP prevê a chamada *fungibilidade recursal*, regra que permite receber o recurso equivocado como se o correto fosse, desde que ausente a má-fé do recorrente. Para saber mais sobre o princípio da fungibilidade, consulte a Subseção 2.3.3.

Tempestividade

Para cada recurso, a lei prevê um prazo de interposição a ser observado pelo recorrente, sob pena de não conhecimento por carência de requisito para tanto. Os prazos recursais são fatais, contínuos e peremptórios, não se interrompendo por férias, domingo ou feriado, salvo diante de impedimento do juiz, de força maior ou de obstáculo judicial oposto pela parte contrária (art. 798, *caput* e § 4º, CPP).

Aos recursos que têm prazos distintos para interposição e apresentação das razões recursais (como a apelação pelo sistema do CPP e o recurso em sentido estrito), a tempestividade é aferida no momento de sua interposição. A apresentação das razões fora do prazo legal é considerada mera irregularidade. Há, porém, recursos com prazo único para interposição e apresentação das razões, como a apelação do Juizado Especial Criminal, os embargos infringentes e de nulidade, o recurso especial e o extraordinário, entre outros.

No processo penal, os prazos de interposição dos recursos são os seguintes:

- **5 dias**: para recurso em sentido estrito (art. 586, CPP), apelação pelo sistema do CPP (art. 593, CPP), agravo em execução (Súmula n. 700, STF), recurso ordinário constitucional em *habeas corpus* (art. 30, Lei n. 8.038/1990), embargos de declaração pelo sistema da Lei n. 9.099/1995 (art. 83, § 1º).
- **10 dias**: para embargos infringentes e de nulidade (art. 609, parágrafo único, CPP) e apelação do Juizado Especial Criminal (art. 82, § 1º, Lei n. 9.099/1995).
- **2 dias**: para embargos de declaração pelo CPP (arts. 382 e 619).
- **48 horas**: para carta testemunhável (art. 640, CPP), o que, na prática, entende-se como 2 dias.

Importante ater-se ao fato de que, diferentemente do processo civil, conforme a Súmula n. 710 do STF, no processo penal os prazos são contados da data da intimação, e não da juntada aos autos do mandado ou da carta precatória ou de ordem.

Além disso, quanto à contagem dos prazos processuais, a Súmula n. 310 do STF dispõe: "Quando a intimação tiver lugar na sexta-feira, ou a publicação com efeito de intimação for feita nesse dia, o prazo judicial terá início na segunda-feira imediata, salvo se não houver expediente, caso em que começará no primeiro dia útil que se seguir" (Brasil, 2017, p. 178).

Com relação ao polo passivo, como no processo penal, tanto o defensor quanto o próprio réu têm legitimidade para recorrer (art. 577, *caput*, CPP), e a contagem do prazo só se inicia a partir da segunda intimação (da data de quem tenha sido intimado por último), independentemente de quem tenha sido comunicado antes ou depois.

Regularidade procedimental

A observância da regularidade procedimental, ou seja, o preenchimento das formalidades legais, também é condição primária para que se conheça do recurso. Duas são as formalidades essenciais dos recursos: (1) forma de interposição e (2) motivação.

De maneira geral, quanto à **forma de interposição** de um recurso, esta pode ser realizada: (a) por petição juntada no processo; ou (b) por termo nos autos, assinado pelo recorrente ou por seu representante (art. 578, CPP). Se, porventura, o réu não souber ou não puder assinar seu nome, o termo terá de ser assinado por alguém, a seu rogo, na presença de duas testemunhas (art. 578, § 1º, CPP).

Entretanto, se, por um lado, a petição pode ser forma de interposição de qualquer recurso, por termo nos autos somente podem ser interpostos o recurso em sentido estrito, o agravo em execução (por seguir, de acordo com entendimento jurisprudencial, o rito do recurso em sentido estrito) e a apelação.

Por sua vez, a **motivação** do recurso se concretiza com a apresentação das razões recursais pelo recorrente. Como dito, há recursos que são interpostos com suas razões recursais em anexo, pois têm prazo único para a tomada conjunta das duas providências, como a apelação no âmbito do Juizado Especial

Criminal e os embargos infringentes e de nulidade. Outros têm prazos autônomos de interposição e de razões recursais, como a apelação no âmbito do CPP e o recurso em sentido estrito.

Inexistência de fato impeditivo ou extintivo do direito de recorrer

Trata-se de pressuposto recursal negativo, pois não pode estar presente fato impeditivo ou fato extintivo do direito de recorrer para que o recurso seja conhecido.

Fato **impeditivo** é aquele que se consubstancia antes de interposto o recurso, prejudicando sua própria interposição ou seu conhecimento, e opera-se por meio da renúncia ao direito de recorrer. *Renunciar* significa deixar de fazer algo, abster-se de tomar alguma providência; no campo dos recursos, a renúncia consiste em abrir mão do direito de recorrer da decisão.

Quanto à renúncia ao direito de apelar manifestada pela defesa, é preciso atentar ao disposto na Súmula n. 705 do STF: "A renúncia do réu ao direito de apelação, manifestada sem a assistência do defensor, não impede o conhecimento da apelação por este interposta" (Brasil, 2017, p. 408).

Os fatos **extintivos** são aqueles que se efetivam depois de o recurso ter sido interposto, impedindo seu julgamento. São fatos extintivos do direito de recorrer a desistência e a deserção. A desistência consiste na manifestação de vontade do recorrente em, antes de vê-lo julgado, não mais seguir com o recurso interposto. Atenção, porém, às peculiaridades da função ministerial, pois, conforme prevê o art. 576 do CPP, "o Ministério Público não pode desistir de recurso que haja interposto" (Brasil, 1941). Esta regra traduz um desdobramento do princípio da indisponibilidade da ação penal de iniciativa pública.

A deserção é o abandono do recurso pelo não recolhimento das custas (ou preparo recursal) nos casos em que a lei as exige. Como dispõe o parágrafo 2º do art. 806 do CPP: "A falta do pagamento das custas, nos prazos fixados em lei, ou marcados pelo juiz, importará renúncia à diligência requerida ou deserção do recurso interposto" (Brasil, 1941). Cabe notar que o recolhimento das custas somente é exigido nas ações penais de iniciativa privada, e desde que o réu não seja beneficiário da justiça gratuita.

— 2.4.2 —
Pressupostos recursais subjetivos

Os pressupostos recursais de natureza subjetiva são a legitimidade e o interesse recursal.

Legitimidade
A legitimidade recursal pode ser dividida em comum e especial. Os legitimados **comuns** (ou gerais) estão arrolados no *caput* do art. 577 do CPP, segundo o qual "o recurso poderá ser interposto pelo Ministério Público, ou pelo querelante, ou pelo réu, seu procurador ou seu defensor" (Brasil, 1941). Pela parte defesa, portanto, no processo penal são legitimados o defensor técnico e o próprio acusado.

Doutrina em destaque

Ao comentar sobre essa dupla legitimidade recursal no polo passivo, Badaró (2015, p. 833) explica: "De observar que o defensor tem legitimidade própria para recorrer. Não se trata de mera representação processual do acusado. A lei prevê que o recurso poderá ser interposto 'pelo réu, seu procurador ou seu defensor'. Pode o defensor recorrer em seu nome próprio. Aliás, este é um dos motivos pelos quais, além do defensor, também o acusado deve ser intimado da sentença condenatória. Por seu lado, o acusado tem capacidade postulatória especial, decorrente de sua legitimidade, podendo apelar sem a assistência de seu defensor. Neste caso, porém, para que seja implementada a defesa técnica e assegurada a paridade de armas, haverá necessidade de que o procurador ou defensor seja intimado para apresentar razões ao recurso interposto pessoalmente pelo acusado".

Existem, ainda, as hipóteses de legitimidade **especial**, que dizem respeito à legitimidade supletiva do assistente de acusação para interpor apelação (art. 598, CPP) ou recurso em sentido estrito de decisão de extinção da punibilidade (art. 584, § 1º, CPP). Em uma leitura mais restritiva, o assistente de acusação somente teria legitimidade nessas duas hipóteses, conforme se depreende do *caput* do art. 271 do CPP[11].

Contudo, por um critério lógico e razoável, admite-se a ampliação da legitimidade recursal do assistente acusatório para abarcar situações que podem surgir em decorrência da previsão do art. 584, parágrafo 1º, e do art. 598 do CPP, tais como: (a) possibilidade de interpor recurso em sentido estrito de decisão que denegou sua apelação; (b) interposição de carta testemunhável da decisão denegatória de seu recurso em sentido estrito; e (c) interposição de embargos de declaração, recurso especial e recurso extraordinário após o julgamento de seu recurso (apelação ou recurso em sentido estrito) supletivo.

Admitindo o recurso extraordinário pelo assistente de acusação em conformidade com as hipóteses em que pode recorrer supletivamente, a Súmula n. 210 do STF dispõe: "O assistente do Ministério Público pode recorrer, inclusive extraordinariamente, na ação penal, nos casos dos arts. 584, § 1º, e 598 do Cód. de Proc. Penal" (Brasil, 2017, p. 124).

Há também, em tese, a legitimidade de qualquer pessoa do povo para recorrer em sentido estrito de nome que tenha sido incluído ou excluído da lista geral do Júri (art. 581, XIV, CPP). Falamos *em tese* porque há autores que entendem que, com a reforma promovida pela Lei n. 11.689/2008 no CPP e a

---

11 CPP: "Art. 271. Ao assistente será permitido propor meios de prova, requerer perguntas às testemunhas, aditar o libelo e os articulados, participar do debate oral e arrazoar os recursos interpostos pelo Ministério Público, ou por ele próprio, nos casos dos arts. 584, § 1º, e 598" (Brasil, 1941).

consequente alteração do parágrafo 1º do art. 416, houve revogação por lei posterior superveniente ao conflito.

Doutrina em destaque

Nesse sentido, afirma Badaró (2015, p. 852): "Todavia, diante das mudanças operadas pela Lei 11.689/2008, que teve como um dos objetivos eliminar atos inúteis, o § 1º do art. 426 CPP deixou de prever o recurso em sentido estrito contra a decisão administrativa que inclui ou exclui jurado da lista geral, pelo que restou esvaziada a previsão do art. 581, XIV, do CPP. Em suma, tal decisão não é mais passível de impugnação pelo recurso em sentido estrito".

Por outro viés, há aqueles que sustentam que ainda é cabível o recurso em sentido estrito da lista geral do Júri[12].

Doutrina em destaque

Considerando ainda ser cabível o recurso nessa hipótese, Dezem (2017, p. 1095) aduz: "Tem prazo de 20 dias para interposição, a partir da publicação da lista de jurados, com a legitimidade

---

[12] Também na direção de sustentar ainda a vigência do dispositivo e admitir o recurso, ver: Lopes Jr. (2018, p. 1017); e Mendonça (2008, p. 39).

extremamente aberta, podendo ser interposto por qualquer cidadão. Entendemos estar vigente ainda este recurso. A jurisprudência não se manifestou sobre a manutenção ou não deste recurso e é pouco provável que venha a fazê-lo. Isto porque este recurso é de rara utilização pelas partes".

Ao analisarmos o inciso XIV do art. 581 do CPP, voltaremos a abordar a questão de sua possível revogação tácita.

Interesse recursal

O interesse recursal como pressuposto subjetivo é uma variação do interesse jurídico-processual analisado exclusivamente sob o aspecto dos recursos. Está presente quando há a chamada *sucumbência*, ou seja, quando se deixa de ganhar algo com a decisão a ser combatida e, ainda, quando há uma resposta positiva sobre o que se pode conquistar em um novo julgamento. Assim, haverá interesse recursal sempre que for possível ao recorrente buscar, pela via recursal, uma posição processual mais vantajosa do que aquela que emana da decisão impugnada.

De acordo com o parágrafo único do art. 577 do CPP, "não se admitirá, entretanto, recurso da parte que não tiver interesse na reforma ou modificação da decisão" (Brasil, 1941).

Comparando o interesse no campo do direito de ação com o interesse na senda recursal, Grinover, Gomes Filho e Fernandes (2005) destacam que, para o exercício do direito de ação, há necessidade de aferição do binômio constituído por **adequação** e

necessidade (ou utilidade), ao passo que, com relação aos recursos, o interesse-adequação se confunde com o próprio cabimento do recurso.

Doutrina em destaque

Nas palavras dos autores: "Para o exercício do direito de ação, adequação é a relação existente entre a situação lamentada pelo autor ao vir a juízo e o provimento jurisdicional concretamente solicitado, que deve ser apto a corrigir o mal de que o autor se queixa, sob pena de não ter razão de ser. Analogicamente, com relação ao direito de recorrer, o recurso interposto deve ser adequado a assegurar a utilidade visada pelo recorrente. Isso importa em que o recorrente lance mão do recurso adequado às hipóteses de cabimento, pois a cada tipo de decisão cabe um tipo de recurso, embora a regra seja mitigada pelo princípio da fungibilidade. [...] Vê-se daí que, com relação aos recursos, o interesse-adequação se confunde com o cabimento. A necessidade de tutela jurisdicional indica a impossibilidade de se obter a satisfação do direito material sem a intervenção do Estado-juiz – e isso se aplica tanto ao exercício do direito de ação, como ao exercício do direito de recorrer. A utilidade significa a possibilidade, por intermédio do direito de ação ou do direito de recorrer, de se conseguir situação mais vantajosa, do ponto de vista prático, do que a existente antes do exercício da ação, ou no caso do recurso, da emergente da decisão recorrida" (Grinover; Gomes Filho; Fernandes, 2005, p. 82-83).

Portanto, na ótica dos recursos, a adequação é analisada de forma separada, atendendo ao pressuposto objetivo de cabimento (cabimento e adequação) do recurso. Desse modo, a análise da presença do interesse recursal propriamente dito resta concentrada nos binômios interesse-necessidade e interesse-utilidade.

O interesse-necessidade significa que o recurso deve ser tido como o meio necessário para que o recorrente alcance sua pretensão. Já a aferição do interesse-utilidade "exige uma ótica antes **prospectiva** que **retrospectiva**, em que dá ênfase à **utilidade**, entendida como proveito que a futura decisão seja capaz de propiciar ao recorrente" (Grinover; Gomes Filho; Fernandes, 2005, p. 85, grifo do original).

— 2.5 —
Efeitos dos recursos

Sob uma perspectiva de teoria geral, os recursos podem ter efeitos de quatro ordens: devolutivo, suspensivo, extensivo e regressivo. Porém, a efetiva presença ou ausência desses efeitos deve ser avaliada no plano de cada recurso, embora, especificamente, o efeito devolutivo seja inerente a qualquer recurso.

— 2.5.1 —
Efeito devolutivo

O efeito devolutivo diz respeito à matéria que se pretende seja reapreciada pelo Estado-juiz por meio do recurso. Assim, o recurso devolve ao Poder Judiciário a análise da matéria posta como seu objeto.

Recurso significa, entre outras coisas, pôr algo novamente em curso. Nesse sentido, colocando de novo em curso a necessidade de prestação jurisdicional, o recurso devolve ao detentor do poder de julgar a apreciação da matéria trazida em seu conteúdo. Todo recurso, portanto, tem efeito devolutivo, visto que a devolutividade compõe sua essência.

O estudo do efeito devolutivo exige uma análise sob a ótica de sua extensão e de sua profundidade.

A **extensão** do efeito devolutivo está relacionada à matéria trazida no recurso, podendo este ser total (quando toda a matéria julgada na decisão recorrida foi combatida pelo recorrente) ou parcial (quando o recorrente se insurge apenas contra parte da matéria enfrentada pelo juízo *a quo*).

A regra do *tantum devolutum quantum appellatum* está relacionada com a extensão da devolutividade do recurso. Contudo, há de se considerar que, no processo penal, a regra do "tanto se devolve quanto se apela" é mitigada pela proibição da *reformatio in pejus* e pela permissão da *reformatio in melius*. Por isso, Lopes Jr. (2018, p. 989), com precisão, afirma que "*o tantum devolutum quantum appellatum* é, acima de tudo, uma limitação recursal ao acusador".

Dentro dos limites da matéria arguida pelo recorrente, o juízo *ad quem*, com relação à **profundidade**, pode levar em conta todos os pontos relevantes para tomar sua decisão, ainda que, como explica Badaró (2015, p. 819), "determinado argumento não tenha sido invocado nas razões de recurso. Por exemplo, postulada a absolvição por insuficiência de provas, o Tribunal pode absolver o acusado por considerar que a conduta era atípica".

Dessa forma, no processo penal, "o brocardo latino *tantum devolutum quantum appellatum* (relativo à extensão do conhecimento) completa-se pelo acréscimo *vel appelari debebat* (relativo à profundidade)", conforme ensinam Grinover, Gomes Filho e Fernandes (2005, p. 54).

— 2.5.2 —
Efeito suspensivo

Para que o recurso tenha efeito suspensivo é necessário que haja previsão legal. Portanto, nem todo recurso tem esse efeito. A título exemplificativo, a apelação de sentença condenatória tem efeito suspensivo (art. 597, CPP), ao passo que o apelo de sentença absolutória não tem (art. 596, CPP).

Tendo efeito suspensivo, o recurso funciona como condição suspensiva de eficácia da decisão, que não pode ser executada até que ocorra seu julgamento.

Em verdade, quando o recurso tiver efeito suspensivo, a mera recorribilidade (possibilidade de interposição do recurso) já suspende a eficácia da decisão e, caso o recurso seja interposto, assim permanece até que ele seja julgado. Portanto, a interposição do recurso posterga a paralisação de eficácia do *decisum*, que já nasceu com a simples possibilidade de que ele fosse interposto.

— 2.5.3 —
Efeito extensivo

Pelo efeito extensivo, havendo concurso de pessoas, a decisão proferida quando do julgamento do recurso de um dos corréus pode ter seus efeitos estendidos ao(s) outro(s) corréu(s), desde que não seja fundamentada em motivo de caráter exclusivamente pessoal.

Como bem observa Badaró (2015, p. 822, grifo nosso), não se trata propriamente de extensão do recurso, e sim de "**extensão da decisão proferida no julgamento do recurso**. Se houvesse extensão do recurso, o corréu que não recorreu seria intimado a apresentar razões, poderia fazer sustentação oral, recorrer da decisão proferida no julgamento do recurso etc. Entretanto, nada disso ocorre".

A regra contida no art. 580 do CPP visa garantir uniformidade ao julgamento nos pontos em que a decisão deva ser a mesma para todos os corréus, ou seja, naqueles pontos que não são exclusivamente pessoais.

Doutrina em destaque

Segundo Badaró (2015, p. 822), "O art. 580 do CPP é uma regra que visa assegurar a homogeneidade do julgamento no caso de litisconsórcio unitário. Para evitar decisões conflitantes, na parte em que a decisão deve ser uniforme para todos os acusados (isto é, 'os motivos que não sejam de caráter exclusivamente pessoal'), o resultado do recurso de um dos acusados deve atingir igualmente todos os corréus (por exemplo, atipicidade da conduta). Em suma, a decisão do recurso interposto por um dos litisconsortes aproveita aos demais, em busca de uma uniformidade da decisão".

Embora, usualmente, sejam mencionados exemplos de aplicação de efeito extensivo no âmbito da apelação, todos os recursos, assim como as ações impugnativas de *habeas corpus* e a revisão criminal, têm potencial para produção desse efeito. Assim, em qualquer recurso – ou ação impugnativa –, a possibilidade de extensão da decisão deve ser analisada caso a caso e com base em duas premissas básicas: (1) deve tratar-se de concurso de pessoas; e (2) a decisão não deve ser motivada por condição ou circunstância de caráter exclusivamente pessoal.

2.5.4
Efeito regressivo

O efeito regressivo ou juízo de retratação permite que o próprio magistrado prolator da decisão da qual se recorre se retrate dando nova decisão diversa da anterior. No processo penal, têm efeito regressivo o recurso em sentido estrito (art. 589, CPP) e o agravo em execução (segundo o entendimento de que, na ausência de um procedimento próprio, o agravo em execução segue o rito do recurso em sentido estrito).

Regulamentando o efeito regressivo, o *caput* do art. 589 do CPP prescreve: "Com a resposta do recorrido ou sem ela, será o recurso concluso ao juiz, que, dentro de dois dias, reformará ou sustentará o seu despacho, mandando instruir o recurso com os traslados que lhe parecerem necessários" (Brasil, 1941).

Caso a opção do magistrado seja a de se retratar, o parágrafo único do mesmo dispositivo complementa: "Se o juiz reformar o despacho recorrido, a parte contrária, por simples petição, poderá recorrer da nova decisão, se couber recurso, não sendo mais lícito ao juiz modificá-la. Neste caso, independentemente de novos arrazoados, subirá o recurso nos próprios autos ou em traslado" (Brasil, 1941).

Portanto, a verificação da (im)possibilidade de retratação ocorre após a apresentação das contrarrazões recursais. Isso porque, com as contrarrazões os argumentos das partes em sede recursal já estão todos expostos e, assim, permitem ao juiz aferir se houve equívoco ao proferir a decisão que ensejou o recurso.

Diante do permissivo legal de retratação pelo magistrado, após o oferecimento das contrarrazões recursais, há alguns desdobramentos procedimentais, que podem ser sintetizados da seguinte forma:

- **Não há retratação**: se essa for a hipótese, ao admitir o recurso, o juiz deverá remetê-lo ao órgão *ad quem* para apreciação.

- **A retratação é efetivada e a nova decisão também comporta recurso pela parte contrária**: nesse caso, por simples petição (ou seja, independentemente de apresentação de novas razões recursais), o recorrido pode recorrer da nova decisão. Se o fizer, os autos deverão ser encaminhados ao tribunal para análise de admissibilidade e eventual julgamento do recurso. Se, porém, o recorrido não recorrer, restará consolidada a nova decisão dada em sede de retratação.

- **A retratação é feita, mas a nova decisão não admite recurso**: diante desse quadro, não há como, pela via recursal, insurgir-se contra o novo ato decisório, que, portanto, prevalecerá. Nada impede, porém, que seja tomada outra medida judicial para impugnar a nova decisão, desde que cabível. Por exemplo, se o magistrado não receber a denúncia, caberá recurso em sentido estrito (art. 581, I, CPP). Caso o representante do Ministério Público interponha o recurso e o juiz se retrate, a consequência será a prolação de nova decisão recebendo a inicial acusatória, que, por sua vez, não comportará recurso. Entretanto, poderá o acusado impetrar *habeas corpus* para impugnar a decisão de recebimento da denúncia decorrente do juízo de retratação.

Capítulo 3

Apelação

O recurso de apelação está disciplinado entre os arts. 593 e 603 do Código de Processo Penal (CPP) – Decreto-Lei n. 3.689, de 3 de outubro de 1941 (Brasil, 1941). Também há a previsão de apelação das decisões de impronúncia e de absolvição sumária ao final da primeira fase do procedimento do Júri (art. 416, CPP). Ainda, o art. 82 da Lei n. 9.099, de 26 de setembro de 1995, dispõe sobre o apelo de decisões dadas no âmbito do Juizado Especial Criminal (Brasil, 1995).

Conceituando *apelação* e apresentando suas características, Lopes Jr. (2018, p. 1026) expõe:

> É a apelação um recurso ordinário, total ou parcial, conforme o caso, de fundamentação livre, vertical e voluntário, que se destina a impugnar uma decisão de primeiro grau, devolvendo ao tribunal *ad quem* o poder de revisar integralmente o julgamento (em sentido amplo, e não apenas de decisão) feito pelo juiz *a quo*".

A apelação é recurso amplo e, portanto, tem potencial para devolver ao Estado-juiz o conhecimento de toda a matéria enfrentada na decisão recorrida. Quanto à sua devolutividade, a apelação pode ser plena (total, ampla) ou parcial (limitada, restrita), conforme a matéria apresentada como objeto do recurso. A apelação é **plena** quando devolve a análise de toda a matéria apreciada na decisão impugnada. Por sua vez, **parcial** é a apelação que ataca apenas parte da decisão e que, portanto, restringe a matéria a ser enfrentada pelo juízo *a quo*.

Prevê o art. 599 do CPP que "as apelações poderão ser interpostas quer em relação a todo o julgado, quer em relação a parte dele" (Brasil, 1941). Cuida-se da regra do *tantum devolutum quantum appellatum*, que, como mencionado no Capítulo 2, no processo penal é flexibilizada pela proibição da *reformatio in pejus* e pela permissão da *reformatio in melius*.

A apelação é classificada, ainda, como recurso de **fundamentação livre**, o que significa admitir qualquer motivo como razão de impugnação. Porém, é preciso atentar para a apelação cabível das decisões do Tribunal do Júri, em que impera a soberania dos veredictos. Nesse caso, o recurso passa a ser de **fundamentação vinculada**, só podendo ser motivado conforme as hipóteses restritas definidas pelo legislador no inciso III do art. 593 do CPP.

A preocupação com o caráter vinculado das apelações das decisões do Júri é tão forte que o Supremo Tribunal Federal (STF) editou a Súmula n. 713 com o seguinte teor: "O efeito devolutivo da apelação contra decisões do Júri é adstrito aos fundamentos da sua interposição" (Brasil, 2017, p. 412).

Com relação ao recurso em sentido estrito, a apelação pode ser vista como um **recurso residual**, mas que, por outro lado, tem primazia sobre ele. Tal afirmação parece soar estranha, gerando a seguinte dúvida: Como algo pode ser residual e, ao mesmo tempo, ter primazia em relação à outra coisa? A explicação decorre do fato de que são distintos os pontos de partida de análise.

Quando afirmamos que a apelação é residual em relação ao recurso em sentido estrito, partimos da previsão contida no inciso II do art. 593 do CPP, que trata do excepcional cabimento de apelação das chamadas *decisões interlocutórias mistas*, dispondo ser possível apelar "das decisões definitivas, ou com força de definitivas, proferidas por juiz singular **nos casos não previstos no Capítulo anterior**" (Brasil, 1941, grifo nosso).

Por outro lado, a primazia ou preferência da apelação sobre o recurso em sentido estrito é avaliada a partir da regra do parágrafo 4º do art. 593 do CPP, que determina: "Quando cabível a apelação, não poderá ser usado o recurso em sentido estrito, ainda que somente de parte da decisão se recorra" (Brasil, 1941).

Assim, suponhamos que, em seus memoriais, a defesa alegue a ocorrência de prescrição da pretensão punitiva (uma das causas extintivas da punibilidade), mas o juiz não a acolha e, também, condene o réu. Caso decida recorrer, o recurso adequado será o de apelação, ainda que se queira apenas rediscutir a ocorrência ou não da extinção do *ius puniendi* em razão de, em tese, ter operado a prescrição.

Como visto no Capítulo 2, esse dispositivo reflete uma das manifestações do princípio da unirrecorribilidade – para cada decisão judicial há um único recurso, não se admitindo a interposição simultânea de mais de um recurso contra a mesma decisão – e, considerando-se que a apelação é recurso amplo, nesse aspecto, terá primazia em relação ao recurso em sentido estrito.

— 3.1 —
Cabimento

Considerando as distintas previsões de cabimento de apelação no CPP, bem como na Lei n. 9.099/1995, por questões didáticas, analisaremos as decisões apeláveis em tópicos separados e na seguinte sequência: (1) hipóteses de cabimento do art. 593 do CPP; (2) hipóteses de cabimento do art. 416 do CPP; e (3) hipóteses de cabimento da Lei n. 9.099/1995.

— 3.1.1 —
Hipóteses previstas no art. 593 do CPP

O art. 593 do CPP dispõe sobre o cabimento da apelação de decisões do juízo singular (incisos I e II) e do Tribunal do Júri (inciso III). Ao analisarmos esse dispositivo, veremos as distinções entre a apelação prevista para impugnar as sentenças do juízo monocrático, como recurso de fundamentação livre, e a utilizada para combater sentenças do Júri, como recurso de fundamentação vinculada.

De acordo com o inciso I do art. 593 do CPP, cabe apelação "das sentenças definitivas de condenação ou absolvição proferidas por juiz singular". Portanto, de decisões de mérito do juízo monocrático – decisões que acolhem a pretensão punitiva estatal (sentenças condenatórias) ou que não a acolhem (sentenças absolutórias) – o recurso será o de apelação.

No entanto, quando houver julgamento de crime político, apropriado será o recurso ordinário constitucional ao STF, conforme prevê o art. 102, inciso II, alínea "b", da Constituição Federal (CF) de 1988 (Brasil, 1988). Também nos casos de competência originária de tribunais, dos acórdãos condenatórios ou absolutórios caberá recurso especial ou recurso extraordinário, com a ressalva da possibilidade de oposição dos embargos infringentes previstos no Regimento Interno do STF[1].

Com relação à absolvição sumária disciplinada no art. 397 do CPP[2], precisamos ter cautela. Quanto às decisões previstas nos incisos I, II e III do art. 397, não resta dúvida de que estamos diante de sentenças que não acolhem a pretensão punitiva do Estado. Trata-se, portanto, de decretos de mérito absolutórios – sentença absolutória em sentido estrito –, que têm, assim, a mesma natureza jurídica das sentenças de absolvição que fundamentam o apelo pelo inciso I do art. 593 do CPP.

---

1   Regimento Interno do STF: "Art. 333. Cabem embargos infringentes à decisão não unânime do Plenário ou da Turma: I – que julgar procedente a ação penal; II – que julgar improcedente a revisão criminal; III – que julgar a ação rescisória; IV – que julgar a representação de inconstitucionalidade; V – que, em recurso criminal ordinário, for desfavorável ao acusado. Parágrafo único. O cabimento dos embargos, em decisão do Plenário, depende da existência, no mínimo, de quatro votos divergentes, salvo nos casos de julgamento criminal em sessão secreta. (Redação dada pela Emenda Regimental n. 2, de 4 de dezembro de 1985)" (Brasil, 2020d).

2   CPP: "Art. 397. Após o cumprimento do disposto no art. 396-A, e parágrafos, deste Código, o juiz deverá absolver sumariamente o acusado quando verificar: I – a existência manifesta de causa excludente da ilicitude do fato; II – a existência manifesta de causa excludente da culpabilidade do agente, salvo inimputabilidade; III – que o fato narrado evidentemente não constitui crime; ou IV – extinta a punibilidade do agente" (Brasil, 1941).

Todavia, no que se refere ao inciso IV do art. 397, na reforma do CPP feita pela Lei n. 11.719/2008, o legislador produziu verdadeira anomalia jurídica ao prever que a decisão de extinção da punibilidade seria uma forma de "absolvição sumária".

Ocorre que a decisão que reconhece a presença de causa extintiva da punibilidade é de natureza declaratória, ou seja, apenas declara que a pretensão punitiva do Estado se esvaiu no caso, sem enfrentar o mérito. Portanto, não se trata de sentença absolutória.

Ademais, o inciso VIII do art. 581 do CPP define que cabe recurso em sentido estrito da decisão "que decretar a prescrição ou julgar, por outro modo, extinta a punibilidade" (Brasil, 1941). Logo, a via adequada para a acusação impugnar decisão que reconhece a extinção da punibilidade é a do recurso em sentido estrito, e não da apelação. Por isso, entendemos, quanto ao recurso das decisões tomadas com base no art. 397 do CPP, que a resposta ficará dividida entre: (a) apelação (art. 593, I, CPP), no caso de o fundamento ser qualquer um de seus incisos de I a III; e (b) recurso em sentido estrito, na hipótese justificada em seu inciso IV (art. 581, VIII, CPP).

Doutrina em destaque

Sustentando o cabimento do recurso em sentido estrito, Mendonça (2008, p. 278-279) escreve: "Na situação em que se 'absolve sumariamente' o acusado em razão de uma causa extintiva da punibilidade (art. 397, inc. IV), o recurso não será de apelação, pois a referida decisão não se enquadra no conceito de sentença definitiva de absolvição (ou seja, não aplicável o art. 593, inc. I). Cabível, neste caso, o recurso em sentido estrito. Primeiro, porque o art. 581, inc. VIII, é expresso ao dispor ser cabível o recurso em sentido estrito contra a decisão que decretar a extinção da punibilidade. Segundo, porque foi equívoco do legislador chamar de 'absolvição sumária' uma decisão que não julga o mérito da pretensão punitiva, ou seja, não se enquadra no conceito de sentença definitiva. O simples fato de o legislador ter chamado a decisão que extingue a punibilidade de 'absolvição sumária' não permite alterar a natureza jurídica desta decisão. Não bastasse, caso fosse cabível o recurso de apelação também da 'absolvição sumária' em que se extingue a punibilidade, teríamos uma situação incoerente, pois, se fosse reconhecida uma causa extintiva da punibilidade no início da ação penal – no momento de proferir a chamada 'absolvição sumária' –, o recurso seria o de apelação. Por outro lado, se o juiz reconhecesse a prescrição ou outra causa extintiva da punibilidade (como a morte do acusado) em outro momento procedimental (art. 62 do CPP), fora da fase propícia para a absolvição sumária, o recurso cabível seria em sentido estrito (art. 581, VIII). Assim sendo, em resumo, será cabível o recurso de apelação da decisão que absolve sumariamente o acusado (art. 593, inc. I), salvo quando se tratar de decisão que extingue a punibilidade (art. 397, IV), quando será cabível o recurso em sentido estrito (art. 581, VIII)".[13]

Por outro lado, Pacelli (2013, p. 640-641) entende que, nesse caso, o recurso é o de apelação: "Antes da Lei n. 11.719/08, por exemplo, o já revogado art. 43, CPP, previa o recurso em sentido estrito para a decisão que julgava extinta a punibilidade, na qual, embora não se aprecie efetivamente o mérito, há indiscutivelmente decisão ou solução de mérito. E dizemos solução de mérito porque, embora não se realize uma efetiva apreciação acerca da existência e autoria do fato, a referida decisão tem como consequência a preclusão da matéria, a impedir nova persecução ou ação penal pelo mesmo fato, como se de coisa julgada material se tratasse. Todavia, a atual redação do art. 397, IV, do CPP corrige o antigo defeito, ao menos ao dar tratamento recursal diferente para a matéria, prevendo a absolvição sumária, cujo recurso é o de apelação (art. 416, CPP). Certamente, do ponto de vista técnico, a solução não está isenta de críticas. A extinção de punibilidade, que é justificada por razões exclusivas de política criminal, não é a mesma coisa que a absolvição, obviamente! Mas que a solução da questão (pela extinção de punibilidade) é de mérito não há dúvidas, com o que a citada regra guarda maior sintonia como o sistema recursal (com o art. 416, CPP), além de preservar o princípio da não culpabilidade nas hipóteses em que os Tribunais deixam de apreciar o recurso

---

3   Também nesse sentido, ver: Lopes Jr. (2018, p. 1027); Badaró (2015, p. 837); e Avena (2011, p. 1137).

da defesa (contra sentença condenatória) exatamente com fundamento na apreciação preliminar da extinção da punibilidade. Assim, a decisão que extingue a punibilidade não pode mais ser incluída entre as interlocutórias mistas. Trata-se de sentença ou de decisão de absolvição sumária. E como ela não se ajusta também ao conceito de sentença absolutória do art. 593, I, CPP, na medida que não julga o mérito, resolvendo-o apenas, e, mais, não se ajusta, do mesmo modo, à definição das decisões definitivas ou com força de definitivas do art. 593, II, CPP, pensamos que a classificação mais adequada a essa modalidade rescisória deve respeitar a opção legislativa, ou seja: trata-se de absolutória sumária, cujo fundamento recursal legal específico (de apelação – art. 416, CPP), ainda que essencialmente tenha conteúdo distinto das demais sentenças submetidas à apelação (art. 593, I e II, CPP). Naturalmente, surgiria aqui um problema teórico. Tanto será absolutória sumária a decisão que julga extinta a punibilidade quanto aquela que julga atípico o fato; que reconhece causa excludente da ilicitude e de culpabilidade (art. 397, CPP), e, no Tribunal do Júri, a decisão em que o juiz singular reconhece a atipicidade manifesta; as mesmas excludentes e a prova da não participação do acusado (art. 415, CPP). A solução: as demais soluções antes mencionadas, todas elas, excetuada a de extinção da punibilidade, caracterizam verdadeiro julgamento absolutório, não só resolvendo o mérito, mas julgando-o expressamente. Por isso, ao menos teoricamente, seriam elas sentenças absolutórias, apenas com característica diferente daquelas previstas no art. 593, I, CPP, em razão do julgamento antecipado da questão, ao contrário destas últimas (art. 593, CPP), previstas para fase posterior à instrução. Seriam, por assim dizer, sentenças absolutórias antecipadas".

Entretanto, considerando-se a existência de discussão doutrinária – o que descarta haver erro grosseiro do recorrente –, a questão poderá ser resolvida pelo princípio da fungibilidade recursal[14] – se a parte recorrer em sentido estrito e o magistrado entender ser caso de apelação, e vice-versa. Ainda, como o prazo de interposição dos dois recursos é o mesmo (5 dias), a tempestividade será resolvida de maneira linear, tanto se o entendimento for pelo cabimento de recurso em sentido estrito quanto se for pela interposição de apelação.

De acordo com o inciso II do art. 593 do CPP, cabe apelação "das decisões definitivas, ou com força de definitivas, proferidas por juiz singular nos casos não previstos no Capítulo anterior" (Brasil, 1941). Pela redação, fica claro o caráter residual da apelação neste dispositivo, conforme visto. Também, como veremos no Capítulo 4, é com base nesse inciso que parte da doutrina entende ser taxativo o rol do art. 581 do CPP, que cuida do cabimento do recurso em sentido estrito.

---

4   Pela aplicação da fungibilidade recursal, ver: Lopes Jr. (2018, p. 1027); Badaró (2015, p. 850); e Dezem (2017, p. 1093-1094).

Portanto, a impugnação de decisões dessa natureza pela via da apelação fica em segundo plano, ou seja, quando não houver previsão de recurso em sentido estrito para elas. São exemplos de decisões dessa natureza que podem ensejar apelação:

- decisão proferida no incidente de restituição de coisa apreendida; porém, se a decisão pela não restituição for dada pela autoridade policial em sede de investigação, caberá mandado de segurança;
- decisão que remete as partes ao juízo cível no pedido de restituição de coisa apreendida;
- decisão que homologa ou não o laudo pericial de busca e apreensão nos crimes contra a propriedade imaterial;
- decisões que determinam medidas assecuratórias de sequestro, arresto e hipoteca legal, ou o levantamento destas;
- decisão dada no pedido de explicações em juízo nos casos de crimes contra a honra.

A apelação das decisões do Tribunal do Júri, diversamente do que ocorre com a apelação de sentenças de absolvição/condenação do juízo singular (art. 593, I, CPP), é recurso de fundamentação vinculada. Isso porque, no sistema do Júri, deve-se conciliar a possibilidade de se recorrer com o princípio da soberania dos veredictos (conforme já visto).

Nessa ótica, a Súmula n. 713 do STF estabelece que: "O efeito devolutivo da apelação contra decisões do Júri é adstrito aos fundamentos da sua interposição" (Brasil, 2017, p. 412). Assim, caso o acusado tenha apelado porque, em sua visão, a decisão dos jurados foi manifestamente contrária à prova dos autos (art. 593, III, "d", CPP), o tribunal não pode dar provimento ao recurso para reduzir a pena por entender que houve injustiça quanto à sua aplicação. Contudo, nada impede que o recorrente fundamente seu recurso em mais de uma hipótese de cabimento.

Há, entretanto, algumas flexibilizações da jurisprudência sobre os rigores da Súmula n. 713 do STF para evitar excessos em sua interpretação, conforme vemos nos julgados a seguir, proferidos pelo Superior Tribunal de Justiça (STJ).

Jurisprudência em destaque

STJ, *Habeas Corpus* n. 266.092/MG:
"HABEAS CORPUS. HOMICÍDIO SIMPLES. IMPUGNAÇÃO. JULGAMENTO PROFERIDO PELO TRIBUNAL DO JÚRI. DEVOLUTIVIDADE RESTRITA. SÚMULA N. 713 DO STF. INDICAÇÃO DA ALÍNEA EQUIVOCADA NO TERMO. DELIMITAÇÃO NAS RAZÕES RECURSAIS. MERA IRREGULARIDADE. HABEAS CORPUS NÃO CONHECIDO. 1. A teor da Súmula n. 713 do Supremo Tribunal Federal, o efeito devolutivo da apelação contra decisões do Júri é adstrito aos fundamentos nela empregados, motivo pelo qual a Corte estadual, ao apreciar a apelação criminal oriunda do Tribunal do Júri, está vinculada aos limites de sua interposição

fixados, *ab initio*, pelo termo ou pela petição de recurso. 2. A ausência de indicação ou mesmo a vinculação errônea de uma das alíneas do referido artigo, no termo ou na petição de recurso, acarreta mera irregularidade se, nas razões recursais, a parte apresenta fundamentos para o apelo e os delimita em seu pedido, como ocorreu na hipótese dos autos. 3. Habeas corpus não conhecido" (Brasil, 2016a).

STJ, Recurso Especial n. 1.395.729:

"RECURSO ESPECIAL. PENAL. ART. 121, § 2º, I E IV, DO CP. HOMICÍDIO DUPLAMENTE QUALIFICADO. IMPUGNAÇÃO DE JULGAMENTO PROFERIDO PELO TRIBUNAL DO JÚRI. DEVOLUTIVIDADE RESTRITA. SÚMULA N. 713 DO STF. PENA-BASE. MANIFESTA ILEGALIDADE. HABEAS CORPUS DE OFÍCIO. ART. 61 DO CP. SEGUNDA QUALIFICADORA. AGRAVANTE GENÉRICA. POSSIBILIDADE. BIS IN IDEM. NÃO OCORRÊNCIA. RECURSO PARCIALMENTE PROVIDO. 1. A teor da Súmula n. 713 do Supremo Tribunal Federal, o efeito devolutivo da apelação contra decisões do Júri é adstrito aos fundamentos da sua interposição, motivo pelo qual a Corte estadual, ao apreciar a apelação criminal oriunda do Tribunal do Júri, está vinculada aos limites de sua interposição fixados, *ab initio*, pelo termo ou pela petição de interposição do recurso. 2. Todavia, havendo manifesta ilegalidade na pena imposta, nada impede que o tribunal corrija, de ofício, a reprimenda. Na hipótese, além do constrangimento ilegal na análise da culpabilidade e da personalidade do agente, verifica-se indevida fundamentação para o incremento da pena-base, no que se refere à conduta social, o que impõe a concessão de habeas corpus, de ofício. 3. Em respeito ao princípio da presunção de não culpabilidade, inquéritos policiais ou ações penais em andamento não se prestam a majorar a pena-base, a título de indicador de maus antecedentes, de conduta social negativa ou de a personalidade do agente ser voltada para o crime. Inteligência do enunciado sumular n. 444 do STJ. 4. Figurando ambas as qualificadoras do homicídio (art. 121, § 2º, I e IV, do Código Penal) também no rol do art. 61 do Código Penal, a primeira qualificará o tipo e a segunda servirá como agravante genérica, não implicando indevido bis in idem. 5. Recurso especial parcialmente provido, para reconhecer a violação do art. 61, II, "c" do Código Penal e, por conseguinte, restabelecer, na espécie, a incidência dessa agravante. Ordem concedida de ofício, para afastar a análise desfavorável da circunstância judicial relativa à conduta social do recorrido" (Brasil, 2016b).

STJ, Habeas Corpus n. 149.966/RS:

"HABEAS CORPUS. HOMICÍDIO QUALIFICADO. TRIBUNAL DO JÚRI. SENTENÇA CONDENATÓRIA. APELAÇÃO. AUSÊNCIA DE INDICAÇÃO DAS ALÍNEAS QUE FUNDAMENTAM O RECURSO. MERA IRREGULARIDADE. SUPRIMENTO NAS RAZÕES RECURSAIS. SÚMULA 713/STF. 1. É consabido que a apelação interposta contra decisão proferida pelo Tribunal do Júri tem caráter restritivo, sendo inviável a atribuição de amplo efeito devolutivo próprio do recurso de apelação contra decisão proferida pelo Tribunal Singular (art. 593, I, do CPP). 2. Configura mera irregularidade a falta de indicação dos dispositivos legais em que se apoia o termo da apelação interposta pela defesa contra decisão do Tribunal do Júri. Não há empecilho no conhecimento do recurso, desde que nas razões se encontrem os fundamentos que ensejaram o apelo e as pretensões da parte estejam perfeitamente delineadas (precedentes do STJ e do STF). 3. No caso, a defesa, no momento da interposição da apelação, conquanto não tenha indicado expressamente as alíneas, requereu a apresentação das razões com base no art. 600, § 4º, do Código de Processo Penal e, após ser intimada, apresentou tempestivamente as razões, das quais fez constar expressamente os limites em que interposto o recurso. Daí por que não comporta a invocação da Súmula 713/STF como justificativa para não se conhecer, na origem, da apelação. 4. Ordem concedida para determinar que o Tribunal a quo conheça da apelação interposta em favor do paciente, julgando-a como entender de direito" (Brasil, 2012a).

De acordo com o teor do inciso III do art. 593 do CPP, caberá apelação das decisões do Tribunal Júri quando – e somente quando – estiver configurada alguma das hipóteses elencadas nas alíneas desse dispositivo:

"a) ocorrer nulidade posterior à pronúncia;" (Brasil, 1941).

Nesse caso, o objeto do recurso pode ser a nulidade de caráter relativo verificada após a preclusão da pronúncia e arguida oportunamente, ou a nulidade absoluta independentemente de arguição em "momento oportuno". Já vimos que as nulidades absolutas, por terem origem na violação de norma de interesse público, não precluem. Até mesmo nulidades absolutas anteriores à pronúncia podem ser arguidas pelo réu e, eventualmente, reconhecidas pelo tribunal quando do julgamento da apelação fundamentada nessa alínea "a".

As nulidades relativas ocorridas após a pronúncia e antes do julgamento em plenário devem ser apontadas no início do julgamento, logo depois de este ser anunciado e de as partes serem apregoadas (art. 571, V, CPP), sob pena de preclusão e convalidação do ato. Por outro lado, no caso de a nulidade relativa ocorrer durante o julgamento em plenário, deve ser arguida de imediato (art. 571, VIII, CPP) – importante constar da ata do julgamento –, sob pena de preclusão e saneamento do vício.

Caso seja dado provimento à apelação fundamentada nessa alínea "a" e, considerando-se a anulação do julgamento anterior e o respeito à soberania dos veredictos, o réu deverá ser submetido a novo Júri.

"b) for a sentença do juiz presidente contrária à lei expressa ou à decisão dos jurados;" (Brasil, 1941).

A sentença dada em plenário do Júri é subjetivamente complexa e, portanto, resulta da decisão de mais de um órgão. Cabe aos jurados a decisão sobre a questão de mérito envolvendo o fato e sua autoria e, caso necessário, o juiz fixa a sanção penal. Apenas a matéria que compete aos jurados decidir está abrigada pela soberania dos veredictos.

Partindo do mesmo ponto de referência, a "sentença do juiz--presidente" – leia-se: a parte da decisão que é de competência do juiz-presidente –, a alínea "b" traz duas situações possíveis: (1) ser ela contrária à lei; ou (2) ser ela contrária à decisão dos jurados.

Considerando que, nesse caso, o objeto do recurso diz respeito à parte decisória que compete ao juiz-presidente (portanto, sem a cobertura da soberania dos veredictos), dando provimento ao apelo, o tribunal *ad quem* deve ajustar a decisão ao texto legal ou à decisão dos juízes leigos, sem determinar a submissão do acusado a novo Júri, nos termos do parágrafo 1º do art. 593 do CPP.

"c) houver erro ou injustiça no tocante à aplicação da pena ou da medida de segurança;" (Brasil, 1941).

Em uma avaliação fracionada dessa hipótese de cabimento, surgem quatro variáveis: (1) se houver erro na aplicação da pena[5]; (2) se houver erro na aplicação da medida de segurança; (3) se houver injustiça na aplicação da pena; (4) se houver injustiça na aplicação da medida de segurança.

Em todas elas, novamente, o que se questiona é o ponto da sentença definido pelo juiz-presidente, isto é, a aplicação da sanção penal (pena ou medida de segurança), quando for o caso. Portanto, como ocorre na hipótese da alínea "b", também aqui não há resguardo da soberania dos veredictos. Desse modo, se o apelo for provido, o órgão *ad quem* deverá apenas retificar a pena ou a medida de segurança nos parâmetros que reputar adequado, sem determinar novo julgamento pelo Tribunal Popular (art. 593, § 2º, CPP).

---

5 Exemplificando e diferenciando hipóteses de erro ou injustiça na aplicação da pena, Badaró aponta (2015, p. 838): "Haverá erro, por exemplo, quando o juiz fixar a pena--base acima do máximo legal. Por outro lado, haverá injustiça quando o juiz utilizar critérios excessivos (por exemplo, elevar demasiadamente a pena em razão da reincidência, ou reduzir demasiadamente a pena em virtude de circunstância atenuante)".

"d) for a decisão dos jurados manifestamente contrária à prova dos autos." (Brasil, 1941).

Manifestamente contrária à prova dos autos é aquela decisão completamente divorciada do que se extrai do conjunto probatório constante dos autos. Ou, como aduz Greco Filho (1995, p. 330), é a decisão que "afronta a corrente probatória dominante e inequívoca dos autos, no sentido da condenação ou da absolvição. Se os autos contêm duas correntes ou versões probatórias, a decisão não será manifestamente contrária à prova dos autos".

A impugnação do apelante, sob esse fundamento, ataca frontalmente a decisão dos jurados quanto à questão meritória. Assim, ao dar provimento ao recurso, o tribunal de 2º grau deve determinar que o réu seja enviado a novo julgamento pelo Júri (art. 593, § 3º, CPP), respeitando a soberania dos veredictos.

Reforçando, ainda, a tutela da soberania dos veredictos, prevê o CPP em seu art. 593, parágrafo 3º: "Se a apelação se fundar no n. III, *d*, deste artigo, e o tribunal *ad quem* se convencer de que a decisão dos jurados é manifestamente contrária à prova dos autos, dar-lhe-á provimento para sujeitar o réu a novo julgamento; não se admite, porém, pelo mesmo motivo, segunda apelação" (Brasil, 1941).

Portanto, no segundo julgamento, prevalece a decisão tomada pelos jurados, ainda que se repita o quadro do primeiro veredicto e seja de novo manifestamente contrária à prova dos autos. Todavia, após a alteração feita no CPP pela Lei n. 11.689/2008, discute-se, doutrinária e jurisprudencialmente, se há permanência ou não dessa hipótese de cabimento da alínea "d", notadamente pela inclusão do quesito genérico de absolvição – "O jurado absolve o acusado?", conforme o art. 483, inciso III e parágrafo 2º, do CPP.

Lopes Jr. (2018) entende que, após a reforma de 2008, o recurso pautado na alínea "d" somente permanece cabível no caso de o réu ter sido condenado, mas não na hipótese de absolvição. Segue essa diretriz, também, Dezem (2017).

Doutrina em destaque

Lopes Jr. (2018, p. 1036) afirma: "Precisamos considerar que o recurso com base na letra 'd' deve seguir sendo admitido contra a decisão condenatória (a impossibilidade seria só em relação a sua utilização para impugnar a decisão absolutória). Isso porque, com a inserção do quesito genérico da absolvição, o réu pode ser legitimamente absolvido por qualquer motivo, inclusive metajurídico. Portanto, uma vez absolvido, não poderia ser conhecido o recurso do MP com base na letra 'd', na medida em que está autorizada a absolvição 'manifestamente contra a prova dos autos'. Como dito, com o quesito genérico da absolvição, os jurados podem decidir com base em qualquer elemento ou critério".

Por sua vez, Dezem (2017, p. 1107) complementa: "Em apoio à posição de Aury diríamos que o terceiro quesito feito aos jurados é o quesito da absolvição (o jurado absolve o acusado?) e este quesito tem natureza jurídica de clemência. Sendo clemência a soberania dos veredictos impediria a revisão pelo tribunal, o mesmo não ocorrendo nos casos de condenação".

Após manifestações conflitantes do STJ[16], no Agravo Regimental no Recurso Ordinário em *Habeas Corpus* n. 117.076/PR, com julgamento virtual finalizado em 19/10/2020, a 2ª Turma do STF, por unanimidade, negou provimento ao agravo regimental interposto pelo Ministério Público Federal da decisão que antes dera provimento ao recurso ordinário em *habeas corpus* da defesa. Dessa forma, acolheu-se, nesse julgado, a tese defensiva de que não tem mais cabimento a apelação, por parte da acusação, calcada na decisão manifestamente contrária à prova

---

6 Ver: *Habeas Corpus* n. 350.895/RJ; *Habeas Corpus* n. 288.054/SP; e *Habeas Corpus* n. 235.651/PR.

dos autos quando o réu foi absolvido com base no quesito genérico (art. 483, III e § 2º, CPP)[17].

Jurisprudência em destaque

STF, Agravo Regimental no Recurso Ordinário em *Habeas Corpus* n. 117.076/PR:

"Agravo regimental no recurso ordinário em *habeas corpus*. 2. Tribunal do Júri e soberania dos veredictos (art. 5º, XXXVIII, "c", CF). Impugnabilidade de absolvição a partir de quesito genérico (art. 483, III, c/c § 2º, CPP) por hipótese de decisão

---

[7] O *iter* processual, no caso, pode ser assim sintetizado: o acusado foi denunciado pelo Ministério Público do Estado do Paraná por suposta prática dos crimes de homicídio tentado (art. 121, *caput*, c/c art. 14, II, Código Penal), de homicídio qualificado (art. 121, § 2º, IV, Código Penal) e de lesão em animal doméstico (art. 32, *caput*, Lei n. 9.605/2003). O magistrado da 1ª Vara Criminal e do Tribunal do Júri da Comarca de Maringá/PR pronunciou o réu. Em plenário do Júri, houve desclassificação de tentativa de homicídio simples para lesão corporal de natureza leve e absolvição quanto às demais imputações feitas ao acusado, pautada no quesito genérico absolutório (art. 483, III e § 2º, CPP). Contra o veredicto, o MP apelou (Apelação Criminal n. 614.652-5, TJPR) fundamentando que a decisão fora manifestamente contrária à prova dos autos. O Tribunal de Justiça do Paraná (TJPR) deu provimento ao recurso, determinando a realização de novo Júri. Contra a decisão do TJPR, o réu impetrou *habeas corpus* ao STJ (HC n. 235.651/PR), que foi denegado e ensejou a interposição de recurso ordinário em *habeas corpus* ao STF (RHC n. 117.076). Em decisão liminar no recurso ordinário, o então Min. Celso de Mello suspendeu cautelarmente o processo e sustou a realização de novo Júri. Após, foi dado provimento ao recurso, restabelecendo-se o posicionamento absolutório. Contra essa decisão, finalmente, o MPF interpôs agravo regimental (no recurso ordinário em HC), que foi julgado improvido pela 2ª Turma do STF (em 20/10/2020), por unanimidade, mantendo-se a decisão monocrática dada, que, invalidando o acórdão do TJPR, por consequência restabeleceu a absolvição exarada em plenário do Júri. Prevaleceu, assim, a orientação pelo descabimento à acusação da apelação de decisão manifestamente contrária à prova dos autos, caso a absolvição do réu se dê pelo quesito genérico do art. 483, inciso III e parágrafo 2º, do CPP.

manifestamente contrária à prova dos autos (art. 593, III, "d", CPP). Absolvição por clemência e soberania dos veredictos. 3. O Júri é uma instituição voltada a assegurar a participação cidadã na Justiça Criminal, o que se consagra constitucionalmente com o princípio da soberania dos veredictos (art. 5º, XXXVIII, "c", CF). Consequentemente, restringe-se o recurso cabível em face da decisão de mérito dos jurados, o que resta admissível somente na hipótese da alínea "d" do inc. III do art. 593 do CPP: 'for a decisão dos jurados manifestamente contrária à prova dos autos'. Em caso de procedência de tal apelação, o Tribunal composto por juízes togados pode somente submeter o réu a novo julgamento por jurados. 4. Na reforma legislativa de 2008, alterou-se substancialmente o procedimento do júri, inclusive a sistemática de quesitação aos jurados. Inseriu-se um quesito genérico e obrigatório, em que se pergunta ao julgador leigo: 'O jurado absolve o acusado?' (art. 483, III e § 2º, CPP). Ou seja, o Júri pode absolver o réu sem qualquer especificação e sem necessidade de motivação. 5. Considerando o quesito genérico e a desnecessidade de motivação na decisão dos jurados, configura-se a possibilidade de absolvição por clemência, ou seja, mesmo em contrariedade manifesta à prova dos autos. Se ao responder o quesito genérico o jurado pode absolver o réu sem especificar os motivos, e, assim, por qualquer fundamento, não há absolvição com tal embasamento que possa ser considerada 'manifestamente contrária à prova dos autos'. 6. Limitação ao recurso da acusação com base no art. 593, III, "d", CPP, se a absolvição tiver como fundamento o quesito genérico (art. 483, III e § 2º, CPP). Inexistência de violação à paridade de armas. Presunção de inocência como orientação da estrutura do processo penal. Inexistência de violação ao direito ao recurso (art. 8.2.h, CADH). Possibilidade de restrição do recurso acusatório. Negado provimento ao agravo regimental interposto pelo Ministério Público Federal, mantendo a decisão monocrática proferida, que ao invalidar o acórdão do Tribunal de Justiça, restabeleceu, como efeito consequencial, a sentença penal absolutória emanada da Presidência do Tribunal do Júri" (Brasil, 2020c).

Por fim, ressaltamos que, caso o primeiro apelo tenha sido fundamentado nas alíneas "a" (porque houve nulidade posterior à pronúncia) e "d" do inciso III do art. 593 do CPP, se o tribunal der provimento ao recurso para anular o Júri, quando do novo julgamento em plenário, poderá, eventualmente, haver apelação pautada na alínea "d". Isso porque, quando da apreciação do primeiro recurso, o reconhecimento do vício de nulidade prejudicou a análise quanto ao fato de a decisão ser ou não manifestamente contrária à prova dos autos naquela oportunidade.

— 3.1.2 —
Hipóteses previstas no art. 410 do CPP

Ao final da primeira fase do procedimento do Júri, o magistrado pode pronunciar (art. 413, CPP) ou impronunciar (art. 414, CPP) o réu, absolvê-lo sumariamente (art. 415, CPP) ou, ainda, desclassificar o fato por entender não se tratar de crime doloso contra a vida (art. 419, CPP).

Da decisão de pronúncia cabe recurso em sentido estrito com base no inciso IV do art. 581 do CPP. Da decisão de desclassificação do art. 419 do CPP, o recurso será em sentido estrito também. No Capítulo 4, analisaremos mais detidamente o fundamento a ser utilizado nesse caso (que entendemos ser o inciso II, do art. 581, CPP).

Até o advento da Lei n. 11.689/2008, as duas outras possíveis decisões (absolvição sumária e impronúncia) também davam ensejo a recurso em sentido estrito, o que foi alterado pelo legislador. A partir da reforma de 2008, o CPP passou a prever o recurso de apelação caso o juiz impronuncie ou absolva sumariamente o réu.

Isso ocorreu não apenas pela nova redação dada ao art. 416 do CPP, mas também em razão da nova redação dada ao inciso IV (que previa o recurso em sentido estrito, também, da impronúncia) e da revogação do inciso VI (que previa o recurso em sentido estrito da absolvição sumária), ambos do art. 581 do CPP.

Essa modificação da via recursal para impugnar decisões do fim da primeira fase do Júri pode ser explicada com base na natureza das decisões. A **pronúncia** é uma decisão interlocutória mista, não terminativa, que, reconhecendo provada a materialidade do fato e muito provável (indícios suficientes de) a autoria, determina a submissão do acusado a julgamento pelo Júri. Sendo, portanto, uma interlocutória mista não terminativa, o legislador a manteve como passível de recurso em sentido estrito.

Já a **impronúncia**, apesar de ser uma decisão interlocutória mista, é terminativa e, embora não julgue o mérito, encerra o processo pelo entendimento de que está(ão) ausente(s) o(s) requisito(s) para pronunciar o réu (falta de prova de materialidade do fato e/ou indícios suficientes de autoria). Portanto, passou a ser objeto de apelação (art. 416 e art. 581, IV, CPP, modificado pela Lei n. 11.689/2008).

Por fim, a absolvição sumária é uma sentença que, julgando o mérito, deixa de acolher a pretensão punitiva do Estado. Assim, em razão de sua natureza jurídica, o legislador houve por bem alterar a via via recursal para confrontá-la.

— 3.1.3 —
Hipóteses previstas na Lei n. 9.099/1995

No âmbito dos Juizados Especiais Criminais, há previsão de apelação da decisão de rejeição da denúncia ou queixa e da sentença (art. 82, Lei n. 9.099/1995), assim como da decisão que homologa transação penal (art. 76, § 5º, Lei n. 9.099/1995).

Importante perceber que, quanto ao cabimento da apelação da decisão de rejeição da inicial acusatória, a Lei n. 9.099/1995 trouxe previsão distinta da do CPP, que contempla o recurso em sentido estrito da decisão de não recebimento da denúncia ou queixa (art. 581, I, CPP).

Portanto, quando houver rejeição da petição inicial da acusação, será preciso verificar o sistema a ser utilizado no caso concreto. Se o sistema for o do CPP, caberá recurso em sentido estrito, ao passo que, se for o do Juizado Especial Criminal, caberá a apelação do art. 82 da Lei n. 9.099/1995.

— 3.2 —
Prazos e procedimento na primeira instância

O prazo de interposição de apelação é de 5 dias (art. 593, *caput*, CPP), contados da intimação da sentença/decisão da qual se pretende recorrer.

No processo penal, tanto o defensor quanto o próprio réu têm legitimidade para recorrer (art. 577, *caput*, CPP). Assim, o prazo para a interposição do recurso pela defesa só se inicia a partir da data da segunda intimação (última), independentemente de quem foi comunicado antes ou depois.

Na Lei n. 9.099/1995, o prazo para apelar é de 10 dias (art. 82, § 1º). Porém, diferentemente do que ocorre no CPP, onde há previsão de prazo autônomo de razões, no Juizado Especial Criminal a apelação deve ser interposta já acompanhada de suas razões. Cuida-se, portanto, de prazo único.

Quanto ao assistente de acusação, que tem legitimidade especial para apelar supletivamente, o art. 598, parágrafo único, do CPP, traz o prazo de 15 dias para interposição do recurso, contados da data em que se encerrar o prazo do Ministério Público.

No entanto, faz-se necessário distinguir a situação envolvendo o assistente de acusação que já está habilitado nos autos (e que, portanto, já atua no processo) daquela em que ele ainda não está habilitado e somente ingressará nesse momento, com o fito de interpor o apelo.

Isso se deve ao fato de que a intervenção como assistente acusatório pode ser feita desde o início da ação penal pública até o trânsito em julgado (art. 268, CPP). Contudo, o assistente recebe o processo no estado em que se encontra (art. 269, CPP).

Não há necessidade de discutirmos a questão sob o prisma do assistente de acusação que não estava habilitado e que, portanto, somente deseja intervir no processo após a sentença e a inércia do Ministério Público em recorrer. Nesse caso, o prazo para apelar é de 15 dias contados do dia do encerramento do prazo ministerial, em conformidade com o parágrafo único do art. 598 do CPP.

A discussão atém-se apenas ao assistente que já havia ingressado no processo antes da prolação da sentença e que, assim, já estava sendo oficialmente comunicado dos atos processuais. A ilustre posição doutrinária em sentido contrário, nessa circunstância, entendemos que o prazo é de 5 dias. Isso porque, como já atua e toma conhecimento oficial dos atos praticados e das decisões dadas no processo, não haveria motivo razoável a justificar prazo mais dilatado para o assistente do que aquele conferido à defesa e ao Ministério Público[18].

---

8 Na jurisprudência, houve oscilações sobre qual deve ser o prazo recursal para o assistente habilitado apelar. **Favoráveis ao prazo de 5 dias**, conferir: RTJ 68/604, 73/321, 86/78, 105/90, 125/1284; RT 371/71, 380/211, 387/230, 410/112, 416/420, 424/329, 449/424, 478/333, 490/329, 520/39, 521/375, 595/392, 630/392-3, 731/567, 740/533, 806/554. Ver também **STF, Habeas Corpus n. 59.668-1/RJ**: "ASSISTENTE DE ACUSAÇÃO. PRAZO PARA APELAR. O S.T.F., AO JULGAR, POR SEU PLENÁRIO, O HC 50.417, FIXOU O ENTENDIMENTO DE QUE, SE O OFENDIDO JÁ ESTIVER HABILITADO NO PROCESSO, DEVERÁ SER INTIMADO DA SENTENÇA, PARA SÓ ENTÃO FLUIR O PRAZO DA APELAÇÃO. NESSE CASO, O PRAZO PARA APELAR É DE CINCO DIAS, POIS NÃO SE APLICA A HIPÓTESE DO PARÁGRAFO ÚNICO DO ARTIGO 598 DO CPP; ATÉ PORQUE NÃO HÁ RAZÃO ALGUMA PARA O ASSISTENTE DA ACUSAÇÃO TER O TRIPLO DO PRAZO DO MINISTÉRIO PÚBLICO. NA ESPÉCIE SOB JULGAMENTO, O ASSISTENTE DA ACUSAÇÃO SÓ TOMOU CONHECIMENTO DA SENTENÇA APÓS HAVER ELA TRANSITADO EM JULGADO PARA O MINISTÉRIO PÚBLICO, MOTIVO POR QUE, A PARTIR DESSE CONHECIMENTO, COMEÇOU A FLUIR PARA AQUELE O PRAZO DE CINCO DIAS PARA APELAR, PRAZO ESSE, PORÉM, QUE SE EXAURIU ANTES DE A APELAÇÃO HAVER SIDO INTERPOSTA. OCORRÊNCIA, PORTANTO, DA INTEMPESTIVIDADE DESSA APELAÇÃO. HABEAS CORPUS DEFERIDO PARA O RESTABELECIMENTO DA SENTENÇA ABSOLUTÓRIA QUE TRANSITARA EM JULGADO" (Brasil, 1982). E ainda: STJ, REsp n. 708.169/RJ; REsp n. 665.456/SC; REsp n. 139.923/DF. **Favoráveis ao prazo de 15 dias**: RTJ 46/346, 56/629, 68/604; RT 371/269, 374/168, 389/211, 390/345, 410/102, 415/397, 417/78, 418/260, 420/326, 429/439, 440/338, 457/448, 555/370, 557/303, 731/537. Ver também **STJ, REsp n. 22.809-1/RJ**: "Não obstante a posição jurisprudência recente, a partir do HC 59.668-STF, que distingue entre assistente habilitado, ou não, na concessão de prazos diferentes de quinze dias ou de cinco dias para a apelação, deve-se modificar esse entendimento, concedendo-se ao assistente, em qualquer hipótese, o prazo único do art. 598, já que a lei não distingue e, por outro lado, pode haver dificuldade de constatação imediata da omissão do Ministério Público ensejadora do recurso substitutivo" (Brasil, 1992).

Doutrina em destaque

Entendendo que o prazo deve ser o mesmo de 15 dias estando o assistente de acusação habilitado ou não, Muccio (2011, p. 1538) afirma que, para o assistente de acusação (ofendido na ação penal pública), habilitado ou não, o prazo é de 15 dias: "Veja que o parágrafo único do artigo 598 do CPP não faz qualquer distinção entre assistente habilitado e não habilitado. Não obstante isso, também há entendimento doutrinário e jurisprudencial no sentido de que estando o assistente habilitado seu prazo é de 5 (cinco) dias, e caso não esteja habilitado é que teria o prazo de 15 (quinze) dias. [...] Para nós, embora não haja razão para conferir ao ofendido habilitado prazo superior àquele das partes necessárias, a norma legal contida no *caput* e no parágrafo único do artigo 598 do CPP, não admite outra interpretação: habilitado ou não, o assistente tem o prazo de 15 (quinze) dias para recorrer".

Seguindo a mesma orientação, Mossin (2006, p. 116-117) argumenta: "Com efeito, basta simples leitura, acompanhada de interpretação literal aquele texto processual penal, para se concluir de plano que o legislador não faz nenhuma distinção entre ter ou não o ofendido ou seu representante legal se habilitado como assistente do Ministério Público. Indubitavelmente, se o legislador não fez qualquer distinção, à evidência que não caberá ao intérprete fazê-lo, notadamente quando for ele integrante do Poder Judiciário (interpretação judicial), eis que *ub lex non distinguete, nemo potest distinguere*. Em razão disso, o prazo para o ofendido ou seu representante legal apelar sempre será de 15 dias, não podendo aquela regra ser excepcionada por mera forma de interpretação. Ora, não se pode interpretar aquilo que não se encontra escrito".

Também faz voz nesse sentido Bonfim (2012, p. 820), embora sugira cautela diante da atuação na prática: "Apesar das posições divergentes, há que considerar, em prestígio ao duplo grau de jurisdição, a possibilidade de conhecer do recurso quando interposto no prazo de 15 dias, mesmo que o ofendido ou as pessoas enumeradas no art. 31 do CPP já se tenham habilitado como assistentes. Em contrapartida a boa técnica manda que o recurso seja preferencialmente interposto no prazo de 5 dias, afastando qualquer probabilidade de preclusão".

Por outro lado, entendendo que deve ser distinto o tratamento dado ao assistente habilitado e ao não habilitado, Tourinho Filho (2012, p. 491) afirma: "Sempre sustentamos ser preciso distinguir: se o ofendido ou qualquer daquelas pessoas referidas no art. 268 do CPP já se havia habilitado no processo como assistente, o prazo para apelar é de 5 dias, mesmo porque nenhuma razão justificaria pudesse o seu apelo ser interposto em prazo mais dilatado do que aquele fixado para as demais partes. Se não estava habilitado, então o prazo é aquele referido no parágrafo único do art. 598 do CPP: 15 (quinze) dias".

Também nessa linha está Mirabete (2006, p. 669-670): "O prazo, se habilitado o assistente por ocasião da sentença, não é de quinze, mas de cinco dias, pois não há razão para ter ele o triplo do prazo do Ministério Público ou do acusado. A regra que concede o prazo de quinze dias só se aplica àquele que não estava habilitado e que, portanto, não é intimado da decisão, justificando-se assim o prazo mais dilatado". A essa corrente filiam-se ainda: Lopes Jr. (2018, p. 1046); Dezem (2017, p. 1109); Badaró (2015, p. 840); Nucci (2005, p. 921-922); e Greco Filho (1995, p. 226, 331).

Salientamos que, esteja habilitado ou não o assistente, com relação ao prazo para a apresentação das razões recursais, nada se altera.

Quanto ao termo inicial do prazo dado ao assistente de acusação, dispõe a Súmula n. 448 do STF que "O prazo para o assistente recorrer, supletivamente, começa a correr imediatamente após o transcurso do prazo do Ministério Público" (Brasil, 2017, p. 254).

Contudo, essa súmula está parcialmente superada, pois, se já estiver habilitado nos autos, o assistente estará atuando oficialmente e deverá ser intimado, quando só então começará a correr seu prazo recursal. Assim, apesar de não ter sido cancelada, a súmula serve apenas para reforçar o caráter subsidiário do apelo do assistente, que, também, já é extraível do próprio teor do art. 598 do CPP[9].

Portanto, caso o assistente de acusação já atue no processo, deverá ser intimado em observância ao art. 391 do CPP[10]. Desse modo, estando habilitado quando do momento da prolação da sentença, duas situações poderão ocorrer:

---

9   Sobre a Súmula n. 448 do STF, Greco Filho (1995, p. 226) comenta: "Essa Súmula, contudo, apesar de não ter sido, ainda, cancelada, foi superada por decisões posteriores do Supremo Tribunal Federal. O Supremo concluiu que a regra constante da Súmula, que, de certa forma, reproduz o parágrafo único do art. 598, aplica-se ao ofendido que não estava habilitado como assistente. Isto porque, se o ofendido estava habilitado como assistente, tem direito de ser intimado, correndo o prazo recursal da data da intimação. E, nesse caso, seu prazo não é de 15 dias, como prevê o parágrafo único do art. 598, mas igual ao das partes, 5 dias. O que sobrou da Súmula é que o recurso do assistente é supletivo, ou seja, se o Ministério Público apelou, o recurso do assistente não será conhecido, porque fica prejudicado pelo conhecimento do recurso do órgão da acusação pública". Também nesse sentido, Mirabete (2006, p. 669) argumenta: "Mas a regra aplica-se apenas quando o assistente é intimado antes do Ministério Público ou quando corre o prazo para este. Se, entretanto, foi ele intimado depois do trânsito em julgado para o Ministério Público, o prazo só pode ocorrer a partir da intimação". Nessa linha se encontram ainda: Tourinho Filho (2012, p. 492); Lopes Jr. (2018, p. 1046); Bonfim (2012, p. 820); Nucci (2005, p. 922); e Muccio (2011, p. 1539).

10 CPP: "Art. 391. O querelante ou o assistente será intimado da sentença, pessoalmente ou na pessoa de seu advogado. Se nenhum deles for encontrado no lugar da sede do juízo, a intimação será feita mediante edital com o prazo de 10 dias, afixado no lugar de costume" (Brasil, 1941). No sentido da contagem do prazo apenas a partir da intimação do assistente habilitado, a jurisprudência é prevalecente: RTJ 68/604, 105/90, 125/1284, 557/352, 595/392, 630/392; RT 731/566. Ver também: STF, *Habeas Corpus* n. 50.417/SP: "Assistente. Prazo para recorrer. Distinção quando habilitado ou não no processo. Necessidade, quanto àquele de ser intimado da sentença, para só então fluir a seu respeito. Exegese dos arts. 271 e parágrafos, c.c. 391 e 598, § único, todos do C.P.P. II. Revisão preliminar da redação da súmula n. 448. III. Habeas Corpus indeferido porque a sentença absolutória não passou em julgado" (Brasil, 1973). Em sentido contrário, ver: RT 573/351.

1. O prazo de recurso do Ministério Público não se iniciou – ou iniciou mas ainda não terminou – e o assistente de acusação é intimado antes: nesse caso, seu prazo se iniciará imediatamente após o transcurso do prazo ministerial.

2. O prazo recursal do *parquet* já se esgotou e o assistente de acusação é intimado após seu término: nessa hipótese, o prazo recursal do assistente correrá a partir do primeiro dia útil posterior à sua intimação.

Por outro lado, se o assistente ainda não se habilitou nos autos, não está sendo intimado dos atos e decisões. Logo, seu prazo de 15 dias será contado a partir do esgotamento do prazo para recurso do Ministério Público.

Interposta a apelação, o apelante deverá ser intimado para que, separadamente, em até 8 dias, apresente as razões recursais. Após, observando-se o contraditório, o apelado terá de ser intimado para, também em 8 dias, apresentar suas contrarrazões recursais (art. 600, *caput*, CPP).

Se estiver atuando, o assistente de acusação disporá do prazo de 3 dias para se manifestar após o Ministério Público (art. 600, § 1º, CPP). Aqui, não se trata de interpor supletivamente seu apelo, mas de se manifestar a partir do recurso manejado pelo Ministério Público. No entanto, deverá o assistente ser intimado após a juntada das razões ou das contrarrazões pelo Ministério Público, quando só então, após sua comunicação, será iniciada a contagem dos 3 dias para apresentar sua manifestação.

Se a ação penal for de iniciativa privada, o Ministério Público, como assistente da acusação (art. 45, CPP[11]), terá vista dos autos para se manifestar em 3 dias (art. 600, § 2º, CPP).

Segundo consta no parágrafo 3º do art. 600 do CPP, "Quando forem dois ou mais os apelantes ou apelados, os prazos serão comuns" (Brasil, 1941). Essa previsão, embora tenha prevalecido o entendimento pela sua aplicação, quebra o tratamento paritário – próprio do contraditório – a ser dado entre acusação e defesa[12].

Doutrina em destaque

Manifestando-se contra a abertura do prazo comum, Nucci (2005, p. 923-924) resume: "embora seja um corolário do princípio da economia processual exigir que todos os apelantes e apelados manifestem-se no mesmo prazo, agilizando o trâmite do processo, poderia ser inviabilizada a ampla defesa ou mesmo restringido o duplo grau de jurisdição Em processos complexos, as partes necessitam ter os autos em mãos para estudar o seu conteúdo, confrontar as provas e apresentar as razões, o que se torna impossível quando o prazo é comum e não se concede carga dos autos fora do cartório. Assim, torna-se viável o exercício

---

11 CPP: "Art. 45. A queixa, ainda quando a ação penal for privativa do ofendido, poderá ser aditada pelo Ministério Público, a quem caberá intervir em todos os termos subsequentes do processo" (Brasil, 1941).

12 No mesmo entendimento, ver: Lopes Jr. (2018, p. 1048); Mossin (2006, p. 124-125); Choukr (2007, p. 867); Badaró (2015, p. 841); e Pacelli (2013, p. 920).

do bom senso, permitindo o magistrado que os prazos sejam sucessivos, assim como o direito das partes de ter os autos em mãos, salvo se houver motivo de força maior".

O parágrafo 4º do art. 600 do CPP autoriza que as razões recursais sejam apresentadas diretamente na segunda instância. Para tanto, o apelante deve declarar que pretende assim proceder quando da interposição do recurso. Mirabete (2006) e Muccio (2011) sustentam que, em prestígio ao contraditório, essa previsão deve ser estendida também ao apelado, facultando-lhe a apresentação das contrarrazões em segundo grau. Caso assim queira proceder, terá de informar quando de sua intimação para contrarrazoar o recurso[13].

Essa possibilidade de arrazoar o recurso no órgão *ad quem* precisa ser vista sob a ótica de cada uma das partes. Quanto à defesa, que, na prática, faz uso em maior escala de tal expediente, normalmente a situação é mais simples, uma vez que, em regra, o próprio defensor que interpôs o recurso – desde que não haja vedação expressa no mandato a ele ofertado ou eventual vedação legal – apresentará as razões quando intimado pelo tribunal competente.

---

13   Para Mirabete (2006, p. 671, grifo nosso), "Embora não expressa a lei, deve-se entender, tendo em vista o princípio do contraditório, que também ao apelado se permite arrazoar em Segunda Instância, **ainda que não o tenha feito o apelante**, devendo ser apresentado o pedido quando intimado do apelo ou para oferecer contrarrazões". Ver também: Muccio (2011, p. 1542).

Entretanto, caso não esteja mais atuando no processo – por renúncia ao mandato, desconstituição do representante, falecimento etc. –, o tribunal deverá intimar o acusado para que constitua novo patrono para arrazoar o recurso, em observância à ampla defesa[14]. Nessa linha, a Súmula n. 708 do STF dispõe: "É nulo o julgamento da apelação se, após a manifestação nos autos da renúncia do único defensor, o réu não foi previamente intimado para constituir outro" (Brasil, 2017, p. 410).

Se, porventura, o réu for intimado e não constituir novo representante, os autos deverão ser encaminhados à Defensoria Pública ou deverá ser nomeado advogado dativo se não houver defensor público com atribuição para atuar perante a Câmara ou a Turma que julgará o recurso.

Se a defesa fizer uso da faculdade de apresentar razões em segunda instância, após a juntada das razões, a acusação terá de ser intimada para apresentar suas contrarrazões. Em se tratando de ação penal pública, caberá, em tese, ao procurador-geral de justiça (ou a outro representante do *parquet* por ele designado) a apresentação das contrarrazões recursais.

No Estado de São Paulo, contudo, a Resolução n. 1.187/2020 da Procuradoria-Geral de Justiça e da Corregedoria-Geral do Ministério Público prevê, em seu art. 7º, que, caso a defesa se valha da faculdade de arrazoar em segundo grau, as contrarrazões ministeriais "serão elaboradas pelo Promotor de Justiça

---

14 O princípio constitucional da ampla defesa (art. 5º, LV, CF) desmembra-se em defesa técnica e autodefesa. Uma das manifestações desse princípio concentra-se em dar ao acusado a oportunidade de escolher e constituir o próprio defensor técnico.

natural ou pelo Grupo de Atuação Especial, conforme o caso, que deverá requerer, antes da subida do feito ao Tribunal competente, a oportuna remessa dos autos com vista"[15] (São Paulo, 2020).

Também no Estado do Paraná, a Resolução n. 316/2006 da Procuradoria-Geral de Justiça dispõe que, em se tratando da aplicação da regra do parágrafo 4º do art. 600 do CPP "e para que fique resguardado o princípio do Promotor Natural, as contrarrazões devem ser apresentadas pelo Promotor de Justiça em exercício na Vara onde tramitou o processo"[16] (Paraná, 2006).

Quando, no entanto, a apelação for interposta pelo Ministério Público, caso se admita a possibilidade de utilização dessa faculdade (art. 600, § 4º, CPP), surgirá impasse a ser resolvido no âmbito administrativo institucional.

Isso porque, apesar da unidade e da indivisibilidade ínsitas à instituição, tanto o promotor de Justiça quanto o procurador da

---

15 Resolução n. 1.187/2020: "Art. 7º As contrarrazões de apelação nos processos em que a defesa fizer uso da faculdade prevista no art. 600, § 4º do Código de Processo Penal, serão elaboradas pelo Promotor de Justiça natural ou pelo Grupo de Atuação Especial, conforme o caso, que deverá requerer, antes da subida do feito ao Tribunal competente, a oportuna remessa dos autos com vista. § 1º Se aberta a vista para as contrarrazões à Procuradoria-Geral de Justiça, esta providenciará a pronta remessa dos autos à Promotoria de Justiça competente, cuja Secretaria, observando o prazo legal, cuidará de restituí-los, oportunamente, à origem, para envio à Procuradoria de Justiça a que o feito deva ser distribuído. § 2º Em se tratando de processo eletrônico, o Promotor de Justiça deve ser direta e pessoalmente intimado nos termos da legislação vigente" (São Paulo, 2020).

16 Resolução n. 316/2006: "Art. 1º Nos casos previstos no artigo 600, § 4º, do Código de Processo Penal, e para que fique resguardado o princípio do Promotor Natural, as contrarrazões devem ser apresentadas pelo Promotor de Justiça em exercício na Vara onde tramitou o processo. Art. 2º Na hipótese de serem os autos remetidos com vista à Procuradoria-Geral de Justiça para o oferecimento das contrarrazões, esta, através do Departamento Judiciário, fará a sua imediata remessa à Promotoria de Justiça de origem" (Paraná, 2006).

República são membros com atribuições circunscritas à atuação em primeiro grau de jurisdição (na Justiça Comum esta dual e federal, respectivamente). Isso implica a necessidade de que, se permitida a utilização do expediente, o arrazoado seja feito pelo procurador-geral de Justiça ou da República ou por procurador de Justiça ou procurador regional da República por eles designado.

Outro ponto relevante diz respeito ao fato de que o representante do Ministério Público (estadual ou federal), nesse caso, atua perante o segundo grau de jurisdição na qualidade de fiscal da lei, e não propriamente de parte. O procurador de Justiça e o procurador regional da República somente atuam tecnicamente na condição de parte nas ações penais de competência originária dos Tribunais de Justiça (TJs) e dos Tribunais Regionais Federais (TRFs) nos quais exercem suas funções. Somando-se a isso, há também a independência funcional como vetor de atuação dos integrantes dessas carreiras.

Assim, surge a seguinte questão: Poderá o membro do *parquet* que atua no juízo *a quo*, quando da interposição da apelação, valer-se da faculdade de requerer que o arrazoado seja apresentado no órgão *ad quem*? Sobre o tema, a doutrina é bastante dividida.

Pela impossibilidade de que assim proceda o membro ministerial oficiante em primeira instância há, entre outros, o posicionamento de Pacelli (2013)[17] e Lopes Jr. (2018)[18]. Admitindo a possibilidade desde que o membro que interpôs o recurso obtenha prévia autorização da chefia institucional para assim proceder, posicionam-se Mirabete (2006)[19] e Bonfim

---

17 "De todo modo, seja como parte, seja como *custus legis*, o fato é que aquele órgão – o que atua em segundo grau – é outro, e não aquele que ofereceu o recurso. Precisamente por isso, aliado ao fato, ou sobretudo, em razão de sua independência funcional, não estará ele obrigado a sustentar a impugnação feita em primeira instância. Colocando-se ele de acordo com a decisão recorrida, será nesse sentido a sua manifestação perante o tribunal, o que nos devolve a pergunta: quem ofereceria as razões do recurso, em tal situação? Por isso, e coerente como nosso ponto de vista acerca da exigência de apresentação de razões recursais pela acusação, quando interposto o recurso (art. 601, CPP), pensamos que não poderá o Ministério Público se valer do disposto no art. 600, § 4°, do CPP [...]. Outra questão. Uma vez que o membro do Ministério Público que atua em segunda instância deve oferecer o seu parecer (*custus legis*) em toda causa relativa à matéria penal, como sustentar que deveria ele apresentar razões de recurso, para, logo em seguida, oferecê-las novamente, agora em forma de parecer?" (Pacelli, 2013, p. 922).

18 "Trata-se de faculdade somente oferecida ao réu (ou querelado) e ao querelante (ação penal de iniciativa privada). Não está autorizado o Ministério Público a apresentar razões na superior instância, até porque não está legitimado e capacitado o promotor (de primeiro grau) a atuar perante tribunais" (Lopes Jr., 2018, p. 1048). Por seu turno, Muccio (2011, p. 1542) nega a possibilidade de utilização pelo Ministério Público, na primeira instância, da regra de arrazoar em segunda instância e faz a ressalva quanto à necessidade de obtenção de prévia autorização do procurador-geral de Justiça.

19 "Referindo-se a lei genericamente à parte apelante, tem também o Ministério Público a faculdade de protestar pelo oferecimento de razões junto ao Tribunal *ad quem*. Entretanto, como a atribuição para o oferecimento de razões, na hipótese, passa para o Procurador Geral de Justiça, é necessário, por razões administrativas e hierárquicas, que seja obtida do chefe do *Parquet* prévia autorização para tal procedimento" (Mirabete, 2006, p. 671).

(2012)[120], entre outros, admitem a possibilidade desde que o ministério que interpõe o recurso obtenha prévia autorização da chefia institucional para assim proceder.

Caso a parte se manifeste pela apresentação das razões no tribunal de 2º grau, após a distribuição do apelo e sorteado o relator, o apelante será intimado a apresentá-las no prazo de 8 dias. Posteriormente, haverá a intimação do apelado para contrarrazoar o recurso em 8 dias.

De acordo com a 1ª parte do *caput* do art. 601 do CPP, encerrado o prazo para apresentação das razões, com ou sem elas, os autos serão remetidos ao juízo *ad quem*. Pelo texto codificado, portanto, não se exige para conhecimento do recurso que as razões sejam apresentadas. Contudo, há críticas em relação a essa previsão, no que se refere à possibilidade de se conhecer do recurso sem razões ou contrarrazões, tanto da defesa quanto da acusação.

Não compactuamos com a ideia de que não haverá prejuízo à defesa caso as razões não sejam apresentadas, em virtude de o tribunal retomar a matéria em sua inteireza quando do

---

20 Bonfim (2012, p. 822), embora entenda ser permitido o pleito para arrazoar no tribunal, recomenda que o próprio promotor de Justiça que atua no feito interponha e já faça as razões em primeira instância: "A lei não veda ao membro do Ministério Público oferecer as razões na superior instância, devendo o promotor, nesse caso, obter a autorização do Procurador-Geral de Justiça. Este, em consonância com os princípios da indivisibilidade e unidade da instituição do Ministério Público, poderá designar um promotor para arrazoar [...]. Embora a lei não se oponha ao se referir ao apelante de forma genérica, o recomendável é que o promotor, por dever funcional, desde logo ofereça as razões antes da subida dos autos ao tribunal, dando maior celeridade ao procedimento recursal".

julgamento do apelo[121]. Isso porque, ainda que a retomada da matéria pelo órgão julgador seja uma realidade, as argumentações do patrono do réu podem ser o diferencial para a formação do convencimento dos membros da turma ou câmara responsável pela decisão.

Jurisprudência em destaque

Na jurisprudência, os julgados a seguir aderem ao entendimento de que, se não houver prejuízo ao acusado, poderá ser admitido o recurso sem razões.

STJ, *Habeas Corpus* n. 32.053/PR:
"PROCESSUAL PENAL. HABEAS CORPUS. APELAÇÃO. INTIMAÇÃO PARA APRESENTAÇÃO DAS RAZÕES RECURSAIS. INÉRCIA DO DEFENSOR CONSTITUÍDO. CERCEAMENTO DE DEFESA. NÃO CARACTERIZAÇÃO. I – A não apresentação das razões do recurso de apelação por parte do defensor constituído, devidamente intimado para tal fim, não enseja, *per se*, a nulidade da decisão que julgou o recurso não arrazoado (Precedentes do Pretório Excelso e do STJ). II – Ademais, o e. Tribunal *a quo*, em

---

21 Pacelli (2013, p. 925, grifo do original), filiando-se ao posicionamento que entende não haver prejuízo à ampla defesa se não apresentadas as razões recursais defensivas, afirma: "Ora, o recurso não é obrigatório! E admitir a ampla **devolução** da matéria ao conhecimento da instância *ad quem* no recurso aviado sem razões, **já satisfaria** a exigência constitucional da ampla defesa. A impugnação recursal, quando apresentada pela defesa, há de abranger todas as questões discutidas nos autos, independentemente de especificação da matéria recorrida. Deve-se receber o recurso como **total**, para fins de apreciação do *tantum devolutum quantum apellatum*".

homenagem ao princípio da ampla defesa, reexaminou amplamente a matéria posta em juízo, razão pela qual não há se falar, *in casu*, em cerceamento de defesa e, como consequência, em prejuízo ao paciente, até mesmo porque este não teve sua situação agravada. *Writ* denegado" (Brasil, 2004).

STJ, *Habeas Corpus* n. 24.730/SC:
"CRIMINAL. HC. NULIDADE. AUSÊNCIA DE RAZÕES AO RECURSO DE APELAÇÃO. INTIMAÇÃO DO DEFENSOR INÉRCIA DO DEFENSOR INTIMADO. AUSÊNCIA DE PREJUÍZO PARA A DEFESA. ORDEM DENEGADA. Tendo havido a devida intimação do advogado, a não apresentação das razões do recurso de apelação interposto não enseja nulidade do acórdão que julgou o recurso não arrazoado, o qual não agravou a situação do réu. Não se acolhe alegação de nulidade por cerceamento de defesa, se não demonstrada a ocorrência de efetivo prejuízo. Inexistente a hipótese de nulidade em razão de cerceamento da defesa, tendo em vista ausência de demonstração de efetivo prejuízo para o acusado. Ordem denegada" (Brasil, 2003a).

STF, Recurso Ordinário em *Habeas Corpus* n. 79.974/RJ:
"Recurso Ordinário em Habeas Corpus interposto pela Defensoria Pública do Estado do Rio de Janeiro. 2. É certo que o advogado constituído foi regularmente intimado. O fato de não ter apresentado as razões de apelação não constitui violação ao princípio da ampla defesa. 3. No que concerne a penas alternativas,

a matéria não foi objeto das decisões das instâncias ordinárias, como se vê da sentença e do voto condutor do aresto da Corte local. 4. Recurso Ordinário em Habeas Corpus a que se nega provimento" (Brasil, 2000).[122] Vale observar que o Recurso Ordinário em *Habeas Corpus* n. 79.974/RJ foi interposto da decisão denegatória da ordem de *habeas corpus* no julgamento pelo STJ do *Habeas Corpus* n. 9.846/RJ, também aqui citado, impetrado pela Defensoria Pública do Estado do Rio de Janeiro contra decisão da 1ª Câmara Criminal do Tribunal de Justiça do Rio de Janeiro, que, negando provimento à apelação que não foi arrazoada pela defesa, manteve a condenação do réu.

Portanto, as razões recursais da defesa são essenciais, e sua não apresentação para julgamento do recurso importa em violação à ampla defesa e ao contraditório. Tanto é assim que os tribunais vêm determinando que os autos retornem à comarca de origem para apresentação das razões[123]. Caso não seja tomada a providência pelo defensor do acusado, o réu deverá ser comunicado para tomar ciência da inércia de seu representante,

---

22 Ver também: STJ, HC n. 8.990/PB, Rel. Min. Felix Fischer, DJ 14/06/1999; STJ, HC n. 13.666/PB, Rel. Min. Gilson Dipp, DJ 19/02/2001; STJ, HC n. 9.846/RJ, Rel. Min. Fernando Gonçalves, DJ 16/11/1999; STJ, REsp n. 139.285/RS, Rel. Min. Cid Flaquer Scartezzini, DJ 30/03/1998.

23 Nesse sentido, ver: RT 532/383-4, 539/367, 545/382, 555/361, 560/332, 562/332, 574/361, 705/364, 734/632.

podendo, se desejar, constituir novo causídico[124]. Se, intimado o acusado, não houver constituição de outro patrono, os autos deverão ser encaminhados à Defensoria Pública ou, na eventual ausência de Defensoria na comarca ou na vara, deverá ser nomeado advogado dativo para arrazoar o recurso.

Outra possibilidade é a de o juízo *a quo* não determinar a subida dos autos à segunda instância se o defensor, instado a apresentar a motivação recursal, não o fizer. Nesse caso, deve intimar o acusado para constituir novo patrono.

Também haverá prejuízo ao exercício do contraditório pelo recorrido, que ficará com seu contra-argumento bastante prejudicado pela ausência de argumentação em razões pelo recorrente[125]. Entendemos, ainda, que os princípios da ampla defesa e do contraditório igualmente serão afetados se o recurso for interposto pela acusação e a defesa não apresentar as contrarrazões recursais.

E se, por outro lado, o recurso foi interposto pelo Ministério Público e não foram apresentadas as razões recursais? A análise se inicia, conforme já visto, pela constatação de violação do contraditório e, nesse momento, também pela afronta à ampla defesa, uma vez que o defensor estará em evidente prejuízo para oferecer suas contrarrazões.

Mas, para além do importante enfoque das garantias do contraditório e da ampla defesa, aqui o tema se concentra também

---

24 Nesse sentido, ver: RT, 780/694, 772/692.
25 Nesse sentido, ver: Lopes Jr. (2018, p. 1049).

na atuação institucional do Ministério Público, nos deveres funcionais de seus membros e nos princípios da obrigatoriedade e da indisponibilidade que regem as ações penais públicas.

A obrigatoriedade significa que o Ministério Público deve (obrigação) oferecer denúncia quando há justa causa para a ação penal, salvo nas hipóteses de transação penal (art. 76, Lei n. 9.099/1995) e acordo de não persecução penal (art. 28-A, CPP).

Por sua vez, de acordo com o princípio da indisponibilidade, o Ministério Público não pode desistir da ação penal proposta – ressalvada a hipótese de suspensão condicional do processo do art. 89 da Lei n. 9.099/1995 – nem de recurso que haja interposto (arts. 42 e 576, CPP).

A indisponibilidade pode, ainda, ser vista como complemento à obrigatoriedade. Isso porque não seria sistematicamente coerente que o Ministério Público fosse obrigado a propor a ação penal pública – quando presente a justa causa – e, por outro lado, pudesse desistir da ação após sua propositura ou do recurso depois de interposto[26].

Parte da doutrina entende que a não apresentação das razões pelo Ministério Público, além de causar nulidade pela sua não intervenção em todos os termos da ação proposta (art. 564, III,

---

26 *Recorrer* significa, em sentido lato, também agir (em termos processuais). Tanto é assim que, caso o Ministério Público, comunicado da decisão, permaneça inerte, haverá preclusão ou coisa julgada (a depender da espécie de decisão). Por outro lado, se for interposto o recurso, o Judiciário será (novamente) provocado e retirado de seu novo estado de inércia (sob a ótica recursal), retomando a análise da matéria objeto do recurso.

"d", CPP), importa em uma espécie de desistência, uma desistência implícita das razões interpostas, o que lhe é vedado.

Doutrina em destaque

Muccio (2011, p. 1543) sustenta que, diante da causa de nulidade e do entendimento de que haveria desistência implícita, vedada pelo art. 576 do CPP, se não apresentadas as razões pelo Ministério Público, "caberá ao juiz dar vistas dos autos ao promotor substituto legal, sem prejuízo de oficiar ao procurador-geral de justiça".

Em caminho semelhante, defende Tourinho Filho (2005, p. 373-374): "Se o apelante for o Ministério Público, e não podendo ele desistir do recurso interposto, a não apresentação das razões implicaria uma desistência meio velada, pelo que não se compreende apelo ministerial sem elas. [...] Por esses motivos, e malgrado a redação do art. 601, quando não apresentadas as razões, deve o Juiz tomar as medidas necessárias para que o sejam".

Mirabete (2006, p. 672) também discorre sobre o tema: "Em primeiro lugar, não se compreende a subida dos autos sem as razões do Ministério Público, quando apelante, já que está a ele vedado desistir do recurso interposto. Além disso, há nulidade na falta de intervenção do Ministério Público em todos os termos da ação pública (art. 564, III, d)".

Portanto, o Juiz ou tribunal que receber o apelo deverá tomar providências para que o *parquet* apresente as razões, tais como: intimação pelo juiz de membro substituto, devolução dos autos pelo tribunal à vara de origem para que o representante ministerial as apresente, comunicação ao procurador-geral de Justiça (ou PGR).

Lopes Jr. (2018, p. 1.049), apresentando outra saída, entende que a ausência de razões do Ministério Público importará em não conhecimento do recurso pelo tribunal "por violação da regra da 'motivação dos recursos', do contraditório e do direito de defesa. Ademais, não está demonstrado o interesse recursal, na medida em que inexiste fundamentação hábil a evidenciar o gravame"[27].

— 3.3 —
Procedimento na segunda instância

O procedimento do apelo na segunda instância, conforme disposto no CPP (arts. 610 e 613), varia de acordo com a espécie de pena privativa de liberdade prevista para o crime.

---

27 Estendendo seu campo de análise, Lopes Jr. (2018, p. 1049-1050) completa: "Não concordamos com a tese sustentada por algum setor da doutrina no sentido de que haveria uma 'desistência' por parte do promotor/procurador que não apresentasse as razões recursais. Essa posição, ainda que sedutora, esbarra nos princípios da obrigatoriedade e indisponibilidade, inerentes à ação penal de iniciativa pública, e consubstanciados, expressamente, no art. 576 do CPP. Não vislumbramos argumentos que justifiquem uma tal ginástica hermenêutica para negar vigência a tais princípios, nem ao dispositivo apontado. Daí por que tampouco vemos necessidade de tal construção, na medida em que caberá ao tribunal não conhecer do recurso [...]".

Assim, quando se tratar de crime punido com detenção, a apelação será sumária e seguirá o rito previsto no art. 610 do CPP. Quando, por outro lado, o crime for punido com reclusão, a apelação será ordinária e observará o procedimento do art. 613 do CPP.

— 3.3.1 —
Apelação sumária

Na apelação de rito sumário (art. 610, CPP[28]), feita a distribuição do recurso no tribunal competente e definido o relator, os autos serão encaminhados para manifestação da Procuradoria-Geral de Justiça no prazo de 5 dias. Caso, porém, o apelante tenha requerido a juntada das razões em segunda instância, depois de distribuído o recurso e sorteada a relatoria, será necessário intimar as partes para, no prazo de 8 dias cada, apresentarem as razões e as contrarrazões. Somente depois de juntadas as motivações recursais das partes é que os autos serão encaminhados para parecer da Procuradoria.

---

28 CPP: "Art. 610. Nos recursos em sentido estrito, com exceção do de habeas corpus, e nas apelações interpostas das sentenças em processo de contravenção ou de crime a que a lei comine pena de detenção, os autos irão imediatamente com vista ao procurador-geral pelo prazo de cinco dias, e, em seguida, passarão, por igual prazo, ao relator, que pedirá designação de dia para o julgamento. Parágrafo único. Anunciado o julgamento pelo presidente, e apregoadas as partes, com a presença destas ou à sua revelia, o relator fará a exposição do feito e, em seguida, o presidente concederá, pelo prazo de 10 (dez) minutos, a palavra aos advogados ou às partes que a solicitarem e ao procurador-geral, quando o requerer, por igual prazo" (Brasil, 1941).

Após a manifestação do *parquet*, os autos seguirão para a análise do relator, também por 5 dias, o qual pedirá designação de data para julgamento pela câmara ou turma. Quando do julgamento, depois de o relator expor o feito, as partes poderão sustentar oralmente por 10 minutos cada, caso assim requeiram. Como veremos, esse mesmo procedimento do apelo sumário também é utilizado em segundo grau quando se interpõe recurso em sentido estrito.

— 3.3.2 —
Apelação ordinária

Tratando-se de crime apenado com reclusão e, portanto, de apelação ordinária (art. 613, CPP[29]), feita a distribuição e definido o relator, o processo será encaminhado à Procuradoria-Geral de Justiça para que esta se manifeste em 10 dias. Relembrando: se o apelante optou por apresentar razões em segunda instância, distribuído o recurso e determinado o relator, serão as partes intimadas e abertos os prazos de razões e contrarrazões, sucessivamente. Somente depois de juntadas estas, os autos serão remetidos para parecer do *parquet* em segundo grau.

---

29 CPP: "Art. 613. As apelações interpostas das sentenças proferidas em processos por crime a que a lei comine pena de reclusão, deverão ser processadas e julgadas pela forma estabelecida no art. 610, com as seguintes modificações: I - exarado o relatório nos autos, passarão estes ao revisor, que terá igual prazo para o exame do processo e pedirá designação de dia para o julgamento; II - os prazos serão ampliados ao dobro; III - o tempo para os debates será de um quarto de hora" (Brasil, 1941).

Depois da manifestação ministerial, será feita a remessa ao relator por 10 dias e, apresentado o relatório, os autos seguirão ao revisor para sua análise, também em 10 dias, e pedido de designação de data para julgamento. No momento do julgamento e se assim requererem, cada parte poderá sustentar oralmente por 15 minutos.

— 3.4 —
Interesse

De acordo com o parágrafo único do art. 577 do CPP, para que o recurso seja admitido a julgamento, deve haver interesse recursal. Isso significa que o recurso deve apresentar-se ao recorrente como meio apto a alcançar posição mais favorável do que aquela que resulta do julgado questionado, conforme visto no Capítulo 2. Na apelação, analisaremos a presença do interesse na perspectiva de cada uma das partes.

Quanto ao Ministério Público, é necessário separar a análise do interesse recursal de acordo com a espécie de ação penal. Assim, cuidando-se de ação penal de iniciativa pública e de ação penal de iniciativa privada subsidiária da pública, o Ministério Público terá interesse em recorrer, sendo a sentença absolutória ou condenatória, quando considerar que está em desconformidade com a adequada aplicação da lei penal.

Já na ação penal de iniciativa privada (exclusivamente privada ou privada propriamente dita), a presença ou a ausência do interesse recursal depende de ser a sentença condenatória ou absolutória. Cabe lembrar, ainda, que, nessa modalidade de ação, o Ministério Público atua exclusivamente na qualidade de fiscal da lei, e não de parte.

Dessa forma, se a sentença for absolutória e não houver recurso do querelante, o Ministério Público não poderá recorrer, pois na ação penal exclusivamente privada vige o princípio da disponibilidade da ação, segundo o qual o querelante pode desistir da ação proposta. A não interposição do apelo pelo querelante no prazo legal reflete como manifestação de desistência da ação.

Por outro lado, se a sentença for condenatória, mesmo não havendo recurso do querelante com vistas ao aumento de pena, poderá o Ministério Público interpô-lo com esse fito. Isso porque, na qualidade de *custus legis*, deve zelar pela correta aplicação da lei penal, o que, no caso concreto, pode significar a necessidade de imposição de pena mais elevada. Como fiscal da lei, ainda, poderá recorrer para pedir redução de pena se esse for o caminho para se buscar a adequada aplicação da lei penal.

Quanto ao interesse em recorrer da defesa – para além da fácil aferição de sua existência em relação ao decreto condenatório –, a indagação mais tormentosa refere-se à sua presença ou não quando o réu for absolvido. O interesse exigido para admissão do recurso deve ser notadamente jurídico. Porém, isso não significa que deva ser interesse jurídico exclusivamente penal, podendo decorrer de outros ramos do direito (civil, administrativo, entre outros).

Assim, caso se verifique que, com uma possível alteração dos fundamentos de sua absolvição penal, o réu também terá possibilidade de se eximir de responsabilidade civil, administrativa etc., existirá interesse em apelar em busca do fundamento jurídico que poderá trazer-lhe esse resultado mais proveitoso.

Analisando o fato e subsumindo-o à norma jurídica, encontramos hipóteses em que, por exemplo, dada a absolvição penal, há também isenção de responsabilidade cível. Entretanto, há outras situações em que, mesmo havendo decreto absolutório penal, permanece possível o reconhecimento de dever civil reparatório ao agente.

Exemplificando

Exemplo 1:

Segundo o art. 65 do CPP, faz coisa julgada no cível, frustrando a propositura de ação civil reparatória de dano que possa ter resultado frutífero, a sentença penal absolutória que reconhece a existência de causa excludente da ilicitude. Há, porém, duas exceções, em que se permite a discussão sobre possível responsabilidade civil remanescente, ainda que reconhecida a causa excludente da antijuridicidade. São elas:

1. O estado de necessidade agressivo, no qual o agente sacrifica bem de terceiro inocente para salvar bem de quem criou a situação de perigo. No âmbito processual, o terceiro pode acionar civilmente o agente que com sua conduta foi o causador direto do dano, e este tem direito de regresso em relação a quem criou a situação de perigo.
2. A legítima defesa real com *aberratio ictus* (erro na execução), ou seja, quando, por erro no processo executório, é atingido terceiro inocente, que tem direito à indenização em face de quem o atingiu, e este pode exercer direito de regresso contra seu agressor.

Exemplo 2:

Faz também coisa julgada com efeito sobre a causa cível a sentença penal absolutória que reconhece categoricamente a inexistência material do fato (art. 66, CPP, *a contrario sensu*). Por óbvio, se reconhecido categoricamente que o fato não existiu, não haverá fato para subsumir a qualquer norma jurídica, não importando sua natureza penal, civil etc.

Exemplo 3:

Haverá interesse recursal ao réu absolvido por insuficiência probatória – em que há possibilidade de responsabilização cível (art. 386, VII, CPP) – que pretenda ser absolvido por estar provado que não concorreu para a infração penal, pois, nesse caso, também se eximirá do dever de reparar o dano (art. 386, IV, CPP).

Quanto ao assistente de acusação, quando a decisão é condenatória, questiona-se ele tem interesse recursal em buscar apenas o aumento da pena e/ou regime inicial mais gravoso de cumprimento de pena. A discussão aqui é também reflexo do debate sobre o interesse da vítima – ou de seus substitutos do art. 31 do CPP – em ingressar no processo na qualidade de assistente da acusação.

Caso se entenda que a habilitação do assistente ocorre somente para que se chegue ao decreto condenatório definitivo e, com isso, possa valer-se de título judicial para fins de reparação do dano no cível, não há interesse em recurso que vise aumento de pena e/ou recrudescimento de regime de início de seu cumprimento.

Entretanto, se o entendimento for de que o assistente de acusação busca não só obter o título executivo oriundo da condenação penal definitiva para fins de reparação civil, mas, também, alcançar a correta aplicação da lei penal, há interesse recursal em se pleitear o agravamento da pena e/ou de seu regime inicial.

— 3.5 —

Legitimidade

De acordo com o art. 577 do CPP, "O recurso poderá ser interposto pelo Ministério Público, ou pelo querelante, ou pelo réu, seu procurador ou seu defensor" (Brasil, 1941). Como há a previsão de dupla legitimidade da defesa – do acusado e de seu defensor –, reforçamos a necessidade de observância da Súmula n. 705 do STF: "A renúncia do réu ao direito de apelação, manifestada sem a assistência do defensor, não impede o conhecimento da apelação por este interposta" (Brasil, 2017, p. 408).

O querelante tem legitimidade para interpor o recurso nos casos de ação penal de iniciativa privada (exclusivamente privada). Já o assistente de acusação pode apelar apenas supletivamente, ou seja, caso o Ministério Público não o faça, nos termos do art. 598 do CPP.

— 3.6 —
Efeitos

De início, registramos que a apelação no processo penal não tem efeito regressivo, não havendo possibilidade de exercício de juízo de retratação. Portanto, a análise de seus efeitos fica adstrita ao devolutivo, suspensivo e extensivo.

— 3.6.1 —
Efeito devolutivo

Com relação ao efeito devolutivo no campo da apelação, é importante analisá-lo na perspectiva da vedação da *reformatio in pejus* e da (im)possibilidade da *reformatio in melius*, para aferir se o *tantum devolutum quantum appellatum* é uma regra limitadora apenas do recurso acusatório. Nesse sentido, Lopes Jr. (2018, p. 1060) explica

> A regra do *tantum devolutum quantum appellatum* define que ao tribunal é devolvido o conhecimento da matéria objeto do recurso. Mas essa regra tem um campo limitado de incidência, pois deve ser pensado à luz da vedação da *reformatio in pejus* e da possibilidade da *reformatio in mellius*, o que faz com que acabe sendo bastante relativizado.

No que tange à vedação à *reformatio in pejus*, preceitua o art. 617 do CPP: "O tribunal, câmara ou turma atenderá nas suas decisões ao disposto nos arts. 383, 386 e 387, no que for aplicável, não podendo, porém, ser agravada a pena, quando somente o réu houver apelado da sentença" (Brasil, 1941). Portanto, em recurso exclusivo da defesa, não poderá o tribunal agravar a situação do recorrente.

Quando, por sua vez, o recurso for da acusação, o tribunal somente poderá modificar a sentença – condenando um réu previamente absolvido ou majorando a pena anteriormente fixada – conforme os limites do pedido formulado, não podendo agir de ofício em prejuízo do réu.

Contudo, se considerada a possibilidade de *reformatio in melius*, poderá o tribunal absolver um réu previamente condenado ou diminuir a pena a ele imposta em recurso exclusivo da acusação. Apesar de a doutrina não ser uníssona sobre a aceitação da *reformatio in melius*, consideramos possível sua aplicação.

Para mais detalhes sobre a vedação à *reformatio in melius*, consulte a Subseção 2.3.4.

— 3.6.2 —
Efeito suspensivo

O efeito suspensivo impede a produção de efeitos da decisão antes do julgamento do recurso. Assim, a apelação de sentença condenatória tem efeito suspensivo, conforme o art. 597, CPP, em respeito ao princípio da presunção de inocência (art. 5º, LVII, CF).

No caso de sentença penal absolutória, em reforço à presunção de inocência, a apelação da acusação não tem efeito suspensivo, havendo imediata produção de efeitos do *decisum*. Assim, a apelação da sentença absolutória não impede que o réu seja posto imediatamente em liberdade, conforme disposto no art. 596 do CPP.

Corroborando a inexistência de efeito suspensivo no apelo de sentença que absolve o réu, dispõe o parágrafo único do art. 386 do CPP: "Na sentença absolutória, o juiz: I – mandará, se for o caso, pôr o réu em liberdade; II – ordenará a cessação das medidas cautelares e provisoriamente aplicadas; III – aplicará medida de segurança, se cabível" (Brasil, 1941).

3.6.3
Efeito extensivo

Quanto ao efeito extensivo, havendo concurso de pessoas, a decisão dada no recurso de um dos corréus pode ter seus efeitos estendidos a outro(s) corréu(s), mas somente quando fundamentada em questão que não seja de caráter exclusivamente pessoal (art. 580, CPP). Lembramos que, conforme visto no Capítulo 2, o efeito extensivo pode incidir em qualquer recurso e deve ser aferido de acordo com o caso concreto.

Capítulo 4

Recurso em sentido estrito

Previsto nos arts. 581 a 592 do Código de Processo Penal (CPP) – Decreto-Lei n. 3.689, de 3 de outubro de 1941 (Brasil, 1941) –, o recurso em sentido estrito é a via recursal utilizada, em regra, para impugnação das decisões interlocutórias no processo penal. Tanto é assim que, em relação às decisões interlocutórias, a apelação é recurso subsidiário ao recurso em sentido estrito (art. 593, II, CPP).

— 4.1 —
Cabimento

Discute-se na doutrina se o rol do art. 581 do CPP, que prevê o cabimento do recurso em sentido estrito, é taxativo (*numerus clausus*). Tendo em vista que a apelação calcada no art. 593, inciso II, do CPP é meio recursal supletivo ao recurso em sentido estrito para impugnação das decisões definitivas ou com força de definitivas, o rol do art. 581 pode ser considerado *numerus clausus*.

Isso porque, quando não for cabível o recurso em sentido estrito para desafiar decisões dessa natureza, caberá apelação, conforme o art. 593, inciso II, parte final, CPP: "nos casos não previstos no Capítulo anterior" (Brasil, 1941), ou seja, nos casos em que não couber recurso em sentido estrito.

Contudo, ainda que se entenda ser taxativo o rol, em situações pontuais, admitem-se a interpretação extensiva e a aplicação analógica para permitir a interposição de recurso em sentido estrito de decisões assemelhadas às previstas no art. 581 do CPP.

Exemplificando

Exemplo 1:
Da decisão de não recebimento da denúncia cabe recurso em sentido estrito (art. 581, I, CPP). Já no caso de não recebimento do aditamento da denúncia, não há previsão expressa de recurso. Porém, tem sido admitida a interposição de recurso em sentido estrito com base nesse dispositivo.

Exemplo 2:
Da decisão sobre o *sursis* processual, por sua concessão ou não (nos termos do art. 89, da Lei n. 9.099/1995).

Exemplo 3:
O juiz suspende o processo porque o réu citado por edital não compareceu nem constituiu advogado (art. 366, CPP) e, em razão dessa suspensão, indefere o pedido de produção antecipada de provas feito pelo Ministério Público. Em face dessa decisão indeferindo o pleito ministerial, aceita-se recurso em sentido estrito, ampliando-se a previsão do inciso XVI do art. 581 – que ordena a suspensão do processo em virtude de questão prejudicial.

Outro ponto relevante na averiguação das decisões que comportam recurso em sentido estrito refere-se ao fato de o CPP ser aparelho legislativo antigo que está em boa parte defasado.

Refletindo essa depreciação, seu art. 581 contém vários incisos tacitamente revogados.

Os incisos XI, XII, XVII, XIX, XX, XXI, XXII e XXIII do art. 581 do CPP foram revogados de maneira tácita pelo art. 197 da Lei de Execução Penal, pois cuidam de decisões que envolvem matéria de competência do juízo da execução penal e que, assim, comportam agravo em execução.

Ressalvamos apenas que, quanto ao inciso XI, se as questões envolvendo o *sursis* foram enfrentadas na sentença condenatória – não tendo sido ainda objeto de tratamento em fase de execução de pena –, o recurso cabível será o de apelação, em razão da primazia dada ao apelo, nos termos do parágrafo 4º do art. 593 do CPP. Sobre o tema, consulte a Seção 3.1, quando trata da primazia da apelação sobre o recurso em sentido estrito, e a Subseção 2.3.2, que aborda o princípio da unirrecorribilidade.

Já o inciso XXIV do art. 581 do CPP teve sua revogação tácita com a alteração feita no art. 51 do CP pela Lei n. 9.268/1996 – cuja redação já foi alterada pela Lei n. 13.964/2019 –, passando-se a considerar a multa penal mera dívida de valor. Assim, caso a condenação tenha transitado em julgado e a multa penal não seja paga, esta não poderá ser convertida em prisão simples ou detenção, devendo ser executada como dívida de valor perante o juízo da execução penal.

Feitas essas considerações sobre o fenômeno da revogação tácita com relação à parte dos incisos do art. 581 e, considerando que houve revogação expressa do inciso VI (pela Lei n. 11.689/2008), passaremos à análise daqueles que ainda estão em vigor e apresentam decisões que dão azo ao recurso em sentido estrito, a saber: incisos I, II, III, IV, V, VII, VIII, IX, X, XIII, XIV (há discussão se ainda está em vigor), XV, XVI, XVIII e XXV. Dessa forma, consoante os incisos do art. 581 do CPP, caberá recurso em sentido estrito quando estiver configurada uma das hipóteses a seguir elencadas.

"I – [da decisão] que não receber a denúncia ou queixa;" (Brasil, 1941).

Oferecida a denúncia ou queixa, se a decisão for por rejeitá-la, de acordo com o CPP, caberá recurso em sentido estrito. No sistema do Juizado Especial Criminal, porém, rejeitada a denúncia ou queixa, caberá apelação – art. 82 da Lei n. 9.099, de 26 de setembro de 1995 (Brasil, 1995) –, e não recurso em sentido estrito. Sobre a apelação prevista na Lei do Juizado Especial, confira a Subseção 3.1.3.

Dispõe a Súmula n. 707 do Supremo Tribunal Federal (STF): "Constitui nulidade a falta de intimação do denunciado para oferecer contrarrazões ao recurso interposto da rejeição da denúncia, não a suprindo a nomeação de defensor dativo" (Brasil, 2017, p. 409).

A edição dessa súmula cristalizou posição de resguardo das garantias do devido processo legal, da ampla defesa e do contraditório.

Jurisprudência em destaque

STF, *Habeas Corpus* n. 114.324/BA:

"Processual penal militar. Habeas corpus. Violência contra superior e lesão corporal leve, arts. 209 e 157, § 3º, do Código Penal Militar. Rejeição da denúncia. Recurso interposto pelo Ministério Público Militar. Ausência de intimação do paciente para oferecer contrarrazões e consequente impossibilidade de constituir advogado de sua confiança. Nomeação automática de Defensor público. Violação do princípio da ampla defesa (art. 5º, inc. LV, da CRFB). Súmula 707/STF. Precedentes: (RTJ 142/477, Rel. Min. Celso de Mello, e HC 75.962/RJ, Rel. Min. Ilmar Galvão). Ordem concedida. 1. As garantias fundamentais do devido processo legal (CRFB, art. 5º, LIV) e do contraditório e da ampla defesa (CRFB, art. 5º, LV) exigem a intimação do denunciado para oferecer contrarrazões ao recurso interposto da rejeição de denúncia, não a suprindo a nomeação de defensor dativo, como reconhece o Enunciado n. 707 da Súmula da Jurisprudência dominante do Supremo Tribunal Federal. 2. *In casu*, apesar da determinação expressa contida no despacho de recebimento do recurso estrito, não houve a intimação do ora paciente para oferecer contrarrazões ao recurso interposto da rejeição de denúncia, configurando, pois, ofensa às garantias processuais fundamentais. 3. Ordem concedida para anular os atos processuais praticados após a interposição do recurso em sentido estrito pelo Ministério Público Militar" (Brasil, 2013b).

Desse modo, interposto o recurso da rejeição da denúncia ou queixa, o denunciado deve ser intimado para apresentar contrarrazões, e a necessidade de intimá-lo não pode ser suprida nem mesmo com nomeação de advogado dativo[1].

Por outro lado, quando recebida a denúncia ou queixa, não há previsão de recurso. Portanto, eventual impugnação dessa decisão deve ser feita via *habeas corpus*.

Conforme visto no início desta seção, em face da decisão de não recebimento do aditamento da denúncia, embora não haja previsão expressa, tem sido admitida a interposição de recurso em sentido estrito com base nesse dispositivo.

---

1 Conforme mencionamos em nota de rodapé no Capítulo 3, o princípio constitucional da ampla defesa (art. 5º, LV, CF) se divide em defesa técnica e autodefesa e, entre as manifestações desse princípio, uma delas consiste em, justamente, dar a possibilidade de o réu escolher e constituir seu defensor técnico.

Jurisprudência em destaque

STF, *Habeas Corpus* n. 109.579/BA:

"PROCESSUAL PENAL E PENAL. HABEAS CORPUS. USO DE DOCUMENTO FALSO (ART. 304 C/C 297 DO CP). PRESCRIÇÃO PELA PENA EM ABSTRATO. INTERRUPÇÃO DO PRAZO PRESCRICIONAL. REFORMA DA DECISÃO QUE RECONHECEU A PRESCRIÇÃO VIRTUAL. EQUIVALÊNCIA AO RECEBIMENTO DA DENÚNCIA. SÚMULA 709/STF. ORDEM DENEGADA. 1. A prescrição considera-se interrompida pelo acórdão que dá provimento ao recurso em sentido estrito contra a rejeição da denúncia, porquanto equivale ao seu recebimento originário com efeito *ex tunc*. 2. *In casu*, o Tribunal Regional Federal da 1ª Região deu provimento a recurso em sentido estrito interposto pelo Parquet, tornando insubsistente a decisão do Juízo da 17ª Vara Criminal Federal da Seção Judiciária da Bahia, que rejeitara a denúncia, determinando o retorno dos autos ao Juízo para o regular prosseguimento do feito. 3. Incidência da Súmula n. 709 Suprema Corte, segundo a qual 'salvo quando nula a decisão de primeiro grau, o acórdão que provê o recurso contra a rejeição da denúncia vale, desde logo, pelo recebimento da denúncia.' 4. Ordem denegada" (Brasil, 2013a).

Para finalizar a análise do inciso I, relevante, também, mencionar o teor da Súmula n. 709 do STF: "Salvo quando nula a decisão de primeiro grau, o acórdão que provê o recurso contra a rejeição da denúncia vale, desde logo, pelo recebimento dela" (Brasil, 2017, p. 410).

"II – [da decisão] que concluir pela incompetência do juízo;" (Brasil, 1941).

Trata-se de hipótese em que o magistrado, de ofício, reconhece ser incompetente para atuar no caso concreto.

Caso o juiz se declare incompetente acolhendo exceção de incompetência arguida pela parte, também será possível a interposição de recurso em sentido estrito, mas com fundamento no inciso III do art. 581 do CPP.

Todavia, quando o magistrado se dá por competente, não há recurso específico contra a decisão. Havendo necessidade de combatê-la, pode ser impetrado *habeas corpus*.

Da decisão de desclassificação ao final da primeira fase do rito do Júri (art. 419, CPP), embora não citada – essa decisão – diretamente no art. 581, também cabe recurso em sentido estrito com base em seu inciso II. Isso porque a desclassificação para crime diverso de doloso contra a vida é decisão que, por consequência, reconhece a incompetência do Tribunal do Júri para julgar a matéria.

"III – [da decisão] que julgar procedentes as exceções, salvo a de suspeição;" (Brasil, 1941).

Esse inciso serve de fundamento ao recurso quando procedentes as exceções de litispendência, coisa julgada, incompetência e ilegitimidade de parte[2]. Contudo, quando julgada improcedente qualquer dessas exceções, não há previsão legal de recurso; a decisão pode ser impugnada por meio de *habeas corpus* ou a matéria pode ser arguida em preliminar de apelação de futura sentença.

Para compreender a ressalva feita na parte final do inciso III – referente à suspeição –, é preciso considerar o procedimento da exceção de suspeição. Se o juiz a julgar procedente, vai se declarar suspeito e ordenar a remessa dos autos ao substituto (art. 99, CPP[3]), não cabendo recurso dessa decisão. Isso porque, se o próprio juiz se deu por suspeito, não há como determinar

---

2   CPP: "Art. 95. Poderão ser opostas as exceções de: I – suspeição; II – incompetência de juízo; III – litispendência; IV – ilegitimidade de parte; V – coisa julgada" (Brasil, 1941).

3   CPP: "Art. 99. Se reconhecer a suspeição, o juiz sustará a marcha do processo, mandará juntar aos autos a petição do recusante com os documentos que a instruam, e por despacho se declarará suspeito, ordenando a remessa dos autos ao substituto" (Brasil, 1941).

sua atuação no caso concreto, pois comprometida está sua imparcialidade.

Por outro lado, caso o juiz não dê procedência à exceção de suspeição, ele ordenará a autuação da petição em apartado e responderá no prazo de 3 dias, podendo instruir sua resposta e oferecer testemunhas. Após, determinará o envio dos autos em 24 horas ao tribunal competente para julgamento[14]. Nesse caso, portanto, a matéria subirá ao tribunal para análise independentemente de qualquer recurso.

"IV – [da decisão] que pronunciar o réu;" (Brasil, 1941).

Das decisões de pronúncia e de desclassificação ao final da primeira fase do rito do Júri, cabe recurso em sentido estrito. Porém, da impronúncia e da absolvição sumária, cabe apelação (cf. art. 416 do CPP). Consulte também a Subseção 3.1.2.

---

4 CPP: "Art. 100. Não aceitando a suspeição, o juiz mandará autuar em apartado a petição, dará sua resposta dentro em três dias, podendo instruí-la e oferecer testemunhas, e, em seguida, determinará sejam os autos da exceção remetidos, dentro em 24 vinte e quatro horas, ao juiz ou tribunal a quem competir o julgamento. § 1º Reconhecida, preliminarmente, a relevância da arguição, o juiz ou tribunal, com citação das partes, marcará dia e hora para a inquirição das testemunhas, seguindo-se o julgamento, independentemente de mais alegações. § 2º Se a suspeição for de manifesta improcedência, o juiz ou relator a rejeitará liminarmente" (Brasil, 1941).

"V – [da decisão] que conceder, negar, arbitrar, cassar ou julgar inidônea a fiança, indeferir requerimento de prisão preventiva ou revogá-la, conceder liberdade provisória ou relaxar a prisão em flagrante;" (Brasil, 1941).

"VII – [da decisão] que julgar quebrada a fiança ou perdido o seu valor;" (Brasil, 1941).

A fiança deve ser concedida, arbitrada ou negada, conforme o disposto nos arts. 322 e seguintes do CPP. Também é possível que a acusação e a defesa queiram impugnar o valor fixado por entendê-lo insuficiente ou excessivo.

A cassação da fiança pode ocorrer em qualquer fase do processo, se reconhecido que não era cabível (art. 338, CPP), assim como, se reconhecida a ocorrência de infração inafiançável, no caso de inovação na classificação do fato (art. 339, CPP, Brasil, 1941).

Apesar de previsto o cabimento de recurso em sentido estrito, é possível impetrar *habeas corpus* das decisões que envolvam a negativa da fiança, sua cassação ou quebra, quando resultarem em decretação de prisão cautelar.

Quanto às decisões citadas no inciso V do art. 581 do CPP, de indeferimento de prisão preventiva ou sua revogação, de concessão de liberdade provisória ou relaxamento do flagrante, todas têm como consequência a colocação ou a permanência do acusado ou indiciado em liberdade. Portanto, qualquer delas pode dar ensejo a recurso em sentido estrito da acusação.

De outro lado, caso o juiz defira pedido de prisão preventiva, não a revogue, não conceda liberdade provisória ou não relaxe o flagrante, não caberá recurso, podendo ser impetrado *habeas corpus*.

"VIII – [da decisão] que decretar a prescrição ou julgar, por outro modo, extinta a punibilidade;" (Brasil, 1941).
"IX – [da decisão] que indeferir o pedido de reconhecimento da prescrição ou de outra causa extintiva da punibilidade;" (Brasil, 1941).

Em matéria de extinção da punibilidade, é possível recorrer em sentido estrito tanto no caso de a decisão reconhecer a existência da causa quanto no caso de não haver esse reconhecimento.

Cuida-se, portanto, de previsão de recurso *pro et contra*, ou seja, cabível no interesse de ambas as partes, conforme a decisão declare ou não a extinção da punibilidade. Contudo, se a decisão for dada na fase de execução penal, desafiará o agravo em execução (art. 197, Lei de Execução Penal).

"X – [da decisão] que conceder ou negar a ordem de *habeas corpus*;" (Brasil, 1941).

Nesse caso, o recurso pode ser interposto por qualquer das partes (*pro et contra*), conforme a decisão seja de concessão ou de não concessão da ordem de *habeas corpus*. Esse inciso cuida somente de decisão concessiva ou denegatória de *habeas corpus* impetrado em primeiro grau de jurisdição.

Caso a decisão denegatória de *habeas corpus* seja dada em tribunais, o recurso poderá ser o ordinário constitucional ao Superior Tribunal de Justiça (STJ) (art. 105, II, "a", CF/1988) ou ao STF (art. 102, II, "a", CF/1988), de acordo com o cabimento e a competência para julgamento de cada qual.

"XIII – [da decisão] que anular o processo da instrução criminal, no todo ou em parte;" (Brasil, 1941).

Portanto, caso o juiz decida pela anulação do processo, caberá recurso em sentido estrito. Por outro lado, quando o juiz não acolhe o pedido de anulação do processo, não há previsão de recurso em sentido estrito. Todavia, a parte interessada pode arguir a nulidade em debates orais (ou em memoriais) e/

ou em recurso de apelação. À defesa, também é possível impetrar *habeas corpus*.

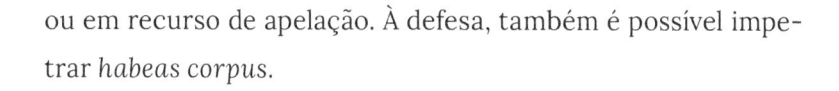

"XIV – [da decisão] que incluir jurado na lista geral ou desta o excluir;" (Brasil, 1941).

Conforme o procedimento de alistamento dos jurados previsto no CPP (arts. 425 e 426), a lista (provisória) geral de pessoas que podem servir ao Júri no ano subsequente, com indicação das respectivas profissões, deve ser publicada pela imprensa até o dia 10 de outubro de cada ano e divulgada em editais afixados à porta do Tribunal do Júri. A lista provisória pode ser alterada (de ofício ou por meio de reclamação de qualquer do povo ao juiz presidente) até o dia 10 de novembro, quando deve ser publicada definitivamente (art. 426, *caput* e § 1º, CPP).

Dessa decisão de inclusão ou exclusão de jurado da lista geral, segundo o inciso XIV do art. 581 do CPP, cabe recurso em sentido estrito no prazo de 20 dias, contados da data da publicação definitiva da lista (art. 586, parágrafo único, CPP). Nesse caso, o recurso deve ser endereçado ao presidente do tribunal de 2º grau, conforme determina o parágrafo único do art. 582 do CPP.

Entretanto, há autores que entendem que o inciso XIV do art. 581 do CPP foi tacitamente revogado pelo parágrafo 1º do art. 426 do CPP (com redação dada pela Lei n. 11.689/2008), pois da inclusão ou exclusão de alguém da lista de jurados caberia apenas reclamação ao juiz-presidente do Júri.

"XV – [da decisão] que denegar a apelação ou a julgar deserta;" (Brasil, 1941).

O dispositivo abrange duas situações relacionadas à interposição de apelo anterior. Denegar a apelação significa negar ou obstar seu seguimento por falta de pressuposto recursal.

A deserção, por sua vez, decorre da falta de recolhimento do preparo do recurso, ou seja, do não pagamento das custas recursais pelo apelante, nos casos em que a lei determina. Quando o preparo é exigido, também é avaliado como pressuposto recursal, e seu não recolhimento configura fato extintivo do direito de recorrer.

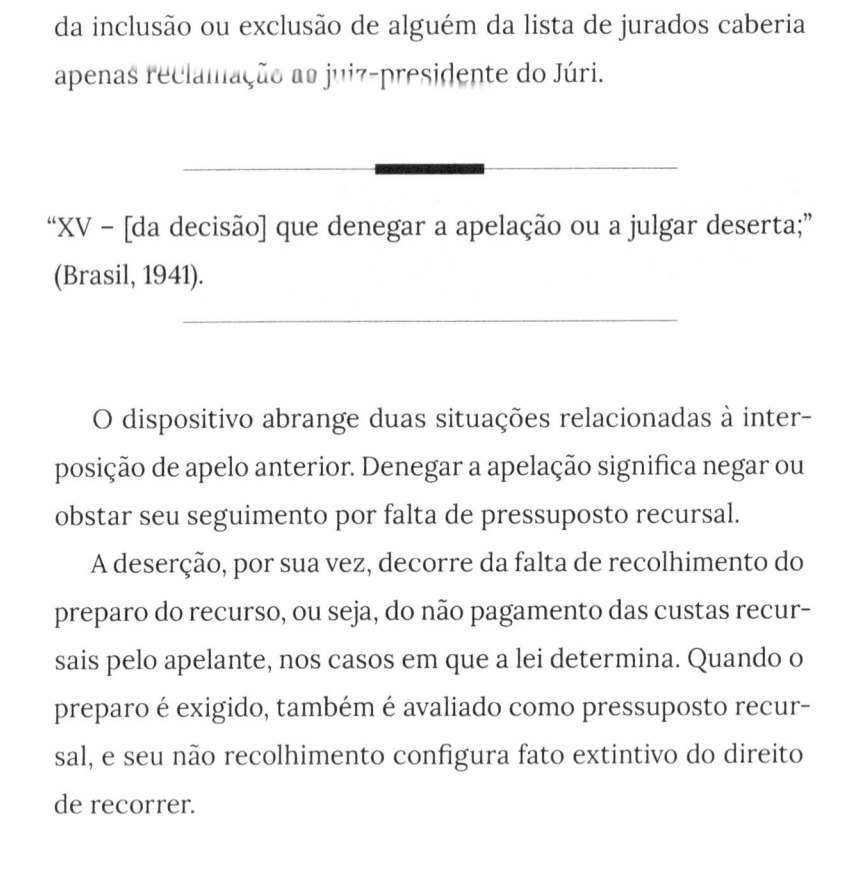

"XVI – [da decisão] que ordenar a suspensão do processo, em virtude de questão prejudicial;" (Brasil, 1941).

Prejudicial é a questão incidental que pode apresentar-se no curso da ação penal e que, versando sobre elemento do crime, deve ser enfrentada pelo juiz antes do julgamento da questão principal. Trata-se de questão que prejudica a análise da principal (do mérito) e que, portanto, deve ser apreciada antes desta. As questões prejudiciais estão previstas nos arts. 92 a 94 do CPP e, quanto ao efeito, podem ser classificadas em: (a) obrigatória (prejudicial em sentido estrito): aquela que, necessariamente, acarreta a suspensão do processo, pois a competência para resolvê-la não pertence ao juiz criminal (ex.: controvérsia sobre o estado civil da pessoa, conforme o art. 92 do CPP); e (b) facultativa (prejudicial em sentido amplo): hipótese em que a suspensão do processo é facultativa, pois o juiz criminal tem competência para dirimir a questão prejudicial, segundo previsto no art. 93 do CPP.

Portanto, a suspensão do processo pode ocorrer em virtude de questão prejudicial obrigatória (que versa sobre o estado civil da pessoa) ou facultativa (que versa sobre qualquer outra questão que não envolva o estado civil da pessoa), podendo ser decretada de ofício pelo magistrado ou mediante requerimento das partes (art. 94, CPP). Suspenso o processo por esse motivo – em decorrência de questão prejudicial –, caberá recurso em sentido estrito (art. 581, XVI, CPP). Lembramos que, suspenso o processo em virtude de questão prejudicial, ficará suspenso também o prazo prescricional (art. 116, I, Código Penal[5]).

No entanto, em face da decisão que não suspende o processo por questão prejudicial, não há previsão de recurso em sentido

---

5   Código Penal: "Art. 116. Antes de passar em julgado a sentença final, a prescrição não corre: I – enquanto não resolvida, em outro processo, questão de que dependa o reconhecimento da existência do crime;" (Brasil, 1940).

estrito. A parte interessada, contudo, pode valer-se do *habeas corpus* (no interesse da defesa), do mandado de segurança (no caso da acusação) ou, até mesmo, de correição parcial. Também é possível arguir a matéria em preliminar de apelação.

Conforme abordado no início desta seção, embora sem previsão expressa, tem sido admitido recurso em sentido estrito quando há suspensão do processo porque o réu, citado por edital, não compareceu nem constituiu advogado (art. 366, CPP) e, em razão dessa suspensão, o Ministério Público teve seu pedido de produção antecipada de provas indeferido[16].

"XVIII – [da decisão] que decidir o incidente de falsidade;" (Brasil, 1941).

Trata-se de questão incidental voltada à aferição de falsidade documental, com previsão de cabimento e processamento nos arts. 145 a 148 do CPP. Tanto da decisão que reconhecer a falsidade documental quanto da que não reconhecer caberá recurso em sentido estrito, sendo, portanto, hipótese recursal *pro et contra*.

---

6   Ver: STJ, EREsp n. 1.630.121-RN, Rel. Min. Reynaldo Soares da Fonseca, DJe 11/12/2018.

"XXV – [da decisão] que recusar homologação à proposta de acordo de não persecução penal, previsto no art. 28-A desta Lei." (Brasil, 1941).

Cuida-se de dispositivo inserido pela Lei n. 13.964/2019, que, ao promover alterações na lei penal e na lei processual penal, trouxe o instituto do "acordo de não persecução penal" ao Brasil. Portanto, caso o magistrado se recuse a homologar o acordo estabelecido entre o representante do Ministério Público e o suposto autor do fato, a decisão poderá ser impugnada pela via do recurso em sentido estrito.

— 4.2 —
Prazos e procedimento na primeira instância

O prazo de interposição do recurso em sentido estrito é de 5 dias (art. 586, CPP). Após a interposição, o recorrente deve ser intimado para, em 2 dias (art. 588, *caput*, CPP), apresentar razões recursais. Há, portanto, prazos autônomos para interpor e arrazoar o recurso.

Juntadas as razões, deve-se intimar o recorrido para que, também em 2 dias, apresente as contrarrazões recursais (art. 588, *caput*, CPP).

Em seguida, os autos serão conclusos ao magistrado para, em
[illegible], manter ou reformar a decisão, nos termos do art. 589 do
CPP. Não havendo retratação, os autos deverão ser encaminhados ao tribunal (TJ ou TRF) ou à turma recursal (no caso do JECRIM) para análise do recurso.

Todavia, se o juiz se retratar, a outra parte, mediante simples petição, poderá recorrer da nova decisão, se couber recurso, não sendo mais permitido ao juiz modificá-la. Nesse caso, independentemente de novos arrazoados, o recurso subirá nos próprios autos ou em traslado (art. 589, parágrafo único, CPP).

Sobre o juízo de retratação ou efeito regressivo, consulte o Capítulo 2 desta obra.

Em face da decisão do juízo *a quo* que não admite o recurso em sentido estrito, cabe carta testemunhável (art. 639, CPP[17]).

---

7   CPP: "Art. 639. Dar-se-á carta testemunhável: I – da decisão que denegar o recurso; II – da que, admitindo embora o recurso, obstar à sua expedição e seguimento para o juízo *ad quem*" (Brasil, 1941).

Quanto ao recurso da decisão que incluir jurado na lista geral ou desta excluí-lo, o prazo de interposição é de 20 dias, contados da data da publicação definitiva da lista de jurados (art. 586, parágrafo único, CPP). Nessa hipótese, o recurso deve ser endereçado ao presidente do TJ ou do TRF (art. 582, parágrafo único, CPP). Entretanto, conforme visto, parte da doutrina entende que houve revogação tácita do inciso XIV do art. 581 do CPP, em virtude da redação dada ao parágrafo 1º de seu art. 426 pela Lei n. 11.689/2008.

— 4.3 —
Procedimento na segunda instância

Em segundo grau, conforme mencionado na Subseção 3.3.1, o recurso em sentido estrito segue o mesmo rito da apelação sumária, disciplinado no art. 610 do CPP. Assim, distribuído o recurso no tribunal competente e definido o relator, os autos são remetidos à Procuradoria-Geral de Justiça para manifestação em 5 dias. Após a apresentação desta, os autos devem seguir para a análise do relator, também por 5 dias, o qual pedirá designação de data para julgamento pela câmara ou turma. Quando do julgamento, depois de o relator expor o feito, as partes poderão sustentar oralmente por 10 minutos cada, se assim requererem.

— 4.4 —
Legitimidade

Podem interpor o recurso como legitimados comuns o Ministério Público, o querelante, o réu (ou querelado) e seu defensor (art. 577, CPP).

Ainda tem legitimidade especial para interpor o recurso em sentido estrito o assistente de acusação, mas somente de decisão de extinção da punibilidade (art. 584, § 1º, CPP). Contudo, também se admite a interposição do recurso em sentido estrito pelo assistente de acusação de decisão que denegou sua apelação supletiva. Sobre a legitimidade recursal do assistente de acusação, consulte a Seção 2.4.

Para os que entendem ainda ser cabível o recurso em sentido estrito da lista geral do Júri, há legitimidade especial de qualquer pessoa do povo para recorrer, nos termos do art. 581, inciso XIV, do CPP. Sobre a revogação tácita ou não desse dispositivo, confira as Seções 2.4 e 4.2.

— 4.5 —
Efeitos

Pela redação do art. 584 do CPP, o recurso em sentido estrito tem efeito suspensivo nos casos de perda da fiança, de concessão de livramento condicional e dos incisos XV, XVII e XXIV do art. 581 do CPP.

Entretanto, os incisos XII, XVII e XXIV do art. 581 do CPP estão tacitamente revogados, conforme já abordado na Seção 4.1.

Portanto, apenas remanesce a previsão de efeito suspensivo para o recurso da decisão de perda da fiança (art. 581, VII, CPP) e da que denega a apelação ou a julga deserta (art. 581, XV, CPP).

Os parágrafos 2º e 3º do art. 584 do CPP preveem, respectivamente, que "o recurso interposto da decisão de pronúncia suspenderá tão somente o julgamento" – pelo Júri – e que "o recurso da decisão que julgar quebrada a fiança suspenderá apenas o efeito de perda da metade do seu valor" (Brasil, 1941).

Como visto, o recurso em sentido estrito tem efeito regressivo, permitindo que o juízo *a quo* se retrate (art. 589, CPP).

Por fim, o recurso em sentido estrito também pode gerar o efeito extensivo sempre que, concretamente, a situação se adequar à previsão do art. 580 do CPP.

Capítulo 5

Agravo em execução

O agravo em execução surgiu em nosso ordenamento jurídico-processual com o advento da Lei de Execução Penal (Lei n. 7.210, de 11 de julho de 1984), que passou a prever, em seu art. 197, que "das decisões proferidas pelo Juiz caberá recurso de agravo, sem efeito suspensivo" (Brasil, 1984). Convém notar que, na lei se utiliza apenas a denominação *agravo*, mas a doutrina e a jurisprudência convencionaram o uso da expressão *agravo em execução*.

— 5.1 —
Cabimento

Para maior precisão do cabimento desse recurso, é preciso observar o disposto no art. 66 da Lei n. 7.210/1984 (LEP)[1], que dispõe sobre a competência do juiz da execução penal. Além disso, é importante comparar o art. 66 da LEP com o art. 581 do

---

1   LEP: "Art. 66. Compete ao Juiz da execução: I – aplicar aos casos julgados lei posterior que de qualquer modo favorecer o condenado; II – declarar extinta a punibilidade; III – decidir sobre: a) soma ou unificação de penas; b) progressão ou regressão nos regimes; c) detração e remição da pena; d) suspensão condicional da pena; e) livramento condicional; f) incidentes da execução. IV – autorizar saídas temporárias; V – determinar: a) a forma de cumprimento da pena restritiva de direitos e fiscalizar sua execução; b) a conversão da pena restritiva de direitos e de multa em privativa de liberdade; c) a conversão da pena privativa de liberdade em restritiva de direitos; d) a aplicação da medida de segurança, bem como a substituição da pena por medida de segurança; e) a revogação da medida de segurança; f) a desinternação e o restabelecimento da situação anterior; g) o cumprimento de pena ou medida de segurança em outra comarca; h) a remoção do condenado na hipótese prevista no § 1º, do artigo 86, desta Lei; i) (VETADO); VI – zelar pelo correto cumprimento da pena e da medida de segurança; VII – inspecionar, mensalmente, os estabelecimentos penais, tomando providências para o adequado funcionamento e promovendo, quando for o caso, a apuração de responsabilidade; VIII – interditar, no todo ou em parte, estabelecimento penal que estiver funcionando em condições inadequadas ou com infringência aos dispositivos desta Lei; IX – compor e instalar o Conselho da Comunidade. X – emitir anualmente atestado de pena a cumprir. (Incluído pela Lei n. 10.713, de 2003)" (Brasil, 1984).

CPP, o que permite entender por que os incisos XI, XII, XVII, XIX, XX, XXI, XXII e XXIII deste último artigo foram revogados de maneira tácita. Todos esses dispositivos versam sobre matérias que também constam do art. 66 da LEP e que, portanto, são de competência do juízo da execução penal.

Em síntese, em se tratando de decisão proferida pelo juízo de 1º grau em sede de execução penal, o recurso específico cabível será o de agravo em execução (art. 197, LEP).

— 5.2 —
Prazo, procedimento e efeitos

É íntima a relação entre o agravo em execução e o recurso em sentido estrito. Até a entrada em vigor da Lei n. 7.210/1984, o recurso em sentido estrito era, também, o meio previsto para reavaliação das decisões dadas na fase de execução de pena, no que foi substituído pelo agravo do art. 197 da LEP. Conforme apontado, com a chegada da Lei n. 7.210/1984, houve revogação tácita de boa parte do art. 581 do CPP.

Ocorre que a LEP não trouxe um procedimento específico a ser aplicado ao agravo em execução. A despeito de controvérsia inicial sobre o rito a ser seguido pelo agravo em execução (havia os que defendiam que deveria ser observado o rito do agravo de instrumento do CPC), prevaleceu o entendimento de que se deve aplicar a ele o rito do recurso em sentido estrito.

Jurisprudência em destaque

STF, *Habeas Corpus* n. 76.208/RJ:

"PENAL. PROCESSUAL PENAL. HABEAS CORPUS. AGRAVO. LEI DE EXECUÇÃO PENAL (LEI 7.210, DE 11.06.84). PRAZO PARA INTERPOSIÇÃO. IMPETRAÇÃO SUBSTITUTIVA DE RECURSO ORDINÁRIO. I. – Aplicam-se ao agravo previsto no art. 197 da Lei de Execução Penal (Lei 7.210/84) as disposições do CPP referentes ao recurso em sentido estrito. Dessa forma, o prazo para a interposição do referido recurso é de 5 (cinco) dias (CPP, art. 586) e não de 10 (dez) dias, conforme previsto na Lei 9.139/95, que alterou o Código de Processo Civil. II. – Impetração de habeas corpus perante o STF, em substituição a recurso ordinário contra acórdão indeferitório de habeas corpus: competência do STJ. III. – HC indeferido na parte conhecida" (Brasil, 1998a).

STF, *Habeas Corpus* n. 75.178/RJ:

"PENAL. PROCESSUAL PENAL. HABEAS CORPUS. AGRAVO. LEI DE EXECUÇÃO PENAL (LEI 7.210, DE 11.06.84). PRAZO PARA INTERPOSIÇÃO. I. – Aplicam-se ao agravo previsto no art. 197 da Lei de Execução Penal (Lei 7.210/84) as disposições do CPP referentes ao recurso em sentido estrito. Dessa forma, o prazo para a interposição do referido recurso é de 5 (cinco) dias (CPP, art. 586) e não de 10 (dez) dias, conforme previsto na Lei 9.139/95, que alterou o Código de Processo Civil. II. – H.C. deferido" (Brasil, 1997).

Assim, aplicam-se ao agravo em execução os prazos, o procedimento do recurso em sentido estrito e, inclusive, a possibilidade de juízo de retratação – efeito regressivo. Quanto ao prazo, a Súmula n. 700 do Supremo Tribunal Federal (STF) dispõe que "É de cinco dias o prazo para interposição do agravo contra decisão do juiz da execução penal" (Brasil, 2017, p. 405).

Entretanto, ressaltamos que o art. 197 da LEP prevê que não há efeito suspensivo no agravo das decisões do juízo da execução penal. No caso do recurso em sentido estrito, vimos que, excepcionalmente, ele tem efeito suspensivo quando interposto da decisão de perda da fiança (art. 581, VII, CPP) e da decisão denegatória da apelação ou que a declara deserta (art. 581, XV, CPP).

Além disso, os parágrafos 2º e 3º do art. 584 do CPP estabelecem, respectivamente, que "o recurso interposto da decisão de pronúncia suspenderá tão somente o julgamento" – pelo Júri – e que "o recurso da decisão que julgar quebrada a fiança suspenderá apenas o efeito de perda da metade do seu valor" (Brasil, 1941). Portanto, com relação ao efeito suspensivo, a LEP é expressa ao tratar do tema e mencionar de forma genérica sua inexistência no agravo em execução.

Em razão dessa falta de efeito suspensivo, em determinadas situações, o condenado ou seu representante se vale da impetração de *habeas corpus* para impugnar decisões do juízo da execução penal.

Devemos, apenas, atentar para o fato de que, por questões formais, os tribunais, por vezes, não conhecem do *writ*, por haver previsão de recurso específico para a hipótese. Desse modo, caso se opte pela impetração do *habeas corpus*, sugere-se que também seja interposto o agravo em execução, para evitar que, eventualmente, o não conhecimento e a não apreciação do *writ* tragam prejuízo aos interesses e direitos do condenado.

Nessa hipótese, se concedido o *habeas corpus*, o agravo perderá seu objeto. Se, todavia, o *habeas corpus* não for conhecido por se entender que se deve utilizar a via do recurso específico, este já estará interposto e, se preenchidos seus pressupostos, será conhecido e julgada a matéria por ele trazida.

Capítulo 6

Carta testemunhável

Recurso disciplinado nos arts 639 a 646 do Código de Processo Penal (CPP), a carta testemunhável é instrumento processual que surge como eventual extensão do juízo admissional do recurso em sentido estrito ou do agravo em execução. Isso porque da decisão de não admissibilidade desses recursos surge a possibilidade de interposição da carta.

Compreende-se que a carta testemunhável somente é cabível de decisão que denega ou obsta seguimento ao recurso em sentido ou ao agravo em execução, em razão de seu caráter subsidiário. Dessa forma, a carta somente deve ser utilizada quando não há outro recurso específico para impugnar a decisão denegatória ou obstativa do recurso anterior. Por exemplo, em face da decisão que denega apelação, há previsão específica de recurso em sentido estrito (art. 581, XV, CPP) e, portanto, não cabe carta testemunhável.

Ressaltamos que a possibilidade de interposição de carta testemunhável de decisão que não admite o agravo em execução advém da compreensão de que este segue o rito do recurso em sentido estrito, como visto no capítulo anterior.

— 6.1 —

Cabimento

De acordo com o art. 639 do CPP, caberá carta testemunhável: (a) da decisão que denegar o recurso (em sentido estrito ou agravo em execução); e (b) da decisão que, embora inicialmente admita um desses recursos, obstar seu seguimento ao tribunal de 2º grau.

Por *decisão que denega o recurso* entenda-se aquela que não recebe o recurso por falta de requisito de admissibilidade.

A decisão que "obsta seguimento ao recurso" também se escora nos pressupostos recursais. Contudo, a diferença é que, nessa hipótese, primeiro o recurso foi recebido e, depois, ante a ocorrência de fato extintivo, foi travado seu seguimento.

— 6.2 —
Prazo, procedimento e efeitos

O art. 640 do CPP fixa o prazo de 48 horas para interposição da carta testemunhável. Na prática, porém, entende-se que são 2 dias, contados da decisão que denegou o recurso ou impediu-lhe o seguimento.

A petição de interposição deve ser endereçada ao escrivão com a indicação das peças a serem trasladadas (art. 640, CPP). O escrivão dará recibo e, em até 5 dias, entregará a carta, devidamente conferida e concertada, ao recorrente (art. 641, CPP).

Extraído o instrumento, adota-se o rito do recurso em sentido estrito (art. 643, CPP), com a intimação do testemunhante para apresentar razões em 2 dias.

Apresentadas as razões, o testemunhado deve ser intimado a apresentar suas contrarrazões, também em 2 dias. Em suas contrarrazões, o testemunhado ainda pode indicar peças para traslado e juntada ao instrumento. Após a apresentação das contrarrazões, os autos seguirão conclusos ao juiz para o reexame do juízo de retratação.

Na segunda instância, a carta testemunhável observa o rito do recurso em sentido estrito. O art. 644 do CPP prevê que, se a carta estiver suficientemente instruída, o tribunal poderá decidir, desde logo, o mérito do recurso denegado. Se assim proceder o tribunal, haverá ampliação do efeito devolutivo da carta com a consequente devolução também da matéria que consta no recurso denegado ou obstado.

Conforme dispõe o art. 646 do CPP, a carta testemunhável não tem efeito suspensivo.

Capítulo 7

*Embargos infringentes
e de nulidade*

Os embargos infringentes e os embargos de nulidade estão previstos no parágrafo único do art. 609[1] do Código de Processo Penal (CPP) e são recursos exclusivos da defesa. Não há, portanto, legitimidade da acusação para interpô-los. Assim, quando, por exemplo, o réu é absolvido na segunda instância por maioria de votos (existindo, portanto, um voto divergente pela sua condenação), não cabem os embargos infringentes pela parte acusatória.

A diferença, se infringentes ou de nulidade, reside na matéria arguida. São **infringentes** os embargos quando seu objeto trata de questão material e busca alterar o julgado. Por outro lado, os embargos são de **nulidade** quando trazem a arguição de questão processual e objetivam a anulação do processo ou do julgado.

— 7.1 —

Cabimento

A *ratio essendi* dos embargos está na existência do voto divergente (voto vencido) favorável ao acusado. Desse modo, cabem embargos infringentes e de nulidade de decisão de segunda instância, não unânime (por maioria de votos), desfavorável ao acusado (recurso exclusivo da defesa) e decorrente do julgamento de apelação, recurso em sentido estrito, ou agravo em execução (segue o rito do recurso em sentido estrito).

---

1 CPP: "Art. 609. [...] Parágrafo único. Quando não for unânime a decisão de segunda instância, desfavorável ao réu, admitem-se embargos infringentes e de nulidade, que poderão ser opostos dentro de 10 (dez) dias, a contar da publicação de acórdão, na forma do art. 613. Se o desacordo for parcial, os embargos serão restritos à matéria objeto de divergência" (Brasil, 1941).

Jurisprudência em destaque

A respeito do cabimento dos embargos infringentes após julgamento de agravo em execução, destacamos os julgados a seguir.

STF, *Habeas Corpus* n. 65.988/PR:
"EMBARGOS INFRINGENTES EM AGRAVO DE QUE TRATA O ART. 197 DA LEI DAS EXECUÇÕES PENAIS (LEI N. 7210, DE 11.07.1984). SE O JULGAMENTO DE AGRAVO, PREVISTO NO ART. 197 DA LEI DAS EXECUÇÕES PENAIS, FOR DESFAVORAVEL AO RÉU E NÃO UNÂNIME, SÃO CABÍVEIS EMBARGOS INFRINGENTES, FACE AO QUE CONJUGADAMENTE DISPÕEM OS ARTIGOS 609, PARAGRAFO ÚNICO, E 581 DO C.P. PENAL. 'HABEAS CORPUS' DEFERIDO, (DIANTE DO EMPATE NA VOTAÇÃO), PARA QUE OS EMBARGOS SEJAM PROCESSADOS" (Brasil, 1989).

— 7.2 —

Prazo, procedimento e efeitos

Os embargos devem ser opostos já com as razões recursais no prazo único de 10 dias, contados da publicação do acórdão a ser embargado. Devem, ainda, ser endereçados ao relator do acórdão impugnado, que determinará o processamento do recurso se preenchidos seus pressupostos.

Quando houver assistente de acusação ou querelante, será aberto prazo para apresentação das contrarrazões recursais, que, a despeito de previsão legal, por isonomia também será de 10 dias.

Em seguida, será aberto o prazo de 10 dias para parecer da Procuradoria de Justiça. Para análise dos embargos, será necessário definir novo relator e revisor (diversos, portanto, daqueles do julgamento anterior). Apresentadas as manifestações da Procuradoria de Justiça, será dada vista ao relator dos embargos por 10 dias e, na sequência, em igual prazo ao revisor. Por fim, será designada a data para a sessão de julgamento, na qual será possível a sustentação oral por 15 minutos para cada parte, se assim requererem.

Além do relator e do revisor, participam do julgamento dos embargos os três desembargadores que apreciaram a matéria no recurso anterior. Estes podem manter ou retificar suas posições, o que nos permite falar em *juízo de retratação parcial* (permitido aos três que participaram do julgamento anterior).

Os embargos infringentes e de nulidade têm efeito devolutivo limitado ao voto vencido, conforme prevê a parte final do parágrafo único do art. 609 do CPP: "se o desacordo for parcial, os embargos serão restritos à matéria objeto de divergência" (Brasil, 1941). Assim, se o voto vencido divergir dos demais somente com relação a uma parte da matéria apreciada, os embargos ficarão circunscritos apenas ao propósito de modificar o julgado nessa parte em que o voto vencido beneficia o acusado.

Capítulo 8

Embargos de declaração

No Código de Processo Penal (CPP), os embargos de declaração encontram-se previstos nos arts. 382, 619 e 620 (Brasil, 1941). Há, ainda, os embargos de declaração de decisões tomadas no âmbito do Juizado Especial Criminal, nos termos do art. 83 da Lei n. 9.099, de 26 de setembro de 1995 (Brasil, 1995).

Existe divergência doutrinária sobre a natureza jurídica dos embargos declaratórios. Para uma parcela da doutrina, apesar de algumas especificidades, como o fato de sua análise ficar sob a competência do próprio juízo *a quo*, os embargos de declaração têm natureza recursal.

Sustentando esse posicionamento, Grinover, Gomes Filho e Fernandes (2005, p. 228) afirmam tratar-se de "meio voluntário de impugnar decisões, utilizado antes da preclusão e na mesma relação jurídica processual, apto a propiciar o esclarecimento ou a integração da decisão"[1]. Também nessa linha, Tourinho Filho (2012, p. 454) expõe que os embargos de declaração apresentam "inegavelmente, natureza recursal, porquanto sua finalidade outra não é senão reparar o gravame produzido às partes em decorrência da ambiguidade, obscuridade, contradição ou omissão"[2].

---

[1] Já Mossin (2006, p. 426-427) explica: "Sem sombra de dúvida, os embargos de declaração se elevam à categoria de recurso. Tal assertiva se impõe, porquanto o pedido nele contido objetiva a reparação de um gravame decorrente da ambiguidade, obscuridade, contradição ou omissão havida na decisão embargada. [...] a verdade incontestável é que os embargos sob dissertação são tidos na legislação pátria como autêntico recurso, o que se observa tendo em linha de consideração que estão eles sujeitos à tempestividade, sob pena de preclusão e somente poderá interpô-los a parte que sofrer gravame".

[2] Também argumentam a favor da natureza recursal dos declaratórios: Noronha (1978, p. 377); e Espínola Filho (1980, p. 345).

Há, entretanto, os que negam a natureza recursal dos embargos de declaração, considerando que estes devem ser vistos como meio de correção dos erros materiais. Nesse sentido, segundo Tornagui (1995, p. 357-358),

> Para corrigir a injustiça, decorrente de erro de fato ou de direito, a lei oferece os recursos, propriamente ditos; para dissipar a incerteza ela enseja o remédio dos embargos de declaração, incluídos, em algumas leis, entre os recursos por motivos de ordem prática. Seguindo a boa doutrina, em meu Anteprojeto de Código de Processo Penal, excluí esses embargos do rol dos recursos e os coloquei na seção "Dos atos ordenatórios (despachos) e decisórios (sentenças)", no art. 351, como meio de correção dos erros materiais. É assim que eles figuram nas mais perfeitas legislações. Em nosso Código eles aparecem não só entre os recursos, mas também no capítulo da sentença (art. 382).

Na mesma linha, Mirabete (2006, p. 693) entende que "Seriam eles, na verdade, meios de correção do que propriamente recursos". Completando, o autor prossegue: "Por motivos de ordem prática, porém, os embargos declaratórios são incluídos na lei pátria como recursos, embora sua finalidade seja somente de esclarecer e não modificar, alterar, mudar ou corrigir substancialmente a decisão" (Mirabete, 2006, p. 693).

— 8.1 —
Cabimento

Os embargos de declaração, segundo o CPP, serão oponíveis quando: (a) na sentença houver obscuridade, ambiguidade, contradição ou omissão (art. 382); e (b) nos acórdãos proferidos pelos tribunais de segunda instância houver ambiguidade, obscuridade, contradição ou omissão (art. 619). A previsão de cabimento tem, portanto, um núcleo comum – quando houver obscuridade, ambiguidade, contradição ou omissão –, distinguindo-se os dois dispositivos quanto à possibilidade de a decisão embargada ser de primeira instância ou acórdão de segundo grau.

A Lei n. 9.099/1995, por seu turno, já define no mesmo preceito o cabimento dos embargos aclaratórios contra decisão do juiz singular do Juizado Especial ou contra acórdão do colégio ou turma recursal (art. 83, *caput*).

Toda decisão do Judiciário deve ser clara e precisa para que as partes possam ter a exata compreensão sobre o que emana do julgado e, assim, também tenham plenas condições cognitivas para dele concordar ou discordar. Portanto, de modo geral, a decisão judicial deve ser dotada de clareza e precisão suficientes para permitir que as partes reflitam com limpidez sobre sua justeza e, caso a entendam injusta, possam impugnar seu conteúdo[13].

Desse modo, apesar de o CPP falar em "sentença" (art. 382) e "acórdãos proferidos por Tribunais de Apelação", admitem-se embargos de declaração de qualquer espécie de decisão judicial (sentença ou decisão interlocutória proferida em qualquer nível de jurisdição), com o objetivo de que ela seja esclarecida ou integrada quando não tiver suficiente clareza e precisão.

Aliás, além das regras constantes no CPP, na Lei n. 9.099/1995 e no Código de Processo Civil (CPC), o art. 263 do Regimento Interno do Superior Tribunal de Justiça (STJ), com a redação dada pela Emenda Regimental n. 22/2016, e o art. 337, *caput*, do Regimento Interno do Supremo Tribunal Federal (STF) também preveem o cabimento dos embargos de declaração a serem opostos das respectivas decisões[14].

Obscuridade significa ausência de luz, de clareza, condição ou estado do que é obscuro. Em termos processuais, para fins de oposição de embargos declaratórios, devemos entendê-la – em

---

3 Sobre o papel dos embargos declaratórios, Lopes Jr. (2018, p. 1060) aponta que "servem para impugnar o ato decisório que não cumpra esses requisitos mínimos, permitindo que o juiz esclareça e até supra eventuais omissões. Mais do que isso, são os embargos de declaração declaratórios instrumentos a serviço da eficácia da garantia da motivação das decisões judiciais, pois as partes têm o direito fundamental de saber o que o juiz decidiu, como e por quê".

4 Regimento Interno do STJ: "Art. 263. Cabem embargos de declaração contra qualquer decisão judicial, a serem opostos no prazo legal, para: I – esclarecer obscuridade ou eliminar contradição; II – suprir omissão de ponto ou questão sobre a qual devia pronunciar-se o Órgão Julgador de ofício ou a requerimento; ou III – corrigir erro material" (Brasil, 2021a). Regimento Interno do STF: "Art. 337. Cabem embargos de declaração, quando houver no acórdão obscuridade, dúvida, contradição ou omissão que devam ser sanadas" (Brasil, 2020d).

um de seus sentidos figurados – como o estado do que é de difícil compreensão, é exemplo do fato de Intoligibilidade de determinado ponto da decisão.

Haverá obscuridade, portanto, quando não for possível extrair com clareza o real significado de parte(s) do julgado. O papel do recurso, nesse caso, é buscar esclarecer o objeto dos embargos (a parte da decisão da qual se pretende embargar), afastando-se incertezas e imprecisões sobre seu entendimento.

A presença da **ambiguidade** como uma das "deficiências" do julgado a ensejar os declaratórios é "penduricalho" legislativo já extinto em outros diplomas processuais, como no CPC[5] e na Lei n. 9.099/1995[6], e que permanece na obsoleta redação do CPP.

A ambiguidade é um nível de obscuridade[7]. Aquilo que é ambíguo – e que, assim, apresenta diferentes significados ou uma duplicidade deles – é, igualmente, obscuro. Portanto, ao serem previstos os embargos de declaração quando houver

---

5 O CPC prevê os embargos de declaração quando ocorrer obscuridade, contradição, omissão ou erro material: "Art. 1.022. Cabem embargos de declaração contra qualquer decisão judicial para: I – esclarecer obscuridade ou eliminar contradição; II – suprir omissão de ponto ou questão sobre o qual devia se pronunciar o juiz de ofício ou a requerimento; III – corrigir erro material. Parágrafo único. Considera-se omissa a decisão que: I – deixe de se manifestar sobre tese firmada em julgamento de casos repetitivos ou em incidente de assunção de competência aplicável ao caso sob julgamento; II – incorra em qualquer das condutas descritas no art. 489, § 1º" (Brasil, 2015a).

6 Já a Lei n. 9.099/1995 prevê: "Art. 83. Cabem embargos de declaração quando, em sentença ou acórdão, houver obscuridade, contradição ou omissão" (Brasil, 1995).

7 Segundo Grinover, Gomes Filho e Fernandes (2005, p. 230), "a obscuridade tem diversos graus, de intensidade menor ou maior, que vão desde a simples ambiguidade à total ininteligibilidade. A ambiguidade, portanto, nada mais é do que um nível de obscuridade [...]. A ambiguidade pode resultar do emprego de termos de acepção dupla ou múltipla, sem que do contexto ressalte o verdadeiro sentido no caso. Não se trata senão de um degrau de obscuridade".

obscuridade na decisão, agasalhada já está a possível ocorrência de ambiguidade no ato decisório. Desse modo, é inútil a menção à ambiguidade feita pelo CPP quando trata do cabimento dos embargos de declaração em seus arts. 382 e 619.

A **contradição** nasce quando se diz algo incoerente em relação ao que fora dito anteriormente. Com relação aos embargos, pode ser entendida como a falta de coerência – ou a discrepância – entre ideias, sentidos ou dizeres empregados na decisão, que demanda esclarecimento capaz de superar o desacordo apontado. A contradição emana, pois, de proposições que constam do julgado e que não podem ser conciliadas.

Por sua vez, **omissão** significa não dizer ou não fazer alguma coisa, é o ato ou efeito de não mencionar algo ou alguém. Na hipótese de omissão, os embargos declaratórios visam que o juiz ou o tribunal trate de algo relevante do qual não cuidou (e de que deveria ter cuidado) quando da prática do ato decisório. No que se refere à questão relevante ignorada pelo magistrado em sua decisão, ela deve ter sido trazida pela parte ou compor alguma das que devam ser por ele enfrentadas de ofício.

Nessa linha, prevê o inciso II do *caput* do art. 1.022 do CPC que os embargos de declaração são cabíveis contra decisão judicial para "suprir omissão de ponto ou questão sobre o qual devia se pronunciar o juiz de ofício ou a requerimento" (Brasil, 2015a). Na mesma diretriz, o inciso II do art. 263 do Regimento Interno do STJ (incluído pela Emenda Regimental n. 22, de 2016) dispõe sobre o cabimento do recurso para "suprir omissão de ponto ou questão sobre a qual devia pronunciar-se o Órgão Julgador de ofício ou a requerimento" (Neves, 2021.). Portanto, se a questão dependia de arguição que não foi feita pela parte, não cabem os embargos de declaração nessa hipótese.

Com relação à omissão, destacamos ainda o teor da Súmula n. 356 do STF: "O ponto omisso da decisão, sobre o qual não foram opostos embargos declaratórios, não pode ser objeto de recurso extraordinário, por faltar o requisito do prequestionamento" (Brasil, 2017, p. 204). Considerando-se que esse entendimento sumulado também é aplicado ao recurso especial, é bastante comum a oposição de embargos fundamentados em suprir omissão com objetivo único de prequestionar matéria que possa ser objeto de recurso extraordinário ou especial.

A Lei n. 9.099/1995, em seu texto original, previa o recurso quando houvesse "dúvida, obscuridade, contradição ou omissão" em ponto(s) ou parte(s) do julgado (Brasil, 1995). Com o advento da Lei n. 13.105/2015 (novo CPC), foi retirada a palavra *dúvida* como hipótese de cabimento dos embargos de declaração. Andou bem o legislador em fazer essa adaptação, uma vez que a dúvida é o estado de espírito que aparecerá quando houver os "defeitos" de obscuridade, contradição ou omissão na decisão. Logo, o estado de dúvida é apenas resultado natural decorrente da verificação de quaisquer dos três vícios previstos pelo legislador.

— 8.2 —
Legitimidade e interesse

Têm legitimidade para opor os embargos declaratórios os mesmos legitimados para interpor os recursos em geral, ou seja, o Ministério Público, o querelante, o réu e seu defensor (art. 577, *caput*, CPP). Quanto ao assistente de acusação, há legitimidade para opô-los nas situações em que ele está legitimado para recorrer. Havendo interesse recursal, mesmo a parte que obteve decisão favorável pode fazer uso dos embargos de declaração.

— 8.3 —
Prazo e procedimento

No CPP, o prazo dos embargos de declaração é de 2 dias, contados da ciência da decisão (quando em primeiro grau) ou da publicação do acórdão (nos tribunais). Já nos Juizados Especiais, podem ser opostos no prazo de 5 dias, contados da ciência da decisão a ser embargada[18].

Em regra, devem ser opostos por escrito, com as razões anexas, já que se trata de prazo único nos dois casos (CPP e Lei n. 9.099/1995). Porém, o parágrafo 1º do art. 83 da Lei n. 9.099/1995 admite que, além da forma escrita, também sejam opostos oralmente.

---

8   Prevê o art. 263, *caput*, do Regimento Interno do STJ, com a redação dada pela Emenda Regimental n. 22/2016, que os embargos de declaração devem ser "opostos no prazo legal" (Brasil, 2021a). Já o art. 337, parágrafo 1º, do Regimento Interno do STF prevê expressamente o prazo de 5 dias para os embargos de declaração.

Ao prever a possibilidade de declaração, o art. 382 do CPP não traz qualquer procedimento a ser aplicado aos embargos em primeira instância. Assim, aplica-se aos declaratórios opostos de decisões de primeiro grau (sentenças e decisões interlocutórias), por analogia, o procedimento dos embargos de declaração opostos de acórdãos (disciplinado no art. 620 do CPP), no que couber.

Portanto, os embargos de declaração do CPP devem ser opostos mediante petição escrita dirigida ao prolator da decisão embargada, já com as razões que apresentem o(s) ponto(s) em que há obscuridade (ambiguidade), contradição ou omissão. Em se tratando de embargos em 2ª instância, chegando o recurso ao relator do acórdão embargado, este pode, a depender do que verificar no caso concreto:

a. indeferi-lo liminarmente, na hipótese de não haver indicação do ponto obscuro (ambíguo), contraditório ou omisso (art. 620, § 2º, CPP). Dessa decisão de indeferimento liminar cabe agravo regimental; ou

b. apresentá-lo para que seja julgado, independentemente de revisão, na primeira sessão (art. 620, § 1º, CPP). Ao prever que, estando em ordem, deve ser diretamente apresentado a julgamento, o CPP o tem como "recurso *inaudita altera parte*, isto é, a parte contrária não é ouvida" (Tourinho Filho, 2012, p. 546), não havendo, pois, contrarrazões recursais.

Ocorre que, com a chegada do CPC de 2015, passou-se a prever a possibilidade de manifestação do embargado em contrarrazões, caso seu acolhimento possa gerar efeitos infringentes.

Nesse sentido, dispõe seu art. 1.023, parágrafo 2º: "O juiz intimará o embargado para, querendo, manifestar-se, no prazo de 5 (cinco) dias, sobre os embargos opostos, caso seu eventual acolhimento implique a modificação da decisão embargada"[9] (Brasil, 2015a). Entendemos que esse dispositivo deve ser aplicado também no âmbito do processo penal, com fundamento no art. 3º do CPP.

Por fim, ressaltamos que cabem embargos de declaração de decisão dada em embargos de declaração anteriormente opostos, desde que nela própria haja obscuridade (ambiguidade), contradição ou omissão.

— 8.4 —
Efeitos do recurso e possibilidade de efeito infringente

Quanto ao efeito devolutivo, em regra, não são cabíveis efeitos infringentes nos embargos declaratórios. É de sua essência ser

---

9   No mesmo sentido, o art. 263, parágrafo 1º, do Regimento Interno do STJ dispõe: "O embargado será intimado para, querendo, manifestar-se, no prazo legal, sobre os embargos opostos, caso seu eventual acolhimento possa implicar a modificação da decisão embargada" (Brasil, 2021a). Ainda, quanto à possibilidade de produção de efeitos infringentes nos embargos aclaratórios, estabelece o CPC: "Art. 1.026. [...] § 4º Caso o acolhimento dos embargos de declaração implique modificação da decisão embargada, o embargado que já tiver interposto outro recurso contra a decisão originária tem o direito de complementar ou alterar suas razões, nos exatos limites da modificação, no prazo de 15 (quinze) dias, contado da intimação da decisão dos embargos de declaração. § 5º Se os embargos de declaração forem rejeitados ou não alterarem a conclusão do julgamento anterior, o recurso interposto pela outra parte antes da publicação do julgamento dos embargos de declaração será processado e julgado independentemente de ratificação" (Brasil, 2015a).

meio apto apenas a clarear a decisão ou integrá-la, sem alterações substanciais. Por outro, essa dinâmica é obtida na esfera da obscuridade (ambiguidade), contradição ou omissão apontada pelo recorrente.

A modificação da decisão deve ser tentada por meio de recursos habilitados a promovê-la, como apelação, recurso em sentido estrito, agravo em execução e embargos próprios a essa tarefa, quais sejam, os infringentes. Essa é a explicação teórica que veda aos embargos de declaração a produção de efeitos que alterem a decisão em sua substância.

Quando se tratar de obscuridade ou ambiguidade, essa diretriz será mantida, pois a decisão será apenas aclarada, sem consequências de caráter infringente. Porém, existem situações fáticas nas quais, acolhidos os declaratórios, haverá inevitavelmente a produção desses efeitos, quando se reconhecer a existência de contradição ou omissão no julgado e for necessário superá-las.

Doutrina em destaque

Explicam Grinover, Gomes Filho e Fernandes (2005, p. 238): "Realmente na hipótese de ambiguidade ou obscuridade, o novo pronunciamento só esclarece o teor do primeiro, dando-lhe interpretação autêntica. Mas, havendo contradição, ao adaptar ou eliminar algumas das proposições inconciliáveis, a nova decisão altera, sob certo aspecto, a anterior. E, tratando-se de omissão, não há dúvida de que a decisão que acolheu os embargos inova abertamente, pois ela diz mais do que a outra. O que parece mais exato é afirmar que o provimento dos embargos se dá sem outra mudança no julgado, além da consistente no esclarecimento, na solução da contradição ou no suprimento da omissão".[10]

Vejamos algumas dessas situações:

a. Omite-se a análise de eventual nulidade arguida pela parte que possa afetar o mérito. Caso seja superada a omissão e se declare a existência do vício processual via embargos, haverá invalidação de ato(s) processual(is).

b. O juiz condena o acusado e não aprecia a questão de possível conversão da pena de prisão no *sursi* que foi arguida pela defesa.

c. De forma contraditória, a fundamentação do julgado vai no sentido de absolver o réu, mas o dispositivo o condena – ou, na fundamentação, o caminho indica a condenação reconhecendo a materialidade do fato e a autoria do réu, mas o dispositivo o absolve.

No que tange ao efeito suspensivo, devemos ter cautela para concluir se ele está ou não presente nos embargos de declaração. Como visto, via de regra, eles não têm o papel de alterar a substância do julgado. Assim, ainda que opostos, não teriam o condão de suspender a eficácia imediata do julgado, pois não se

---

10 Ver também: Nucci (2005, p. 941).

prestam a modificar seu conteúdo. Portanto, prevalece o entendimento de que não têm efeito suspensivo.

No entanto, entendemos ser necessário contextualizar de forma acurada a questão desse efeito na via dos declaratórios, mesmo porque, excepcionalmente, eles produzem efeitos infringentes.

— 8.5 —
Efeito da oposição dos embargos de declaração em relação aos prazos de outros recursos

Tema que já foi objeto de maior debate diz respeito ao efeito da oposição dos embargos de declaração em relação ao prazo de outros possíveis recursos a serem interpostos pela parte. Lembramos que, no campo processual, havendo sua interrupção, quando o prazo for reaberto, será contado em sua inteireza, ao passo que, se o efeito for de suspensão, ao ser retomada a contagem do prazo, será considerado apenas seu período faltante.

Exemplificando

Exemplo 1:

Se o réu toma conhecimento da sentença condenatória e deseja apelar, mas há um ponto omisso no julgado que deve ser enfrentado via embargos declaratórios antes da utilização do apelo. Ao serem opostos os embargos de declaração, o prazo de apelação ficará interrompido ou suspenso?

Exemplo 2:

A acusação pretende interpor recurso especial ao STJ contra o acórdão prolatado no tribunal de 2º grau, mas, antes de tomar essa providência, precisa embargar declaração, pois há contradição na decisão. Nesse caso, com a oposição dos declaratórios, haverá interrupção ou suspensão do prazo para o recurso especial?

Tais questionamentos surgem, principalmente, pelo fato de o CPP ficar em silêncio, não prevendo, nos arts. 382 e 619, se haverá interrupção ou suspensão dos prazos dos demais recursos quando da oposição dos embargos de declaração.

A questão se resolve, a nosso ver, por meio de analogia com o CPC, art. 1.026, *caput*, que prevê: "Os embargos de declaração não possuem efeito suspensivo e interrompem o prazo para a interposição de recurso" (Brasil, 2015a). Nessa diretriz, Lopes Jr. (2018, p. 1062) comenta:

> Não se trata de suspender, mas sim de interromper o prazo dos demais recursos, na medida em que deverá fluir por inteiro. Nesse ponto, após longa divergência doutrinária, a questão pacificou-se no sentido da aplicação analógica do art. 1.026 do

novo CPC (diante da omissão do CPP), com a interrupção dos prazos recursais.

No início desta seção, mencionamos que o debate já foi mais intenso em relação a essa divergência. Isso porque, após a alteração feita pela Lei n. 13.105/2015 (novo CPC), no parágrafo 2º do art. 83 da Lei n. 9.099/1995, passou-se a prever, para o sistema do Juizado Especial, que "Os embargos de declaração interrompem o prazo para a interposição de recurso" (Brasil, 1995).

Havia os que sustentavam que, na omissão do CPP, a analogia deveria ser feita com a Lei n. 9.099/1995[11], a qual, em seu texto original – antes da alteração referida –, previa que os embargos de declaração suspendiam os prazos dos outros recursos (texto do parágrafo 2º do art. 83 antes de modificado pela Lei n. 13.105/2015).

Assim, instalou-se o debate entre os que defendiam a analogia com a Lei n. 9.099/1995 e os que a sustentavam com base no CPP. A despeito da existência dessa controvérsia, o fato é que, atualmente, perdeu sentido prático o debate, já que, nos dois casos, a conclusão, após o uso da analogia, é a de que os embargos de declaração do CPP também interrompem o prazo para eventuais novos recursos. Dessa forma, após a intimação ou a publicação da decisão dada em relação aos embargos, os prazos para outros possíveis recursos são contados por inteiro.

---

11 Para verificar esse posicionamento a favor da analogia com a Lei n. 9.099/1995, e não com o CPP, ver: Mirabete (2006, p. 695); e Bonfim (2012, p. 843-844).

Por sua vez, o art. 265 do Regimento Interno do STJ (com a redação dada pela Emenda Regimental n. 22/2016) prevê: "Os embargos de declaração interrompem o prazo para a interposição de recursos por qualquer das partes, salvo quando manifestamente protelatórios, na forma do § 4º do art. 1.026 do Código de Processo Civil" (Brasil, 2021a).

Portanto, o Regimento Interno do STJ acompanha a regra de que, com a oposição dos declaratórios, ocorre a interrupção do prazo para os outros recursos, com a ressalva de que não há efeito interruptivo no caso de serem considerados manifestamente protelatórios.

Também não interrompem os prazos de interposição de outros recursos quando opostos intempestivamente ou quando manifestamente incabíveis.

Jurisprudência em destaque

STF, Agravo Regimental em Recurso Extraordinário com Agravo n. 770.405/ES:

"AGRAVO REGIMENTAL EM RECURSO EXTRAORDINÁRIO COM AGRAVO. MATÉRIA PENAL. EMBARGOS DECLARATÓRIOS NÃO CONHECIDOS. CARÁTER PROTELATÓRIO. INTEMPESTIVIDADE DO RECURSO EXTRAORDINÁRIO. O recurso extraordinário foi protocolado quando já transcorrido o prazo de quinze dias previsto no art. 26 da Lei n. 8.038/1990. A jurisprudência deste

Tribunal é firme no sentido de que embargos de declaração opostos na origem, quando julgados manifestamente incabíveis, intempestivos ou inexistentes, não suspendem nem interrompem o prazo para a interposição do recurso extraordinário. Agravo regimental a que se nega provimento (Brasil, 2014b).[112]

STJ, Agravo Regimental no Agravo em Recurso Especial n. 606.677/SP:

"AGRAVO REGIMENTAL NO AGRAVO EM RECURSO ESPECIAL. CONSTRANGIMENTO ILEGAL, AMEAÇA E CÁRCERE PRIVADO. EMBARGOS DE DECLARAÇÃO OPOSTOS FORA DO PRAZO DE 2 DIAS. NÃO CONHECIMENTO. INTEMPESTIVIDADE. NÃO INTERRUPÇÃO DO PRAZO PARA A INTERPOSIÇÃO DE OUTROS RECURSOS. APELO NOBRE INTEMPESTIVO. 1. Em matéria penal, o prazo para a oposição dos embargos de declaração é de 2 dias a contar da data da publicação da decisão embargada (art. 619 do CPP). 2. A jurisprudência deste Sodalício assevera que a medida integrativa apresentada intempestivamente não interrompe o prazo para a interposição de outro recurso. 3. No caso, após o julgamento da apelação na Corte de origem (publicada em 25/11/2013 – e-STJ fl. 570), o recorrente protocolou, em 29/11/2013 (e-STJ fl. 573), embargos de declaração, os quais não foram conhecidos por serem extemporâneos (opostos fora do prazo de 2 dias – art. 619 do CPP) e, consequentemente, o recurso

---

12 Ver também: STF, AI n. 624.757 AgR, Rel. Min. Ricardo Lewandowski, DJ 22/06/2007.

especial também não foi conhecido, uma vez que intempestivos (os aclaratórios intempestivos não interrompem o prazo de 15 dias para a apresentação do recurso extremo). 4. Agravo regimental improvido" (Brasil, 2015b).[13]

Contudo, como exceção ao que vimos até o momento, o Regimento Interno do STF prevê que, salvo quando meramente protelatórios, a oposição dos declaratórios apenas suspende os prazos para interposição de outros recursos (art. 339[14]). Nesse caso, sendo apenas suspensivo o efeito gerado pela oposição dos aclaratórios, quando voltarem a correr os prazos dos demais recursos, será computado apenas o período restante.

---

13 No mesmo sentido, ver: STJ, EDcl nos EDcl no AgRg no AREsp n. 364.076/SP, Rel. Min. Maria Thereza de Assis Moura, DJe 25/02/2015.

14 Regimento Interno do STF: "Art. 339. Os embargos declaratórios suspendem o prazo para interposição de outro recurso, salvo na hipótese do § 2º deste artigo. § 1º O prazo para a interposição de outro recurso, nos termos deste artigo, é suspenso na data de interposição dos embargos de declaração, e o que lhe sobejar começa a correr do primeiro dia útil seguinte à publicação da decisão proferida nos mesmos embargos. § 2º Quando meramente protelatórios, assim declarados expressamente, será o embargante condenado a pagar ao embargado multa não excedente de um por cento sobre o valor da causa" (Brasil, 2020d).

Capítulo 9

Correição parcial

Quanto à natureza jurídica da correição parcial, prevalece o entendimento de que tal instrumento tem natureza recursal. Sem embargo, há, ainda, quem a defina como providência administrativo-disciplinar[1], providência administrativo-judiciária[2], recurso administrativo, medida disciplinar, ou manifestação do direito de petição constitucional.

Concordamos com o posicionamento majoritário. Isso porque, como a correição parcial serve "para os tribunais reformarem decisão judicial que tenha causado problemas ao regular desenvolvimento do processo, apresenta os elementos essenciais de todo recurso, não se podendo negar-lhe essa natureza"[3] (Grinover; Gomes Filho; Fernandes, 2005, p. 255).

---

1 Marques (1965, p. 318) sustenta ser a correição parcial "um sucedâneo recursal que a praxe acabou legitimando, mas que atenta flagrantemente contra os princípios que regem as fontes normativas do Direito Processual. Nasceu, essa estranha figura, em leis locais de organização judiciária, sob forma de providência administrativo-disciplinar destinada a corrigir erros que tumultuam o processo".

2 Seguindo a linha que nega a natureza recursal à correição parcial, Mirabete (2006, p. 734-735) a define como "espécie de providência administrativo-judiciária prevista normalmente pelos regimentos internos dos tribunais inferiores".

3 Porém, antes de defenderem sua natureza recursal e a respeito da evolução dessa polêmica, os mesmos autores afirmam: "A correição, que pelo seu próprio nome deveria ser medida de caráter disciplinar, foi com o tempo, firmando-se como típico recurso processual. Não foi rápida, nem pacífica, contudo, a aceitação pela doutrina e pela jurisprudência dessa natureza" (Grinover; Gomes Filho; Fernandes, 2005, p. 255). Considerando-a como recurso, Tourinho Filho (2012, p. 546) pondera: "Na doutrina muito se discute a respeito de sua natureza, se bem que a maioria, ante a estrutura que lhe foi dada em alguns Estados, a considere como tal, sem lhe negar, contudo, o acentuado colorido de providência administrativo-disciplinar, visando a corrigir abusos e erros do Juiz e que impliquem inversão tumultuária dos atos e fórmulas de ordem legal do processo, desde que não haja recurso específico". Para Badaró (2015, p. 670), "Trata-se de recurso, pois visa a corrigir erro de ato processual que causou gravame à parte. Ainda que, secundariamente, a medida tenha finalidade administrativo-disciplinar, por meio dele se obtém alteração de atos processuais por órgão superior do Poder Judiciário, o que lhe confere a natureza de recurso".

A correição parcial não está prevista no Código de Processo Penal (CPP) nem no Código de Processo Civil (CPC). Em regra, portanto, a disciplina da correição parcial é dada pelos Regimentos Internos dos Tribunais e/ou Códigos (ou Leis) de Organização Judiciária dos Estados. Também encontra assento na Lei n. 5.010, de 30 de maio de 1966, que organiza a Justiça Federal de primeira instância (Brasil, 1966).

Dessa forma, além de seus aspectos gerais estruturantes comumente encontrados na doutrina, utilizaremos como fonte principal de nosso estudo o Regimento Interno do Tribunal de Justiça do Estado do Paraná (TJPR), que trata da matéria em seus arts. 353 a 356. Em alguns pontos, por meio de notas de rodapé, faremos comparações com os regimentos do Tribunal Regional Federal da 4ª Região (TRF4), do Tribunal de Justiça do Estado de São Paulo (TJSP), do Tribunal de Justiça do Estado do Rio Grande do Sul (TJRS) e, também, do Código de Organização Judiciária do Estado do Rio Grande do Sul (Coje-RS - Lei Estadual n. 7.356, de 1º de fevereiro de 1980).

— 9.1 —
Cabimento

De maneira geral, será cabível a correição parcial quando houver tumulto processual, ou mais especificamente, quando houver prática de ato judicial que configure erro ou abuso que importe inversão tumultuária dos atos e fórmulas legais e não houver recurso específico para impugnar a conduta do magistrado.

A correição parcial é, assim, recurso destinado a "corrigir apenas *error in procedendo*, ou seja, erro de procedimento decorrente da prática de ato que provoque tumulto no processo. Não se presta, portanto, à reparação de *error in judicando* – erro quanto à decisão que revestir questão de mérito" (Mirabete, 2006, p. 737). Deve, também, ser utilizada somente quando do ato judicial tumultuário não houver outro recurso previsto para impugná-lo.

Alguns regimentos internos de tribunais e códigos de organização judiciária, partindo da previsão da ocorrência de inversão tumultuária do processo, são mais abrangentes na definição do cabimento do recurso.

Nesse sentido, o art. 353 do Regimento Interno do TJPR prevê: "A correição parcial visa à emenda de erros ou abusos que importem na inversão tumultuária de atos e fórmulas legais, na paralisação injustificada dos feitos ou na dilação abusiva de prazos, quando, para o caso, não haja recurso previsto em lei"[14] (Paraná, 2021).

Portanto, com base nesse dispositivo, que ressalta seu caráter subsidiário, tal recurso será cabível quando houver:

a. erros ou abusos que reflitam na inversão tumultuária de atos e fórmulas legais;
b. erros ou abusos que acarretem a paralisação injustificada dos feitos;
c. erros ou abusos que impliquem a dilação abusiva de prazos.

Entre outras, admitem interposição de correição parcial as seguintes decisões:

a. quando o Ministério público requerer ao magistrado o retorno dos autos de inquérito policial à autoridade policial para novas diligências, imprescindíveis ao oferecimento da denúncia (art. 16, CPP), e o pedido for indeferido[15];

---

4 No Rio Grande do Sul, embora o Regimento Interno do TJRS também traga disposições sobre a correição parcial, nos arts. 299 a 302 – "Art. 299. No processamento da correição parcial, que competir às Câmaras Cíveis e Criminais Separadas, serão observadas as normas previstas no Código de Organização Judiciária do Estado e neste Regimento" (Rio Grande do Sul, 2018) –, o tema vem disciplinado principalmente no art. 195 do Coje-RS, que traz previsão de cabimento igual à do Regimento Interno do TJPR. No Regimento Interno do TRF4, há previsão bem semelhante às do Regimento Interno do TJPR e do Coje-RS, conforme se verifica no seguinte dispositivo: "Art. 164. A correição parcial visa à emenda de erros ou abusos que importem a inversão tumultuária de atos e fórmulas legais, a paralisação injustificada dos processos ou a dilação abusiva dos prazos pelos Juízes de primeiro grau, quando, para o caso, não haja recurso previsto em lei" (Brasil, 2019c). Em São Paulo, o recurso consta dos arts. 211 a 215 do Regimento Interno do TJSP e, partindo de previsão mais genérica, é admitido apenas no processo penal: "Art. 211. Cabe correição parcial, no processo penal, para a emenda de erro ou abuso que importe inversão tumultuária dos atos e fórmulas processuais, quando não previsto recurso específico" (São Paulo, 2013).
5 Ver: RT 394/198, 556/342, 572/319, 573/363.

b. indeferimento de oitiva de testemunha regularmente arrolada e cuja intimação é legal[16];
c. indeferimento de oitiva de testemunha arrolada no momento oportuno[17];
d. indeferimento de requerimento de instauração de incidente de insanidade mental do acusado[18];
e. decisão que, ao receber a denúncia, alterou a classificação jurídica do fato[19];
f. prorrogação do período de prova da suspensão condicional do processo (art. 89, Lei n. 9.099/1995) em razão de instauração de nova ação penal contra o réu[110].

— 9.2 —
Legitimidade

Podem interpor a correição parcial os legitimados comuns para recorrer: Ministério Público, querelante, acusado e seu defensor (art. 577, *caput*, CPP)[111]. Quanto ao assistente de acusação,

---

6   Ver: TJPR, Proc. 110760600, 1ª Câmara Criminal, j. em 12/12/2001.
7   Ver: RJDTACRIM 3/171.
8   Ver: RT 596/335.
9   Ver: RT 610/337.
10 Ver: RT 805/575.
11 O art. 6º, inciso I, da Lei n. 5.010/1966 prevê "correição parcial requerida pela parte ou pela Procuradoria da República" (Brasil, 1966). No Coje-RS, há a seguinte previsão: "Art. 195. [...] § 1º O pedido de correição parcial poderá ser formulado pelos interessados ou pelo órgão do Ministério Público, sem prejuízo do andamento do feito" (Rio Grande do Sul, 1980).

há discussão sobre a existência ou não de legitimidade para interpô-la.

Conforme mencionado no Capítulo 2, há uma tendência em se dar maior abrangência à legitimidade do assistente de acusação para além das hipóteses definidas no caput do art. 271, c.c, art. 584 parágrafo 1º (recurso em sentido estrito supletivo no caso de extinção da punibilidade), e art. 598 (apelação supletiva), do CPP.

Há, portanto, posicionamento que sustenta haver legitimidade do assistente de acusação para a correição parcial, não devendo sua possibilidade de interpor recursos ficar restrita apenas às duas hipóteses citadas. Entretanto, o tema não é pacífico.

Doutrina em destaque

Defendendo a legitimidade do assistente de acusação para interpor a correição parcial, Tourinho Filho (2012, p. 569) afirma: "O legislador admitiu a figura do assistente como interveniente adesivo facultativo tendo em vista seus interesses quanto à satisfação do dano. Desse modo, sempre que houver uma decisão que ponha em xeque esse seu direito, evidente sua legitimação para recorrer. [...] Observe-se que o Código é de 1942 e, àquela época, a correição nem sequer era considerada recurso. Daí, talvez, a omissão do art. 271. Evidente que se o Juiz cometer abuso de poder, e para julgá-lo não houver recurso previsto em lei, nada obsta a possa ela assistente dele valer-se."

No entanto, o próprio autor admite que seu posicionamento encontra resistência, ao mencionar que "o Tribunal de Justiça do Estado de São Paulo não lhe reconheceu legitimidade para interpor correição, limitando seu poder de recorrer às hipóteses previstas no art. 271 (cf. Correição Parcial n. 195.081-3, j. 24-10-1996, Bol. IBCCrim n. 52, p.184)" (Tourinho Filho, 2012, p. 569).[112]

— 9.3 —
Procedimento

Determina o parágrafo único do art. 353 do Regimento Interno do TJPR que "O procedimento da correição parcial será o do agravo de instrumento, conforme disciplinado na lei processual civil" (Paraná, 2021). Assim, no âmbito da Justiça Estadual do Paraná (assim como em outros tribunais)[13], aplica-se à correição parcial o rito do agravo de instrumento.

---

12 Também pelo reconhecimento de legitimidade do assistente de acusação para interpor correição parcial, ver: Mossin (2006, p. 488); e RT 748/693.

13 O Regimento Interno do TJSP também estabelece a aplicação do rito do agravo de instrumento à correição parcial (art. 212), previsão que não consta no Regimento Interno do TRF4 nem no Coje-RS, os quais estabelecem o prazo de 5 dias para a interposição do recurso. Vejamos o teor do Regimento Interno do TRF4: "Art. 164. [...] § 1º O prazo para sua interposição é de cinco dias, contados da ciência do ato ou da omissão que lhe deu causa, por meio do sistema de processo eletrônico do Tribunal" (Brasil, 2019c); agora o do Coje/RS: "Art. 195. [...] § 2º É de cinco dias o prazo para pedir correição parcial, contado a partir da data em que o interessado houver tido ciência, inequivocamente, do ato ou despacho que lhe der causa" (Rio Grande do Sul, 1980). Tal prazo não corresponde ao do agravo de instrumento, que, segundo o art. 1.003, parágrafo 5º, do CPC, é de 15 dias.

Seguindo o art. 354 do Regimento Interno do TJPR, após a distribuição da correição parcial, o desembargador relator contará com as seguintes possibilidades:

1. Deferir liminarmente a medida acautelatória do interesse da parte ou da exata administração da Justiça se relevantes os fundamentos do pedido e houver probabilidade de prejuízo em caso de retardamento. Portanto, o relator concederá a liminar caso presentes os requisitos do *fumus boni iuris* (quando "relevantes os fundamentos do pedido") e do *periculum in mora* (quando "houver probabilidade de prejuízo em caso de retardamento")[14].

2. Rejeitar de plano a correição quando:
    a. Intempestiva ou deficientemente instruída. São duas hipóteses no mesmo inciso: (i) intempestividade, que significa a inobservância do prazo de interposição; e (ii) deficiência

---

[14] O Coje-RS assim estabelece: "Art. 195. [...] § 6º A correição parcial, antes de distribuída, será processada pelo Presidente do Tribunal de Justiça ou por um de seus Vice-Presidentes, que poderá exercer as seguintes atribuições do Relator: a) deferir liminarmente a medida acautelatória do interesse da parte ou da exata administração da justiça, se relevantes os fundamentos do pedido e houver probabilidade de prejuízo em caso de retardamento, podendo ordenar a suspensão o feito" (Rio Grande do Sul, 1980). Por sua vez, o Regimento Interno do TJSP prevê: "Art. 213. O relator poderá suspender liminarmente a decisão que deu motivo ao pedido correcional, se relevante o fundamento e quando do ato impugnado puder resultar a ineficácia da medida" (São Paulo, 2013). Tratando também da possibilidade de concessão de liminar, o Regimento Interno do TRF4 fixa que o relator poderá: "Art. 164. [...] § 3º [...] I – deferir, liminarmente, a medida acautelatória do interesse da parte, se relevantes os fundamentos do pedido, e, havendo probabilidade de prejuízo irreparável, em caso de retardamento, ordenar a suspensão do feito, até final decisão pelo colegiado" (Brasil, 2019c).

na instrução do pedido[15]. Contudo, nesta última, não se trata de rejeição de plano automática, pois o parágrafo 1º do art. 354 do Regimento Interno do TJPR assim determina: "Antes de rejeitar a petição inicial deficientemente instruída, o relator deverá conceder à parte oportunidade para, se possível, corrigir o vício, nos termos do art. 317 do Código de Processo Civil"[16] (Paraná, 2021).

b. Inepta a petição inicial. A inépcia é causa de indeferimento da petição inicial (art. 330, I, CPC) consistente na ausência de aptidão para produzir o resultado pretendido. Conforme dispõe o CPC (art. 330, § 1º), a petição inicial será considerada inepta quando: "I – lhe faltar pedido ou causa de pedir; II – o pedido for indeterminado, ressalvadas as hipóteses legais em que se permite o pedido genérico; III – da narração dos fatos não decorrer logicamente a conclusão; IV–contiver pedidos incompatíveis entre si" (Brasil, 2015a).

---

15   O Coje-RS dispõe: "Art. 195. [...] § 3º A petição deverá ser devidamente instruída com documentos e certidões, inclusive a que comprove a tempestividade do pedido. § 4º Não se tomará conhecimento de pedido insuficientemente instruído [...] § 6º [...] b) rejeitar de plano o pedido, se intempestivo ou deficientemente instruído, se inepta a petição, se do ato impugnado houver recurso ou se, por outro motivo, for manifestamente incabível a correição parcial" (Rio Grande do Sul, 1980). Já o Regimento Interno do TRF4 estabelece: "Art. 164. [...] § 2º O pedido de correição parcial será distribuído ao Relator competente, devendo ser instruído com documentos e certidões, inclusive os que comprovem a tempestividade do pedido, sem prejuízo do prosseguimento do processo" (Brasil, 2019c). Ao receber o recurso, caberá ao relator: "Art. 164. [...] § 3º [...] II – rejeitar, de plano, o pedido, se inepto, intempestivo ou insuficientemente instruído, bem como negar seguimento ao pleito correicional manifestamente inadmissível, improcedente ou prejudicado" (Brasil, 2019c).

16   CPC: "Art. 317. Antes de proferir decisão sem resolução de mérito, o juiz deverá conceder à parte oportunidade para, se possível, corrigir o vício" (Brasil, 2015a).

c. Do ato impugnado couber recurso. Novamente marcando o caráter subsidiário da correição parcial (assim como ocorre na parte final do art. 353, caput, do Regimento Interno do TJPR: "quando, para o caso, não haja recurso previsto em lei" - Paraná, 2021), o regimento prevê que, caso não seja observada essa supletividade pelo recorrente, deverá ser rejeitada de plano.

d. Por outro motivo, for manifestamente incabível. Trata-se de previsão genérica, de cláusula aberta que pode abarcar situações que claramente não apresentam nenhuma das hipóteses de cabimento.

3. Requisitar informações ao magistrado, que deverá fornecê-las no prazo de 15 dias. Porém, o parágrafo 2º do art. 354 do Regimento Interno do TJPR autoriza que, nos casos urgentes, estando o pedido suficientemente instruído, as informações podem ser dispensadas pela relatoria[17].

Em âmbito federal, a Lei n. 5.010/1966 estabelece que compete ao Conselho da Justiça Federal: "Art. 6º [...] I - conhecer de

---

17 No Rio Grande do Sul, há previsões também nesse sentido: (a) Coje-RS: "Art. 195. [...] § 5º O Magistrado prestará informações no prazo de dez dias; nos casos urgentes, estando o pedido devidamente instruído, poderão ser dispensadas as informações do Juiz" (Rio Grande do Sul, 1980); (b) Regimento Interno do TJRS: "Art. 300. Nos casos urgentes, estando o pedido devidamente instruído, poderão ser dispensadas as informações do Juiz" (Rio Grande do Sul, 2018). Por sua vez, o Regimento Interno do TRF4 prevê: "Art. 164. [...] § 3º Recebido o pedido de correição parcial, o Relator determinará, se for o caso, a notificação do magistrado requerido para prestar informações, no prazo de dez dias. § 4º Decorrido o prazo das informações, o Relator poderá solicitar parecer do Ministério Público Federal, em matéria penal, no prazo de dez dias. Se for caso de intervenção em processo de natureza cível, o prazo para parecer é de trinta dias. Após, com ou sem parecer, o Relator apresentará os autos em mesa para julgamento da Turma" (Brasil, 2019c).

correição parcial requerida pela parte ou pela Procuradoria da República, no prazo de cinco dias, contra ato ou despacho de Juiz de que não caiba recurso, ou comissão que importe erro de ofício ou abuso de poder" (Brasil, 1966).

Fechando o tema, destacamos que, no Regimento Interno do TJPR, os arts. 355 e 356 preveem, respectivamente: "Julgada a correição, far-se-á imediata comunicação ao Juiz, com posterior remessa de cópia do acórdão"[18]; e "Se o caso comportar pena disciplinar, a turma julgadora determinará a remessa de peças dos autos ao Corregedor-Geral da Justiça para as providências cabíveis"[19] (Paraná, 2021).

Encontra-se aí o seu caráter correicional. Salientamos que nem sempre será caso de remeter cópia dos autos à Corregedoria-Geral da Justiça, devendo-se assim proceder somente quando a conduta do magistrado for passível de pena disciplinar. Entretanto, mesmo que lhe sejam encaminhados os autos, a Corregedoria-Geral avaliará de forma independente se será o caso de tomar providências contra o juiz.

---

[18] O Regimento Interno do TJRS determina: "Art. 301. Julgada a correição, far-se-á imediata comunicação ao Juiz, sem prejuízo de posterior remessa de cópia do acórdão" (Rio Grande do Sul, 2018). Já o Regimento Interno do TJSP prevê: "Art. 214. Julgada a correição, será o juízo de origem imediatamente comunicado" (São Paulo, 2013). Ainda, conforme o Regimento Interno do TRF4: "Art. 164. [...] § 5º O resultado do julgamento será imediatamente comunicado ao Juiz, remetendo-se-lhe, posteriormente, cópia do acórdão" (Brasil, 2019c).

[19] O Regimento Interno do TJRS estabelece: "Art. 302. Quando for deferido o pedido e envolver matéria disciplinar, os autos serão encaminhados ao Corregedor-Geral da Justiça" (Rio Grande do Sul, 2018). Da mesma maneira, o Regimento Interno do TJSP dispõe: "Art. 215. Se o caso comportar pena disciplinar, a turma julgadora determinará a remessa de peças dos autos ao Corregedor Geral da Justiça, para as providências cabíveis" (São Paulo, 2013).

Capítulo 10

Recurso especial e recurso extraordinário

Os recursos especial e extraordinário têm diversas características comuns que tornam possível estudá-los em conjunto. Analisaremos separadamente, portanto, apenas temas específicos de cada um.

Como visto na classificação dos recursos (Capítulo 2), de acordo com o bem jurídico tutelado (ou quanto ao objeto), os recursos especial e extraordinário são considerados recursos extraordinários em sentido lato. Isso significa que:

a. Ambos têm por objeto direto a tutela de direito objetivo. O objeto do especial é a tutela do direito objetivo editado na legislação infraconstitucional federal, com o escopo de preservar sua autoridade, integridade e uniformidade interpretativa. Já o objeto do extraordinário (em sentido estrito) é a preservação do direito objetivo sob a ótica da garantia da autoridade e integridade da Constituição Federal (CF) de 1988.

b. Permitem apenas a alegação de matéria de direito, e não de fato, o que foi consolidado, inclusive, pela Súmula n. 279 do Supremo Tribunal Federal (STF): "Para simples reexame de prova não cabe recurso extraordinário" (Brasil, 2017, p. 160); e pela Súmula n. 7 do Superior Tribunal de Justiça (STJ): "A pretensão de simples reexame de prova não enseja recurso especial" (Brasil, 2021b, p. 13).

Entretanto, essa restrição requer avaliação cautelosa de seu real significado. É da natureza dos recursos em estudo, como vimos, serem instrumentos aptos a dar guarida apenas à tutela do direito objetivo. Assim, caso fosse permitida a simples verificação isolada do conjunto probatório, seus fins seriam desvirtuados.

Contudo, ao se analisar a questão de fundo relativa ao direito objetivo, em que são debatidas a integridade e a unidade da norma jurídica constitucional ou legal federal, fica evidenciado que aspectos probatórios legais e aspectos fáticos são, muitas vezes, essenciais aos rumos interpretativos sobre a ofensa ou não da norma.

É possível concluir, desse modo, que os recursos extraordinários não devem ser utilizados para mero reexame de prova, ou seja, quando a reavaliação do quadro probatório for o único ponto explorado pelo recorrente. O que se veda são as análises fática e probatória desgarradas de qualquer possibilidade de, também, servirem de base contextual para avaliar a tutela do direito objetivo.

Doutrina em destaque

Grinover, Gomes Filho e Fernandes (2005, p. 270) esclarecem: "Assim, nos recursos extraordinário e especial, o que não se admite é o simples reexame de provas, como enfatizam as duas súmulas mencionadas. Isso implica em que o STF e o STJ não avaliam mais as provas que foram aceitas ou rejeitadas pelo órgão inferior como base da decisão recorrida. Não se exclui, entretanto, a reapreciação de questões atinentes à disciplina legal da prova e também à qualificação jurídica de fatos assentados no julgamento de recursos ordinários".

Na mesma direção, Badaró (2015, p. 875) afirma: "Toda questão jurídica envolve matéria fática e matéria de direito. O que existe são questões predominantemente de fato e questões predominantemente de direito. As matérias fáticas que levariam apenas a um reexame da prova estão excluídas dos recursos especial e extraordinário, nos termos da Súmula 279 do STF e da Súmula 7 do STJ. É possível, porém, a interposição do recurso especial e extraordinário para se questionarem os critérios de apreciação da prova, a errada aplicação das regras de experiência, a utilização de prova ilícita, a nulidade da prova, o valor legal da prova, as presunções legais, ou a distribuição do ônus da prova, pois todas estas questões não são 'de fato', mas 'de direito'. Também é possível, em recurso especial e extraordinário, questionar a qualificação jurídica dada a um determinado fato, ou a valoração e interpretação conferida a conceitos juridicamente indeterminados (por exemplo, boa-fé, injúria grave, justa causa etc.)".

c. São recursos de fundamentação vinculada, ou seja, não admitem como razão de impugnação um motivo qualquer, mas somente aqueles fundamentos delimitados pelo legislador. Nos casos do extraordinário e do especial, somente podem ser interpostos em conformidade com os motivos fixados pelo constituinte (respectivamente, os do art. 102, inciso III, e do art. 105, inciso III, da CF/1988), que presumem ter havido contrariedade à Constituição ou a lei infraconstitucional federal.

A título introdutório, também vale mencionar que o art. 638 do Código de Processo Penal (CPP) ganhou nova redação com o advento da Lei n. 13.964/2019, passando, assim, a prever que os recursos extraordinário e especial "serão processados e julgados no STF e no STJ na forma estabelecida por leis especiais, pela lei processual civil e pelos respectivos regimentos internos" (Brasil, 1941).

A alteração promoveu uma adaptação da já bem desgastada redação do dispositivo. O CPP entrou em vigor em 1942, muito antes, portanto, da própria existência do STJ e do recurso especial, que nasceram somente com a CF/1988.

Ressaltamos que vários dos posicionamentos sumulados têm origem em momento precedente à criação do STJ. Dessa forma, muitas súmulas que se referem expressamente apenas ao recurso extraordinário são aplicáveis, igualmente, ao especial.

— 10.1 —
Requisitos específicos de admissibilidade

Além dos tradicionais pressupostos de admissibilidade (vistos no Capítulo 2), os recursos especial e extraordinário apresentam pressupostos específicos. Entre estes, há os que são obrigatórios a ambos e os que são próprios de cada um.

São **requisitos de ambos**:

- o prequestionamento;
- o esgotamento das vias recursais ordinárias (analisaremos este último quando cuidarmos do cabimento desses recursos, portanto não lhe dedicaremos um tópico em separado).

São **requisitos próprios do recurso extraordinário**:

- a repercussão geral;
- a existência de questão jurídica de ordem constitucional.

São **pressupostos próprios do recurso especial**:

- a existência de questão jurídica de natureza infraconstitucional que envolva lei federal;
- a relevância da questão de direito federal infraconstitucional discutida no caso, nos termos da lei (EC n. 125/2022). Há relevância da questão nas ações: penais; de improbidade administrativa; com valor da causa acima de 500 salários- mínimos; quando o acórdão atacado contraria jurisprudência dominante do STJ; outras hipótese definidas em lei.

— 10.1.1 —
Prequestionamento

Uma das exigências que constituem requisito específico para admissão a julgamento de qualquer dos dois recursos é o prequestionamento, ou seja, "o prévio tratamento do tema de direito federal **pela decisão recorrida**" (Grinover; Gomes Filho; Fernandes, 2005, p. 271, grifo do original). É necessário que a questão de direito federal (constitucional ou que versa sobre lei federal) seja arguida e enfrentada no julgado impugnado. Portanto, a matéria que for objeto de recurso especial ou extraordinário não pode ser nele trazida de forma pioneira.

Veda-se, assim, o ineditismo no encaminhamento da questão jurídica em via recursal não ordinária. O prequestionamento, aliás, é requisito que nasce da própria natureza extraordinária desses recursos. Nesse sentido, a Súmula n. 282 do STF define: "É inadmissível o recurso extraordinário, quando não ventilada, na decisão recorrida, a questão federal suscitada" (Brasil, 2017, p. 162). Duas são, a princípio, as espécies de prequestionamento:

1. **Expresso (ou explícito)**: ocorre quando o dispositivo constitucional ou da lei infraconstitucional federal que teria sido violado foi expressamente mencionado pelo tribunal *a quo* (ou turma recursal, no caso de recurso extraordinário) na decisão combatida. Nesse caso, portanto, o julgado que originou o recurso enfrentou expressamente a questão jurídica ventilada.

2. **Implícito (ou presumido)**: ocorre quando foi discutido o objeto do recurso no julgado impugnado, mas não foi feita indicação expressa do dispositivo supostamente ofendido. Aqui, o órgão *a quo* não enfrentou expressamente a questão jurídica trazida pela parte.

O STJ costuma aceitar o prequestionamento implícito, e divergências dele têm julgamento ora não mantido. Já no STF, há tendência de se manter a exigência pela forma explícita de prequestionamento.

Jurisprudência em destaque

STJ, Recurso Especial n. 704.331/MG:

"RECURSO ESPECIAL. PREVIDENCIÁRIO. AUSÊNCIA DE PREQUESTIONAMENTO. PARCELAS NÃO INTEGRANTES DO SALÁRIO-DE-CONTRIBUIÇÃO. Inviável em sede de recurso especial apreciação de matéria cujo tema não fora objeto de discussão no acórdão recorrido, uma vez que cabe ao Tribunal *a quo* manifestar-se sobre o tema, quando ventilado, tendo em vista a exigência do indispensável prequestionamento. Aplicação das Súmulas 282 e 356/STF. A jurisprudência deste STJ assentou, pacificamente, a orientação de que é de se exigir o prequestionamento, ao menos implícito, para a viabilização do acesso à via excepcional. Recurso não conhecido" (Brasil, 2005c).[1]

STF, Agravo Regimental no Recurso Extraordinário n. 372.698/AM:

"AGRAVO REGIMENTAL NO RECURSO EXTRAORDINÁRIO. AUSÊNCIA DE PREQUESTIONAMENTO. CONHECIMENTO. IMPOSSIBILIDADE. 1. Prequestionamento implícito.

---

1 Ver, ainda, STJ: Emb. Div. no REsp n, 111.707/PR; AgRG no AResp n. 99.648/RS; AgRg no AI n. 505.552/SP; Emb. Div. em AResp n. 227.767/RS; e REsp n. 2.336/MG.

Inadmissibilidade. Diz-se prequestionada a matéria quando a decisão impugnada haja emitido juízo explícito a respeito do tema, inclusive mencionando o dispositivo constitucional previamente suscitado nas razões do recurso submetido à sua apreciação. 2. Se a questão constitucional não foi suscitada oportunamente no recurso interposto perante o Tribunal de origem, são ineficazes e tardios os embargos de declaração opostos para fins de prequestionamento. Incidência das Súmulas 282 e 356 desta Corte. Agravo regimental não provido" (Brasil, 2006c).

STF, Agravo Regimental em Agravo de Instrumento n. 580.503/RS:

"1. Agravo regimental em agravo de instrumento. 2. Dispositivos constitucionais tidos por violados não suscitados nas instâncias ordinárias. 3. Esta Corte tem sólido entendimento de não admitir o chamado 'prequestionamento implícito'. Súmulas STF n.s 282 e 356. Precedentes. 4. Decisão desfavorável aos agravantes não configura negativa de prestação jurisdicional. Precedentes. 5. Agravo regimental a que se nega provimento" (Brasil, 2006b).[12]

Cuidando também da obrigação de se prequestionar a matéria, a Súmula n. 356 do STF reforça o entendimento com o seguinte teor: "O ponto omisso da decisão, sobre o qual não foram opostos embargos declaratórios, não pode ser objeto de

---

2   Nesse sentido, ver também STF: AI n. 585.604 AgR, Rel. Min. Sepúlveda Pertence, 1ª Turma, DJ 29/09/2006.

recurso extraordinário, por faltar o requisito do prequestionamento (Brasil, 2017, p. 204). Por sua vez, a Súmula n. 211 do STJ tem o seguinte verbete: "Inadmissível recurso especial quanto à questão que, a despeito da oposição de embargos declaratórios, não foi apreciada pelo Tribunal *a quo*" (Brasil, 2021b, p. 430).

Interpretando *a contrario sensu* sua Súmula n. 356, para o STF, havendo omissão no julgado do qual se cogita recorrer extraordinariamente, é necessária apenas a oposição dos declaratórios para fins de prequestionamento. Não há, pois, necessidade de que a decisão seja efetivamente integrada em seu ponto omisso.

Concluímos, assim, que o STJ, por meio de sua Súmula n. 211, impunha o prequestionamento efetivo, ao passo que o STF se conforma com o prequestionamento ficto – que não se confunde com o implícito – ante o teor de sua Súmula n. 356. Como vimos, porém, o STJ passou a permitir o prequestionamento implícito. Portanto, a obrigação de se valer dos embargos declaratórios, inclusive com exigência de que nele houvesse apreciação da questão, nos termos da Súmula n. 211 do STJ, deixou de ter sentido ante a desnecessidade de prequestionamento explícito.

Ademais, com o advento do Código de Processo Civil de 2015, o prequestionamento ficto passou a ter amparo legal em seu art. 1.025, segundo o qual: "Consideram-se incluídos no acórdão os elementos que o embargante suscitou, para fins de prequestionamento, ainda que os embargos de declaração sejam inadmitidos ou rejeitados, caso o tribunal superior considere existentes erro, omissão, contradição ou obscuridade" (Brasil, 2015a).

Trata-se de importante previsão legal que auxilia na superação de barreiras fixadas anteriormente, que dificultavam a admissão dos recursos extraordinários e freavam a chegada dos temas aos tribunais superiores. Entendemos que o dispositivo deve ser adotado também pelo processo penal, uma vez que o art. 638 do CPP visa unificar a disciplina dos recursos especial e extraordinário.

Por fim, a Súmula n. 320 do STJ, buscando balizar a questão do prequestionamento no caso de recurso especial (do art. 105, III, "a", CF/1988), diz: "A questão federal somente ventilada no voto vencido não atende ao requisito do prequestionamento" (Brasil, 2021b, p. 662).

— 10.1.2 —
Repercussão geral

Conforme previsto no art. 102, parágrafo 3º, da CF/1988: "No recurso extraordinário o recorrente deverá demonstrar a repercussão geral das questões constitucionais discutidas no caso, nos termos da lei, a fim de que o Tribunal examine a admissão do recurso, somente podendo recusá-lo pela manifestação de dois terços de seus membros" (Brasil, 1988). A Constituição Federal exige, portanto, que a recusa à repercussão geral seja efetivada por dois terços dos membros do STF, ou seja, 8 ministros. Ao revés, para reconhecê-la, são necessários apenas 4 dos 11 votos.

O requisito é positivo, pois deve estar presente a repercussão geral para que haja conhecimento do recurso, mas "a própria Constituição a trata de forma negativa, isto é, o recurso não será conhecido caso se decida que a questão não apresenta repercussão geral" (Badaró, 2015, p. 878). Logo, existe uma presunção de existência de repercussão geral, que somente pode ser afastada pelo quórum qualificado de dois terços dos ministros.

Partindo do texto constitucional, o art. 1.035 do CPC disciplina o instituto da repercussão geral, assim como o Regimento Interno do STF regulamenta o procedimento para sua análise em seus arts. 323 a 325.

O parágrafo 1º do art. 1.035 do CPC define: "Para efeito de repercussão geral, será considerada a existência ou não de questões relevantes do ponto de vista econômico, político, social ou jurídico que ultrapassem os interesses subjetivos do processo" (Brasil, 2015a). Assim, a matéria tem repercussão geral quando, pela sua relevância econômica, política, social ou jurídica, transcende o interesse subjetivo das partes[13].

---

3   Regimento Interno do STF: "Art. 322. Parágrafo único. Para efeito da repercussão geral, será considerada a existência, ou não, de questões que, relevantes do ponto de vista econômico, político, social ou jurídico, ultrapassem os interesses subjetivos das partes" (Brasil, 2020d).

Doutrina em destaque

Para Medina (2015, p. 1448), "a repercussão geral opera em dois planos, em relação ao recurso extraordinário: de um lado, funciona como mecanismo de restrição das questões constitucionais que podem ser levadas ao STF; de outro, funciona como veículo de transposição de recurso extraordinário, já que, uma vez havendo repercussão geral, tende a jurisprudência do Supremo abrandar a exigência de presença de outros requisitos do recurso".

Ainda, segundo o parágrafo 3º do art. 1.035 do CPC, há repercussão geral sempre que o acórdão impugnado contrarie súmula ou jurisprudência dominante do STF ou reconheça a inconstitucionalidade de tratado ou de lei federal, nos termos do art. 97 da CF/1988.

A repercussão geral deve ser trazida pelo recorrente em preliminar formal e fundamentada, seu apontamento deve ser verificado concorrentemente pelo tribunal, turma recursal ou turma de uniformização de origem e pelo STF. Entretanto, a análise da existência de repercussão geral e o reconhecimento de sua presunção legal são realizados com exclusividade pelo STF, conforme previsão do parágrafo 2º do art. 1.035 do CPC[4].

---

4   CPC: "Art. 1.035. [...] § 2º O recorrente deverá demonstrar a existência de repercussão geral para apreciação exclusiva pelo Supremo Tribunal Federal" (Brasil, 2015a).

Segundo o art. 1.035, parágrafo 4º, do CPC, pode ser admitida pelo relator, na avaliação da repercussão geral, a manifestação de terceiros, que deve ser subscrita por procurador habilitado, em conformidade com o Regimento Interno do STF. Em seu art. 323, parágrafo 3º, o Regimento Interno do STF prevê que, mediante decisão irrecorrível, o relator pode admitir, de ofício ou a requerimento, em prazo por ele estabelecido, a manifestação de terceiros sobre a questão da repercussão geral.

A preliminar formal de repercussão geral é analisada pelo Plenário do STF, em votação eletrônica. Depois de se manifestar a respeito da presença ou não de repercussão geral, o relator deve submeter aos demais ministros, por meio eletrônico, cópia de sua manifestação (art. 323, *caput*, Regimento Interno do STF). Após o recebimento da manifestação da relatoria, os demais ministros devem encaminhar, também eletronicamente, no prazo comum de 20 dias, manifestação sobre a existência ou não de repercussão geral (art. 324, *caput*, Regimento Interno do STF).

Caso a repercussão geral seja admitida pelo STF, como prevê o art. 1.035, parágrafo 5º, do CPC, o relator deve determinar "a suspensão do processamento de todos os processos pendentes, individuais ou coletivos, que versem sobre a questão e tramitem no território nacional" (Brasil, 2015a). Entretanto, o próprio STF entende não ser uma consequência obrigatória e automática a suspensão dos processos com base nesse dispositivo, podendo o relator do recurso paradigma, conforme sua discricionariedade, determiná-la ou modulá-la[15].

Quanto aos recursos que tiverem reconhecida a repercussão geral, a lei prevê:

- a necessidade de julgá-los dentro de 1 (um) ano; e
- a preferência sobre os demais pedidos, salvo os que tratam de réu preso e os *habeas corpus* (art. 1.035, § 9º, CPC).

Essa previsão se torna relevante também para que os demais processos não fiquem suspensos indefinidamente quando determinada a suspensão pelo relator (art. 1.035, § 5º, CPC).

Caso seja determinado o sobrestamento dos feitos que tramitam no território nacional, diante do reconhecimento de repercussão geral no recurso paradigma e com base no art. 1.035, parágrafo 6º, do CPC, ao interessado será possível requerer,

---

5   STF, Questão de Ordem na Repercussão Geral no Recurso Extraordinário n. 966.177 RG-QO/RS: "O Tribunal, por maioria e nos termos do voto do Relator, ora reajustado, resolveu questão de ordem no sentido de que: 'a) a suspensão de processamento prevista no § 5º do art. 1.035 do CPC não consiste em consequência automática e necessária do reconhecimento da repercussão geral realizada com fulcro no *caput* do mesmo dispositivo, sendo da discricionariedade do relator do recurso extraordinário paradigma determiná-la ou modulá-la; b) de qualquer modo, consoante o sobredito juízo discricionário do relator, a possibilidade de sobrestamento se aplica aos processos de natureza penal; c) neste contexto, em sendo determinado o sobrestamento de processos de natureza penal, opera-se, automaticamente, a suspensão da prescrição da pretensão punitiva relativa aos crimes que forem objeto das ações penais sobrestadas, a partir de interpretação conforme a Constituição do art. 116, I, do CP; d) em nenhuma hipótese, o sobrestamento de processos penais determinado com fundamento no art. 1.035, § 5º, do CPC abrangerá inquéritos policiais ou procedimentos investigatórios conduzidos pelo Ministério Público; e) em nenhuma hipótese, o sobrestamento de processos penais determinado com fundamento no art. 1.035, § 5º, do CPC abrangerá ações penais em que haja réu preso provisoriamente; f) em qualquer caso de sobrestamento de ação penal determinado com fundamento no art. 1.035, § 5º, do CPC, poderá o juízo de piso, no curso da suspensão, proceder, conforme a necessidade, à produção de provas de natureza urgente'" (Brasil, 2019b).

"ao presidente ou ao vice-presidente do tribunal de origem, que afeiluu du decisão do sobrestamento e inadmitir o recurso extraordinário que tenha sido interposto intempestivamente, tendo o recorrente o prazo de 5 (cinco) dias para manifestar-se sobre esse requerimento" (Brasil, 2015a). Caberá agravo interno da decisão que indeferir esse requerimento ou que aplicar entendimento firmado em regime de repercussão geral ou em julgamento de recursos repetitivos (art. 1.035, § 7º, CPC).

Se não for reconhecida a repercussão geral, preceitua o art. 1.035, parágrafo 8º, do CPC que "o presidente ou o vice-presidente do tribunal de origem negará seguimento aos recursos extraordinários sobrestados na origem que versem sobre matéria idêntica" (Brasil, 2015a). A decisão que reconhece não haver repercussão geral é irrecorrível (art. 1.035, *caput*, CPC). Por fim, segundo o CPC, art. 1.035, parágrafo 11, a "súmula da decisão sobre a repercussão geral constará de ata, que será publicada no diário oficial e valerá como acórdão"[6] (Brasil, 2015a).

— 10.2 —
Cabimento: diretrizes gerais

O cabimento dos recursos extraordinários em sentido lato exige que, além de adequação a alguma das hipóteses dos arts. 102,

---

6   Regimento Interno do STF: "Art. 325. [...] Parágrafo único. O teor da decisão preliminar sobre a existência da repercussão geral, que deve integrar a decisão monocrática ou o acórdão, constará sempre das publicações dos julgamentos no Diário Oficial, com menção clara à matéria do recurso" (Brasil, 2020d).

inciso III, e 105, inciso III, da CF/1988, a matéria tenha sido objeto esgotado nas vias recursais ordinárias. Essa conclusão decorre da própria redação desses dispositivos.

De acordo com o art. 102, inciso III, da CF/1988, compete ao STF "julgar, mediante recurso extraordinário, as causas decididas em única ou última instância, quando a decisão recorrida [...]" (Brasil, 1988). Já o art. 105, inciso III, da CF/1988 prevê que cabe ao STJ "julgar, em recurso especial, as causas decididas, em única ou última instância, pelos Tribunais Regionais Federais ou pelos tribunais dos Estados, do Distrito Federal e Territórios, quando a decisão recorrida [...]" (Brasil, 1988).

Ao utilizarem a expressão "decididas em única ou última instância", os dois dispositivos constitucionais estabelecem a necessidade de que a decisão que gerou o recurso especial ou extraordinário não possa mais ser impugnada por recursos ordinários, em razão do esgotamento de suas vias. Ao se reportar às causas resolvidas em "única instância", a CF/1988 está cuidando da competência originária nas situações em que há prerrogativa de função do acusado (ou por unidade processual decorrente de conexão ou continência) dentro do respectivo órgão *a quo*.

Define a Súmula n. 281 do STF: "É inadmissível o recurso extraordinário, quando couber na Justiça de origem, recurso ordinário da decisão impugnada" (Brasil, 2017, p. 161). Assim, para além de prequestionar a matéria, a parte deve utilizar-se de todos os recursos ordinários passíveis de interposição concreta para, só então, ter condições de se valer dos extraordinários.

Por outro lado, a diferença entre os dois dispositivos é que o STF analisa recurso extraordinário de causas decididas em única ou última instância, independentemente de provirem dos Tribunais Regionais Federais (TRFs) ou dos Tribunais de Justiça (TJs). Já no âmbito de cabimento de recurso especial, a decisão nele combatida precisa ser exarada por um tribunal de 2º grau (TRF ou TJ).

As Turmas Recursais dos Juizados Especiais não são tribunais, mas colegiados compostos de magistrados de primeira instância. Desse modo, de decisões proferidas pelas Turmas Recursais dos Juizados Especiais cabe somente o recurso extraordinário, e não o especial. Essa conclusão é estampada na Súmula n. 640 do STF: "É cabível recurso extraordinário contra decisão proferida por juiz de primeiro grau nas causas de alçada, ou por turma recursal de juizado especial cível e criminal" (Brasil, 2017, p. 365); e na Súmula n. 203 do STJ: "Não cabe recurso especial contra decisão proferida por órgão de segundo grau dos Juizados Especiais" (Brasil, 2021b, p. 411).

Feitas essas primeiras considerações, vamos ao estudo apartado sobre o cabimento de cada um dos recursos de alçada dos tribunais superiores.

— 10.2.1 —
Cabimento do recurso extraordinário

Como visto, o recurso extraordinário tem por escopo a manutenção da autoridade e integridade da Constituição Federal.

Antes de ingressarmos nos fundamentos descritos pela CF/1988 que permitem o recurso extraordinário (art. 102, III, "a" a "d"), vamos recapitular os requisitos específicos exigidos para sua admissão. São eles: (a) decisão proferida por única ou última instância – esgotamento das vias ordinárias; (b) prequestionamento; (c) questão jurídica de ordem constitucional assentada nas alíneas "a" a "d" do art. 102, inciso III, da CF/1988; e (d) repercussão geral.

De acordo com o art. 102, inciso III, da CF/1988, compete ao STF julgar, mediante recurso extraordinário, as causas decididas em única ou última instância quando a decisão recorrida:

"a) contrariar dispositivo desta Constituição;" (Brasil, 1988).

Contrariar nesse sentido, significa decidir de modo contrário ao que está expressa e diretamente previsto no texto constitucional. Trata-se de um dos dispositivos que mais dão ensejo à via recursal extraordinária, fazendo com que esta exerça "a função de tutela e controle de aplicação da Constituição" (Jorge a Ti 2018, p. 1078). Nas palavras de Dezem (2017, p. 1141): "o recurso extraordinário, que tutela a Constituição Federal, poderia ser resumido a esta única hipótese de cabimento, uma vez que as demais hipóteses de cabimento do recurso extraordinário são decorrentes desta".

"b) declarar a inconstitucionalidade de tratado ou lei federal;" (Brasil, 1988).

Caso seja manejado o recurso com base nesse fundamento, estaremos diante de exercício de controle de constitucionalidade pelo STF e do anseio do recorrente em ver confirmada a constitucionalidade do tratado ou da lei federal. Se declarada a inconstitucionalidade desta ou do tratado por outro órgão jurisdicional que não o STF, este terá possibilidade de enfrentar a questão por último, na condição de guardião da Constituição e órgão máximo da Justiça brasileira.

Portanto, cabe controle de constitucionalidade pelo STF no caso de haver declaração de inconstitucionalidade de tratado ou lei federal feita por TJ, TRF ou pelo STJ em controle difuso de constitucionalidade. Lembramos que, com relação aos tribunais, há a cláusula de reserva de plenário (art. 97, CF/1988)[17].

Não é incomum, contudo, que órgãos fracionários de tribunais deixem de aplicar dispositivo de lei federal sob a justificativa de que este seria inconstitucional. Em virtude disso, o STF assim definiu na Súmula Vinculante n. 10: "Viola a cláusula de reserva de plenário (CF, artigo 97) a decisão de órgão fracionário de Tribunal que, embora não declare expressamente a inconstitucionalidade de lei ou ato normativo do poder público, afasta sua incidência, no todo ou em parte" (Brasil, 2020e, p. 13). Porém, nesse caso, o instrumento adequado a ser utilizado é a reclamação ao STF, nos termos do art. 102, inciso I, alínea "l", da CF/1988[18].

Assim, o recurso extraordinário somente poderá ser utilizado quando houver declaração de inconstitucionalidade de tratado ou lei federal feita com observância da cláusula de reserva de plenário, nos termos do art. 97 da CF/1988.

Por fim, quando houver declaração de inconstitucionalidade, o STF analisará a questão de forma completa, podendo,

---

7   CF/1988: "Art. 97. Somente pelo voto da maioria absoluta de seus membros ou dos membros do respectivo órgão especial poderão os tribunais declarar a inconstitucionalidade de lei ou ato normativo do Poder Público" (Brasil, 1988).

8   CF/1988: "Art. 102. Compete ao Supremo Tribunal Federal, precipuamente, a guarda da Constituição, cabendo-lhe: I – processar e julgar, originariamente: [...] l) a reclamação para a preservação de sua competência e garantia da autoridade de suas decisões" (Brasil, 1988).

inclusive, valer-se de fundamento diverso ao trazido no acórdão impugnado".[9]

"c) julgar válida lei ou ato de governo local contestado em face desta Constituição;" (Brasil, 1988).

Trata-se, também, de hipótese de controle de constitucionalidade, mas por via inversa, pois se parte do pressuposto de que a lei ou o ato de governo local foi declarado constitucional e que o recorrente pode questionar a decisão ao STF por entender que seria inconstitucional. Sobre a questão, a Súmula n. 285 do STF prevê: "Não sendo razoável a arguição de inconstitucionalidade, não se conhece do recurso extraordinário fundado na letra c do art. 101, III, da Constituição Federal" (Brasil, 2017, p. 164).

"d) julgar válida lei local contestada em face de lei federal." (Brasil, 1988).

---

9   STF, Recurso Extraordinário n. 420.816/PR: "I. Recurso extraordinário: alínea 'b': devolução de toda a questão de constitucionalidade da lei, sem limitação aos pontos aventados na decisão recorrida. Precedente (RE 298.694, Pl. 6.8.2003, Pertence, DJ 23.04.2004). II. Controle incidente de inconstitucionalidade e o papel do Supremo Tribunal Federal. Ainda que não seja essencial à solução do caso concreto, não pode o Tribunal – dado o seu papel de 'guarda da Constituição' – se furtar a enfrentar o problema de constitucionalidade suscitado incidentemente" (Brasil, 2006d). No mesmo sentido, ver: STF, RE n. 231.462, Rel. Min. Sepúlveda Pertence, DJ 28/05/1999.

Na redação original, a CF/1988 previa o recurso especial para o caso de o acórdão "julgar válida lei ou ato de governo local contestado em face de lei federal" e, assim, não havia previsão de recurso extraordinário com base nessa alínea "d". Por meio da Emenda Constitucional n. 45/2004, porém, incluiu-se essa hipótese como de cabimento do extraordinário e deu-se nova redação à alínea "c" do inciso III do art. 105 da CF/1988. A partir de então, somente o reconhecimento da validade de ato de governo local (e não mais de "lei local") contestado em face de lei federal é que dá ensejo a recurso especial. Se, de outra forma, for julgada válida lei local contestada em face de lei federal, a situação deverá ser impugnada via recurso extraordinário (art. 102, III, "d", CF/1988).

Andou bem o constituinte derivado em fazer o ajuste entre os recursos. Se a lei local é contestada em face de lei federal, estamos diante de um problema de repartição de competência legislativa entre os entes federativos, que é matéria constitucional e, portanto, deve ser objeto de recurso extraordinário, e não de recurso especial[10].

---

10 "Do ponto de vista prático, a alteração terá grande repercussão na medida em que o recurso extraordinário pode ser interposto contra decisões de órgãos de segundo grau dos Juizados Especiais, enquanto o mesmo não se dá em relação ao recurso especial (Súmula 203 do STJ)" (Grinover; Gomes Filho; Fernandes, 2005, p. 280).

— 10.2.2 —
Cabimento do recurso especial

O recurso especial, conforme vimos, tem como objetivo dar uniformidade à legislação federal em todo o país.

Resgatando os requisitos específicos exigidos para admissão do recurso especial, temos: (a) decisão proferida em única ou última instância pelos TRFs ou TJs – esgotamento das vias recursais ordinárias; (b) prequestionamento; (c) questão jurídica de ordem legal infraconstitucional federal (calcada no art. 105, inciso III, alíneas "a" a "c", da CF/1988); e (d) a relevância da questão de direito federal infraconstitucional discutida no caso, nos termos da lei (EC n. 125/2022). Assim, somente cabe recurso especial quando fundamentado em, pelo menos, um dos motivos descritos constitucionalmente de forma taxativa e desde que a decisão recorrida seja de um tribunal local (TJ ou TRF).

Vejamos cada uma das hipóteses definidas na CF. Caberá recurso especial quando o acórdão recorrido (do TJ/TRF):

"a) contrariar tratado ou lei federal, ou negar-lhes vigência;" (Brasil, 1988).

Primeiramente, devemos considerar a seguinte distinção: *contrariar vigência* significa decidir em sentido contrário, ou seja, ir de encontro ao tratado ou à lei federal, enquanto *negar vigência* é abster-se de aplicar o tratado ou a lei federal no caso concreto.

Sobre o tema, a Súmula n. 400 do STF dispõe: "Decisão que deu razoável interpretação à lei, ainda que não seja a melhor, não autoriza recurso extraordinário pela letra *a* do art. 101, III, da CF" (Brasil, 2017, p. 228). Esse entendimento foi aprovado em 03/04/1964, ainda sob a égide da Constituição de 1946. Como não havia recurso especial – nem mesmo o STJ –, misturavam-se hipóteses que, atualmente, são de recurso especial, no cabimento do – então único – recurso extraordinário.

Previa o texto constitucional, naquela ocasião, que competia ao STF "julgar em recurso extraordinário as causas decididas em única ou última instância por outros Tribunais ou Juízes: a) quando a decisão for contrária a dispositivo desta Constituição ou à letra de tratado ou lei federal" (Brasil, 1946, art. 105, III, "a", CF/1946). Portanto, fazendo a leitura devidamente atualizada da súmula, podemos entender que a decisão que deu razoável interpretação à lei federal, ainda que não seja a melhor, não desafia recurso especial pela alínea "a" do inciso III do art. 105 da CF/1988. Porém, há críticas a essa súmula, não sendo pacífica sua aplicação[11].

De acordo com a Súmula n. 399 do STF, "Não cabe recurso extraordinário, por violação de lei federal, quando a ofensa alegada for a regimento de tribunal" (Brasil, 2017, p. 227). Também

---

11 Sobre o conteúdo e o propósito da Súmula n. 400 do STF, bem como sobre a polêmica a respeito de sua aplicação, ver: Grinover; Gomes Filho; Fernandes (2005, p. 281-282). Sobre a falta de justificativa para aplicação dessa súmula, ver: Badaró (2015, p. 877).

vedando o recurso por suposta violação de entendimento sumular, a Súmula n. 518 do STJ enuncia: "Em regra, nos termos do
art. 105, III, *a*, da Constituição Federal, não é cabível recurso
especial fundado em alegada violação de enunciado de súmula"
(Brasil, 2021b, p. 1084).

Ainda sobre o cabimento de recurso especial com base na alínea "a", a Súmula n. 320 do STJ estabelece: "A questão federal somente ventilada no voto vencido não atende ao requisito do prequestionamento" (Brasil, 2021b, p. 664).

"b) julgar válido ato de governo local contestado em face de lei federal;" (Brasil, 1988).

Antes da Emenda Constitucional n. 45/2004, cabia recurso especial quando o acórdão julgava "válida lei ou ato de governo local contestado em face de lei federal".

Entretanto, com as alterações promovidas pela referida Emenda, foi dada nova redação à alínea "b", sendo extraída parte dela e passando-se à previsão de cabimento de recurso extraordinário (art. 102, III, "d", CF/1988; alínea incluída pela Emenda Constitucional n. 45/2004). Desde então, o julgamento de validade apenas de ato de governo local contestado em face de lei federal é passível de recurso especial. Todavia, se julgada válida lei local contestada em face de lei federal, caberá recurso extraordinário (ver Subseção 10.2.1).

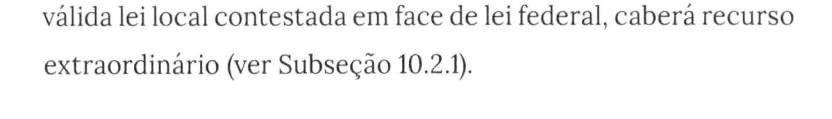

"c) der a lei federal interpretação divergente da que lhe haja atribuído outro tribunal." (Brasil, 1988).

Trata-se de hipótese a ser utilizada para que haja uniformidade na interpretação do direito federal em todo o território nacional. Para ensejar recurso especial, a divergência de interpretação da lei federal deve ocorrer entre o tribunal local (TJ ou TRF) e outro tribunal (outro TJ ou TRF). Se a divergência entre julgados acontecer dentro de um mesmo tribunal, não caberá recurso especial. Nesse sentido é o teor da Súmula n. 13 do STJ: "A divergência entre julgados do mesmo tribunal não enseja recurso especial" (Brasil, 2021b, p. 26).

> Nesse sentido é o teor da Súmula n. 13 do STJ: "A divergência entre julgados do mesmo tribunal não enseja recurso especial" (Brasil, 2021b, p. 26).

Também não se admite o recurso no caso de a divergência apresentada já ter sido suplantada. Assim, segundo a Súmula n. 83 do STJ, "Não se conhece do recurso especial pela divergência, quando a orientação do Tribunal se firmou no mesmo sentido da decisão recorrida" (Bueno, 2017 III, p. 107)

De acordo com o parágrafo 1º do art. 1.029 do CPC,

Art. 1.029. [...]

[...]

§ 1º Quando o recurso fundar-se em dissídio jurisprudencial, o recorrente fará a prova da divergência com a certidão, cópia ou citação do repositório de jurisprudência, oficial ou credenciado, inclusive em mídia eletrônica, em que houver sido publicado o acórdão divergente, ou ainda com a reprodução de julgado disponível na rede mundial de computadores, com indicação da respectiva fonte, devendo-se, em qualquer caso, mencionar as circunstâncias que identifiquem ou assemelhem os casos confrontados. (Brasil, 2015a)

Portanto, caso o recurso seja fundamentado na existência de dissídio jurisprudencial, é necessário que o recorrente faça a descrição analítica da divergência, que é exigida, também, pelo Regimento Interno do STJ (art. 255, § 1º).

— 10.3 —
Legitimidade

Podem interpor os recursos especial e extraordinário os legitimados comuns, elencados no *caput* do art. 577 do CPP. O assistente da acusação pode interpor qualquer dos dois recursos, pois se admite a ampliação de sua legitimidade para abranger casos que, por vezes, decorrem da possibilidade de recorrer supletivamente nas hipóteses do art. 584, parágrafo 1º, e do art. 598 do CPP. Nesse sentido é a Súmula n. 210 do STF: "O assistente do Ministério Público pode recorrer, inclusive extraordinariamente, na ação penal, nos casos dos arts. 584, § 1º, e 598 do Cód. de Proc. Penal" (Brasil, 2017, p. 124).

— 10.4 —
Prazo e procedimento

Conforme o disposto no CPC, no prazo de 15 dias, o recurso especial ou extraordinário deve ser endereçado ao presidente ou vice-presidente do tribunal *a quo*, em petição que contenha: "Art. 1.029. [...] I – a exposição do fato e do direito; II – a demonstração do cabimento do recurso interposto; III – as razões do pedido de reforma ou de invalidação da decisão recorrida" (Brasil, 2015a).

Caso o recurso seja fundamentado na existência de dissídio jurisprudencial, é necessário que o recorrente faça a descrição analítica da divergência, de acordo com o art. 1.029, parágrafo 1º, do CPC e com o art. 255, parágrafo 1º, do Regimento Interno do STJ.

Se o recurso interposto for o extraordinário, preliminarmente o recorrente deverá demonstrar a existência de repercussão geral para apreciação exclusiva pelo STF (art. 1.035, § 2º, CPC).

Recebida a petição de interposição do recurso pela secretaria do tribunal, o recorrido deverá ser intimado para, em 15 dias apresentar contrarrazões recursais (art. 1.030, *caput*, CPC). Após, o presidente ou vice-presidente do órgão *a quo* deverá:

a. Negar seguimento a recurso: (a) extraordinário que discuta questão constitucional à qual o STF não tenha reconhecido a existência de repercussão geral ou quando interposto contra acórdão que esteja em conformidade com entendimento do STF lavrado no regime de repercussão geral; (b) extraordinário ou especial interposto contra acórdão que esteja em conformidade com entendimento do STF ou do STJ, respectivamente, fixado no regime de julgamento de recursos repetitivos (art. 1.030, I, "a" e "b", CPC). De acordo com o parágrafo 2º do art. 1.030 do CPC, em qualquer desses casos de negativa de seguimento ao recurso extraordinário ou especial, caberá agravo interno nos termos do art. 1.021 do CPC.

b. Encaminhar o processo ao órgão julgador para fins de retratação se o acórdão recorrido divergir do entendimento do STF ou do STJ exarado, conforme o caso, nos regimes de repercussão geral ou de recursos repetitivos (art. 1.030, II, CPC).

c. Sobrestar o recurso que tratar de controvérsia de caráter repetitivo ainda não decidida pelo STF ou STJ, conforme a natureza da matéria – constitucional ou infraconstitucional (art. 1.030, III, CPC). Nessa hipótese, também caberá agravo interno nos termos do art. 1.021 do CPC (art. 1.030, § 2º, CPC).

d. Selecionar o recurso como representativo de controvérsia constitucional ou infraconstitucional, em conformidade com o parágrafo 6º do art. 1.036 do CPC[12] (art. 1.030, IV, CPC). Sobre o procedimento para julgamento dos recursos extraordinário e especial repetitivos, confira os arts. 1.036 a 1.041 do CPC.

e. Fazer o juízo de admissibilidade: se admitido o recurso, este terá de ser encaminhado ao STF ou STJ, desde que: (a) tal recurso ainda não tenha sido submetido ao regime de repercussão geral ou de julgamento de recursos repetitivos; (b) tal recurso tenha sido selecionado como representativo da controvérsia; ou (c) o tribunal recorrido tenha refutado o juízo de retratação (art. 1.030, V, "a", "b" e "c", CPC).

Entretanto, se o recurso não for admitido, caberá agravo ao juízo *ad quem* (art. 1.030, § 1º, CPC). Trata-se do chamado *agravo em recurso especial e extraordinário*, previsto no art. 1.042 do CPC,

---

12 CPC: "Art. 1.036. Sempre que houver multiplicidade de recursos extraordinários ou especiais com fundamento em idêntica questão de direito, haverá afetação para julgamento de acordo com as disposições desta Subseção, observado o disposto no Regimento Interno do Supremo Tribunal Federal e no do Superior Tribunal de Justiça. [...] § 6º Somente podem ser selecionados recursos admissíveis que contenham abrangente argumentação e discussão a respeito da questão a ser decidida" (Brasil, 2015a).

que traz seu cabimento e seu procedimento[13]. Segundo a Súmula 727 do STF (editada quando o agravo contra decisão denegatória de recurso extraordinário ainda era tido como agravo de instrumento): "Não pode o magistrado deixar de encaminhar ao Supremo Tribunal Federal o agravo de instrumento interposto da decisão que não admite recurso extraordinário, ainda que referente a causa instaurada no âmbito dos juizados especiais" (Brasil, 2017, p. 421).

Quando forem interpostos conjuntamente – e admitidos – os recursos extraordinário e especial, os autos deverão ser remetidos ao STJ (art. 1.301, *caput*, CPC). Após o julgamento do especial, os autos serão enviados ao STF para a análise do extraordinário, se este não estiver prejudicado (art. 1.031, § 1º, CPC). Se o relator do especial considerar prejudicial o extraordinário, em

---

13 CPC: "Art. 1.042. Cabe agravo contra decisão do presidente ou do vice-presidente do tribunal recorrido que inadmitir recurso extraordinário ou recurso especial, salvo quando fundada na aplicação de entendimento firmado em regime de repercussão geral ou em julgamento de recursos repetitivos. [...] § 2º A petição de agravo será dirigida ao presidente ou ao vice-presidente do tribunal de origem e independe do pagamento de custas e despesas postais, aplicando-se a ela o regime de repercussão geral e de recursos repetitivos, inclusive quanto à possibilidade de sobrestamento e do juízo de retratação. § 3º O agravado será intimado, de imediato, para oferecer resposta no prazo de 15 (quinze) dias. § 4º Após o prazo de resposta, não havendo retratação, o agravo será remetido ao tribunal superior competente. § 5º O agravo poderá ser julgado, conforme o caso, conjuntamente com o recurso especial ou extraordinário, assegurada, neste caso, sustentação oral, observando-se, ainda, o disposto no regimento interno do tribunal respectivo. § 6º Na hipótese de interposição conjunta de recursos extraordinário e especial, o agravante deverá interpor um agravo para cada recurso não admitido. § 7º Havendo apenas um agravo, o recurso será remetido ao tribunal competente, e, havendo interposição conjunta, os autos serão remetidos ao Superior Tribunal de Justiça. § 8º Concluído o julgamento do agravo pelo Superior Tribunal de Justiça e, se for o caso, do recurso especial, independentemente de pedido, os autos serão remetidos ao Supremo Tribunal Federal para apreciação do agravo a ele dirigido, salvo se estiver prejudicado" (Brasil, 2015a). Obs.: os incisos I, II e III do *caput*, bem como o parágrafo 1º e seus incisos I e II (com suas alíneas "a" e "b"), foram todos revogados pela Lei n. 13.256/2016.

decisão irrecorrível, deverá sobrestar o julgamento e enviar os autos ao STF (art. 1.031, § 2º, CPC). No entanto, se o relator do recurso extraordinário, também por meio de decisão irrecorrível, rejeitar a prejudicialidade, deverá devolver os autos ao STJ para o julgamento do especial (art. 1.031, § 3º, CPC).

De outro modo, caso o relator, no STJ, entenda que o recurso especial trata de questão constitucional, concederá prazo de 15 dias para que o recorrente demonstre a existência de repercussão geral e se manifeste sobre a questão constitucional. Após, o relator enviará o recurso ao STF, que, em juízo de admissibilidade, poderá devolvê-lo ao STJ (art. 1.032, CPC).

Na hipótese de o STF considerar como reflexa a ofensa à CF/1988 apontada no recurso extraordinário, por pressupor a revisão da interpretação de lei federal ou de tratado, deverá enviá-lo ao STJ para julgamento como recurso especial (art. 1.033, CPC).

Os arts. 1.032 e 1.033 do CPC preveem a fungibilidade recursal quando se trata de situações de dificuldades típicas da chamada *inconstitucionalidade reflexa*, ou seja, aquelas em que há nebulosidade quanto ao fato de a questão trazida pelo recorrente apresentar natureza constitucional ou envolver lei federal ou tratado. Tais dispositivos "são reflexo inquestionável do modelo de processo cooperativo desejado pelo CPC de 2015 desde seu art. 6º" (Bueno, 2016, p. 719).

Quando positiva a admissibilidade do recurso extraordinário ou especial, o STF ou o STJ julga o processo aplicando o direito. Quanto à devolutividade, uma vez admitido o recurso por um fundamento, devolve-se ao tribunal superior o conhecimento dos demais fundamentos para a solução do capítulo impugnado (art. 1.034, CPC).

— 10.5 —
Efeitos

Com relação ao efeito devolutivo, ao longo da Seção 10.2.1, foram mostrados alguns entendimentos segundo os quais se permite ampliar a devolutividade do recurso extraordinário. Nesse sentido, reiteramos aqui o entendimento do STF no Recurso Extraordinário n. 420.816/PR:

> I. Recurso extraordinário: alínea "b": devolução de toda a questão de constitucionalidade da lei, sem limitação aos pontos aventados na decisão recorrida. Precedente (RE 298.694, Pl. 6.8.2003, Pertence, DJ 23.04.2004). II. Controle incidente de inconstitucionalidade e o papel do Supremo Tribunal Federal. Ainda que não seja essencial à solução do caso concreto, não pode o Tribunal – dado o seu papel de "guarda da Constituição" – se furtar a enfrentar o problema de constitucionalidade suscitado incidentemente. (Brasil, 2006d)

O próprio CPC traz previsão no sentido da possibilidade de ampliação da devolutividade no recurso extraordinário e no especial para que, admitindo-se o recurso por um fundamento, ao tribunal superior seja devolvido o conhecimento dos demais fundamentos para solução da controvérsia (art. 1.034, CPC).

Assim, embora sejam recursos de fundamentação vinculada – e que, portanto, somente podem ser interpostos em conformidade com os fundamentos fixados pelo constituinte, não fica o tribunal *ad quem* limitado a analisar a questão apenas sob o crivo do fundamento trazido pelo recorrente.

Entre o fundamento indicado pelo recorrente e os não indicados – mas também elencados no texto constitucional –, pode o órgão julgador valer-se de quaisquer deles para enfrentar e dirimir a questão posta no recurso. Trata-se de dispositivo que enaltece a natureza extraordinária desses recursos, que tratam de matéria de direito, não servindo de via revisional fática ou probatória.

Essa é uma distinção entre os recursos extraordinário e especial e as apelações de decisões do Tribunal do Júri, visto que, apesar de todos serem classificados como recursos de fundamentação vinculada, no caso deste último, incide a Súmula n. 713 do STF: "O efeito devolutivo da apelação contra decisões do Júri é adstrito aos fundamentos da sua interposição" (Brasil, 2017, p. 412).

Com relação ao efeito suspensivo, a análise de sua presença ou ausência demanda atenção e uma passagem pela jurisprudência do STF ao longo dos últimos anos. Como o parágrafo 2º do art. 27 da Lei n. 8.038, de 28 de maio de 1990 (revogado pelo CPC de 2015), previa que "os recursos extraordinário e especial serão recebidos no efeito devolutivo" (Brasil, 1990), havia uma tendência em se negar o efeito suspensivo aos dois recursos, por meio de uma interpretação *a contrario sensu* desse dispositivo. Ainda, a Súmula n. 267 do STJ, com redação incompatível com o princípio da presunção de inocência, dispõe: "A interposição de recurso, sem efeito suspensivo, contra decisão condenatória não obsta a expedição de mandado de prisão" (Brasil, 2021b, p. 556).

Contudo, essa interpretação foi se modificando na jurisprudência e, no *Habeas Corpus* n. 84.078/MG, julgado em 05/02/2009, o STF decidiu que, quando se tratar de recurso especial e extraordinário utilizado no campo penal, haverá efeito suspensivo e, portanto, não se permitirá a execução antecipada da pena, reconhecendo-a inconstitucional.

Jurisprudência em destaque

STF, *Habeas Corpus* n. 84.078/MG:
"HABEAS CORPUS. INCONSTITUCIONALIDADE DA CHAMADA 'EXECUÇÃO ANTECIPADA DA PENA'. ART. 5º, LVII, DA CONSTITUIÇÃO DO BRASIL. DIGNIDADE DA PESSOA HUMANA. ART. 1º, III, DA CONSTITUIÇÃO DO BRASIL. 1. O art. 637 do CPP estabelece que '[o] recurso extraordinário não tem efeito suspensivo,

e uma vez arrazoados pelo recorrido os autos do traslado, os originais baixarão à primeira instância para a execução da sentença'. A Lei de Execução Penal condicionou a execução da pena privativa de liberdade ao trânsito em julgado da sentença condenatória. A Constituição do Brasil de 1988 definiu, em seu art. 5º, inciso LVII, que 'ninguém será considerado culpado até o trânsito em julgado de sentença penal condenatória'. 2. Daí que os preceitos veiculados pela Lei n. 7.210/84, além de adequados à ordem constitucional vigente, sobrepõem-se, temporal e materialmente, ao disposto no art. 637 do CPP. 3. A prisão antes do trânsito em julgado da condenação somente pode ser decretada a título cautelar. 4. A ampla defesa, não se a pode visualizar de modo restrito. Engloba todas as fases processuais, inclusive as recursais de natureza extraordinária. Por isso a execução da sentença após o julgamento do recurso de apelação significa, também, restrição do direito de defesa, caracterizando desequilíbrio entre a pretensão estatal de aplicar a pena e o direito, do acusado, de elidir essa pretensão. 5. Prisão temporária, restrição dos efeitos da interposição de recursos em matéria penal e punição exemplar, sem qualquer contemplação, nos 'crimes hediondos' exprimem muito bem o sentimento que EVANDRO LINS sintetizou na seguinte assertiva: 'Na realidade, quem está desejando punir demais, no fundo, no fundo, está querendo fazer o mal, se equipara um pouco ao próprio delinquente'. 6. A antecipação da execução penal, ademais de incompatível com o texto da Constituição, apenas poderia ser justificada em nome da conveniência dos magistrados – não do processo penal. A pressupor-se o juízo [que constitui final, dizem os tribunais [leia-se STJ e STF] serão inundados por recursos especiais e extraordinários e subsequentes agravos e embargos, além do que 'ninguém mais será preso'. Eis o que poderia ser apontado como [...]" (Brasil, 2009a).

Ocorre que, em 17/02/2016, no julgamento do *Habeas Corpus* n. 126.292, o STF alterou seu entendimento, passando a admitir a execução antecipada da pena após a condenação em segunda instância automaticamente e retirando a necessidade de que a privação da liberdade somente ocorresse de maneira cautelar nessa ocasião.

Jurisprudência em destaque

STF, *Habeas Corpus* n. 126.292/SP:
"CONSTITUCIONAL. HABEAS CORPUS. PRINCÍPIO CONSTITUCIONAL DA PRESUNÇÃO DE INOCÊNCIA (CF, ART. 5º, LVII). SENTENÇA PENAL CONDENATÓRIA CONFIRMADA POR TRIBUNAL DE SEGUNDO GRAU DE JURISDIÇÃO. EXECUÇÃO PROVISÓRIA. POSSIBILIDADE. 1. A execução provisória de acórdão penal condenatório proferido em grau de apelação, ainda que sujeito a recurso especial ou extraordinário, não compromete

o princípio constitucional da presunção de inocência afirmado pelo artigo 5º, inciso LVII da Constituição Federal. 2. Habeas corpus denegado" (Brasil, 2016d). Dessa decisão foram opostos embargos declaratórios que foram rejeitados em julgamento de 02/09/2016 (HC 126.292 ED).

Entretanto, no dia 07/11/2019, ao julgar conjuntamente as Ações Declaratórias de Constitucionalidade (ADCs) n. 43, n. 44 e n. 54, o Plenário do STF retomou o enfrentamento do tema e modificou o posicionamento anterior, de fevereiro de 2016, para voltar a vedar a execução provisória da pena, ao declarar a constitucionalidade do art. 283 do CPP, com a redação dada pela Lei n. 12.403/2011.

Jurisprudência em destaque

STF, Ação Declaratória de Constitucionalidade n. 43/DF:

"PENA – EXECUÇÃO PROVISÓRIA – IMPOSSIBILIDADE – PRINCÍPIO DA NÃO CULPABILIDADE. Surge constitucional o artigo 283 do Código de Processo Penal, a condicionar o início do cumprimento da pena ao trânsito em julgado da sentença penal condenatória, considerado o alcance da garantia versada no artigo 5º, inciso LVII, da Constituição Federal, no que direciona a apurar para, selada a culpa em virtude de título precluso na via da recorribilidade, prevendo, em seu nº 3, ela surgiu, a qual não atinge forma provisória" (Brasil, 2020b).

Esclarecemos que, com a alteração feita pela Lei n. 12.403/2011, o art. 283 do CPP havia assumido a seguinte redação: "Ninguém poderá ser preso senão em flagrante delito ou por ordem escrita e fundamentada da autoridade judiciária competente, **em decorrência de sentença condenatória transitada em julgado** ou, no curso da investigação ou do processo, em virtude de prisão temporária ou prisão preventiva" (Brasil, 1941, grifo nosso)

Todavia, a redação desse artigo foi novamente alterada, agora pela Lei n. 13. 964/2019, e passou a ser a seguinte: "Ninguém poderá ser preso senão em flagrante delito ou por ordem escrita e fundamentada da autoridade judiciária competente, em decorrência de prisão cautelar ou **em virtude de condenação criminal transitada em julgado**" (Brasil, 1941, grifo nosso). Porém, quanto ao ponto central debatido nas ADCs n. 43, n. 44 e n. 54, conforme destacado, a alteração não nos conduz a outra conclusão senão esta: para não ser inconstitucional, a prisão pena pressupõe o trânsito em julgado da condenação.

Mas e quanto à questão que nos trouxe até o momento – "A via recursal extraordinária suspende a eficácia da decisão combatida?" –, o que podemos afirmar? Em seu derradeiro posicionamento (até a edição deste livro), o STF decidiu-se pela inconstitucionalidade do início do cumprimento da pena antes do trânsito em julgado da condenação, sem expressamente se manifestar sobre possível efeito suspensivo ao recurso. Os fundamentos dados foram os seguintes:

a. O art. 283 do CPP é inteiramente compatível com a Constituição.
b. Da redação do inciso LVII do art. 5º da CF/1988 não remanesce qualquer dúvida ou controvérsia interpretativa quanto a isso.
c. A CF/1988 não se sujeita à vontade dos poderes constituídos.
d. As decisões judiciais não podem ser tomadas com base no clamor público.

Contudo, a despeito da ausência de posicionamento frontal sobre a existência ou ausência de efeito suspensivo em sede de recursos extraordinário e especial, entendemos que a aplicação do parágrafo 5º do art. 1.029 do CPC resolve a questão.

Deve, portanto, o recorrente pleitear a concessão de efeito suspensivo, endereçando sua petição conforme preceituam os incisos do parágrafo 5º do art. 1.029 do CPC:

> I – ao tribunal superior respectivo, no período compreendido entre a publicação da decisão de admissão do recurso e sua distribuição, ficando o relator designado para seu exame prevento para julgá-lo;
>
> II – ao relator, se já distribuído o recurso;

III – ao presidente ou ao vice-presidente do tribunal recorrido, no período compreendido entre a interposição do recurso e a publicação da decisão de admissão do recurso, assim como no caso de o recurso ter sido sobrestado, nos termos do art. 1.037. (Brasil, 2015a)

Se indeferido o requerimento, entendemos ser cabível *habeas corpus* ao tribunal competente para analisar o ato coator.

Capítulo 11

Ações de impugnação

Iniciamos, agora, o estudo das chamadas *ações autônomas de impugnação*: revisão criminal e *habeas corpus*.

A despeito de o Código de Processo Penal (CPP) incluir os dispositivos que regulam essas ações nos Capítulos VII e X do Título II ("Dos recursos em geral") do Livro III, nem o *habeas corpus* nem a revisão criminal têm natureza jurídica de recurso (Brasil, 1941). Tecnicamente, são ações impugnativas em razão dos seguintes fundamentos:

a. Ao ser impetrado o *habeas corpus* ou proposta a revisão criminal, nova relação jurídico-processual se instaura, o que não ocorre com os recursos, os quais permitem que a rediscussão da matéria se dê no mesmo processo. No caso do *habeas corpus*, forma-se nova relação entre o impetrante e o paciente (que podem ou não ser a mesma pessoa) no polo ativo, e a autoridade coatora no passivo. Na revisão criminal, ação de competência originária dos tribunais, há novo processo instaurado após o encerramento definitivo do processo de conhecimento anterior, no qual já houve decisão condenatória (ou absolutória imprópria) transitada em julgado.

b. O cabimento dessas ações é permitido (no *habeas corpus*) ou somente possível (na revisão criminal) depois de a decisão transitar em julgado, ao passo que os recursos pressupõem a ausência de decisão definitiva sobre a matéria. Em específico, o *habeas corpus* é remédio que pode ser utilizado, inclusive, quando sequer exista um processo.

Como veremos, o **habeas corpus** é ação constitucional penal, de natureza mandamental, cujo objeto é a tutela da liberdade de locomoção das pessoas. Trata-se de remédio processual mandamental que visa preservar ou restabelecer o direito de liberdade.

Entretanto, por ser também ação de conhecimento, a tutela **mandamental** (ex.: determinar a colocação do indivíduo em liberdade ou o trancamento do processo ou da investigação) não é a única possível de ser obtida via *habeas corpus*. O pedido de concessão da ordem pode visar, também, uma tutela meramente **declaratória** (ex.: declarar a extinção do direito de punir do Estado no caso concreto ou mesmo anular sentença condenatória após o trânsito em julgado); **constitutiva** (quando, por exemplo, servir de via para anular o processo); **preventiva** (no caso de *habeas corpus* preventivo); e até mesmo **condenatória**, na hipótese do art. 653 do CPP: "Ordenada a soltura do paciente em virtude de *habeas corpus*, será condenada nas custas a autoridade que, por má-fé ou evidente abuso de poder, tiver determinado a coação" (Brasil, 1941).

Já a **revisão criminal** é uma ação impugnativa penal de caráter desconstitutivo, de competência originária dos tribunais e cujo objetivo é rescindir a coisa julgada criminal quando essa rescisão for necessária à tutela do *status libertatis* do condenado.

Em virtude dessa natureza jurídica distinta, as ações impugnativas têm estrutura e requisitos próprios, não seguindo exatamente a mesma linha de pressupostos dos recursos. A título de exemplo, não há prazo para a utilização de qualquer um dos dois instrumentos impugnativos. Inclusive, no caso de revisão criminal, mesmo após a morte do condenado é possível o seu ajuizamento. Analisaremos de forma mais detida as estruturas específicas dessas duas ações.

— 11.1 —
Habeas corpus

O *habeas corpus* é a garantia fundamental apta a tutelar o direito de liberdade[1], prevista no art. 5º, inciso LXVIII da CF, e disciplinada pelos arts. 647 a 667 do CPP, além dos Regimentos Internos dos tribunais. É comumente referenciado como *remédio heroico* ou *remédio constitucional*, designações compatíveis com seu papel de ser o instrumento mais democrático de acesso à Justiça no Brasil (e em muitos outros países).

Conforme ressalta Lopes Jr. (2018, p. 1123), "o processo penal e o *habeas corpus* em especial são instrumentos a serviço da máxima eficácia dos direitos e garantias fundamentais do indivíduo submetido ao poder estatal. A forma aqui é garantia, mas garantia do indivíduo".

---

1 Nesse sentido: "A doutrina do direito constitucional costuma distinguir entre **direitos**, que têm índole declaratória, e **garantias**, que possuem natureza asseguratória; no caso do direito à liberdade de locomoção, este seria o **direito** declarado pela Lei maior ao passo que o *habeas corpus*, a garantia desse mesmo direito, na medida em que constitui o meio, instrumento e procedimento para impor sua exigibilidade" (Grinover; Gomes Filho; Fernandes, 2005, p. 343, grifo do original).

— 11.1.1 —
Possibilidade jurídica do pedido

Em geral, cabe *habeas corpus* quando alguém sofre, ou se julga ameaçado de sofrer, violência ou coação ilegal em sua liberdade ambulatorial. Todavia, há uma hipótese de impossibilidade jurídica do pedido, fixada pelo constituinte originário, em que, mesmo ocorrendo privação ou restrição do direito de liberdade, não cabe a medida. Trata-se do determinado no art. 142, parágrafo 2º, da CF/1988, que prevê o não cabimento de *habeas corpus* contra punições disciplinares militares. Essa vedação tem sido estendida aos integrantes das polícias militares dos estados.

Os tribunais superiores, todavia, entendem que o preceito constitucional impeditivo não traz vedação absoluta à impetração de *habeas corpus*. O que se veda, sob as lentes do Supremo Tribunal Federal (STF) e do Superior Tribunal de Justiça (STJ), é a análise meritória ou a (in)justiça da punição. Admite-se, assim, o *mandamus* para controle dos aspectos formais que revestem o ato punitivo, em razão da possibilidade de controle judicial sobre atos administrativos. Desse modo, cabe *habeas corpus* quando, por exemplo, há: (a) falta de "competência" da autoridade que determinou a punição disciplinar; (b) inobservância de formalidade legal ou do prazo para seu término; e (c) desrespeito à ampla defesa.

11.1.2
Interesse de agir

Há interesse de agir sempre que a via do *mandamus* é necessária e adequada para tutelar o *status libertatis* do paciente, ou seja, sempre que o sujeito sofre ou se julga ameaçado de sofrer constrangimento à sua liberdade de locomoção em decorrência de ilegalidade ou abuso de poder. Cuidaremos, doravante, de algumas situações nas quais se discute a existência ou não de interesse de agir em sede de *habeas corpus*.

Começamos pelas Súmulas n. 693, n. 694 e n. 695 do STF, que disciplinam situações específicas de vedação à utilização do instituto, considerando a ausência de violação ou risco de violação à liberdade de locomoção e, consequentemente, a carência de interesse de agir.

De acordo com a Súmula n. 693 do STF, "Não cabe *habeas corpus* contra decisão condenatória à pena de multa, ou relativo a processo em curso por infração penal a que a pena pecuniária seja a única cominada" (Brasil, 2017, p. 400). Com a alteração feita pela Lei n. 9.268/1996 no art. 51 do Código Penal – cuja redação já foi novamente alterada pela Lei n. 13.964/2019 –, passou-se a considerar a multa penal como mera dívida de valor. Assim, caso o sujeito seja condenado somente à multa penal ou esteja respondendo a processo por suposta prática de fato definido como infração penal cuja única pena fixada seja a de multa, não se configurará constrangimento nem ameaça de constrangimento à sua liberdade.

Quando se trata de cumprimento de pena restritiva de direitos, entendemos ser cabível a impetração de *habeas corpus*[2], pois há possibilidade de que seja (re)convertida em pena de prisão, nos termos do parágrafo 4º do art. 44 do Código Penal[3].

Jurisprudência em destaque

STF, *Habeas Corpus* n. 82.697/SP:

"HABEAS CORPUS. PACIENTE CONDENADO À PENA DE SEIS MESES DE DETENÇÃO, SUBSTITUÍDA PELA PENA RESTRITIVA DE DIREITOS CONSISTENTE EM PRESTAÇÃO DE SERVIÇOS À COMUNIDADE. ACÓRDÃO DO SUPERIOR TRIBUNAL DE JUSTIÇA, QUE NÃO CONHECEU DO WRIT, AO ENTENDIMENTO DE QUE A PENA EM QUESTÃO NÃO AMEAÇA O DIREITO AMBULATORIAL. Firme a jurisprudência do STF de que a possibilidade de conversão das penas restritivas de direitos em privativa de liberdade caracteriza situação de dano potencial à liberdade de locomoção do condenado, sendo cabível a impetração de *habeas corpus* para sanar eventual constrangimento dela decorrente. Não havendo o STJ conhecido da impetração, nem sendo caso de concessão da ordem de ofício, é vedado a esta Corte examinar

---

2 Sobre o cabimento de *habeas corpus* no caso de pena restritiva de direitos, ver: Badaró (2015, p. 907); e Dezem (2017, p. 1161).

3 Código Penal: "Art. 44. [...] § 4º A pena restritiva de direitos converte-se em privativa de liberdade quando ocorrer o descumprimento injustificado da restrição imposta. No cálculo da pena privativa de liberdade a executar será deduzido o tempo cumprido da pena restritiva de direitos, respeitado o saldo mínimo de trinta dias de detenção ou reclusão" (Brasil, 1940).

desde logo o mérito do pedido, sob pena de suprimir daquele Tribunal a análise das alegações do Impetrante Habeas corpus deferido em parte para que o Superior Tribunal de Justiça, afastado o óbice invocado ao conhecimento do *writ*, proceda à sua apreciação, decidindo como entender de direito" (Brasil, 2003b).

A Súmula n. 694 do STF, por sua vez, enuncia: "Não cabe *habeas corpus* contra a imposição da pena de exclusão de militar ou de perda de patente ou de função pública" (Brasil, 2017, p. 401).

Apesar de serem sanções (exclusão militar, perda de patente e perda de função pública) que podem afetar relevantes direitos do cidadão, em nenhuma dessas hipóteses estamos diante de necessidade de tutela do direito de liberdade do indivíduo. Para buscar a proteção desses direitos, o militar ou o servidor público pode se valer de outros instrumentos, como ação ordinária ou, até mesmo, mandado de segurança, mas não de *habeas corpus*.

Jurisprudência em destaque

STF, Recurso Ordinário em Habeas Corpus n. 94.482/RN:

"RECURSO ORDINÁRIO EM HABEAS CORPUS: INVIABILIDADE PARA QUESTIONAR A EXCLUSÃO DE MILITAR OU A PERDA DE PATENTE OU FUNÇÃO PÚBLICA. AUSÊNCIA DE AMEAÇA OU

CONSTRANGIMENTO À LIBERDADE DE LOCOMOÇÃO. INCIDÊNCIA DA SÚMULA N. 694 DESTE SUPREMO TRIBUNAL FEDERAL. 1. Nos termos do Enunciado n. 694 da Súmula da jurisprudência deste Supremo Tribunal, 'Não cabe *habeas corpus* contra a imposição da pena de exclusão de militar ou perda de patente ou de função'. 2. Recurso Ordinário em Habeas Corpus ao qual se nega provimento" (Brasil, 2008).

Já o texto da Súmula n. 695 do STF expõe: "Não cabe *habeas corpus* quando já extinta a pena privativa de liberdade" (Brasil, 2017, p. 402). Nesse caso, a privação ou a possibilidade de privação da liberdade não mais se verifica, já que a pena de prisão se extinguiu pelo cumprimento ou pela prescrição da pretensão executória. Assim, no caso de ser necessário utilizar medida para pleitear algo relativo à condenação cuja pena de prisão já foi cumprida ou extinta pela prescrição, deve-se propor revisão criminal.

Com relação às medidas cautelares alternativas à prisão, definidas no art. 319 do CPP, entendemos ser possível a impetração de *habeas corpus*. Embora não sejam privativas de liberdade, há restrição (em maior ou menor grau, a depender da medida) ao direito de livremente se locomover. Assim, o remédio heroico pode ser empregado quando a medida é desnecessariamente decretada, ou quando há imposição de nova medida em conjunto com outra já determinada, ou quando é imposta medida mais gravosa em substituição à anterior.

Ademais, em razão de descumprimento de uma medida cautelar anteriormente, é possível a impetração em habeas corpus (art. 282, § 4º, c.c. art. 312, § 1º, CPP)[14]. Defendendo a possibilidade de impetrar o remédio em questão diante do decreto de medida cautelar diversa da prisão, Lopes Jr. (2018, p. 1.125) explica: "também é possível a impetração de *habeas corpus* quando o juiz decretar uma medida cautelar diversa e não fundamentar a existência de *fumus commissi delicti* e *periculum libertatis*".

— 11.1.3 —
Espécies

De acordo com o teor do art. 5º, inciso LXVIII, da CF/1988 e do art. 647 do CPP, duas são as espécies de *habeas corpus*:

1. **Liberatório (ou repressivo)**: postulado quando já configurada a lesão ao direito de liberdade, ou seja, o paciente já estava preso quando de sua impetração.

---

4   CPP: "Art. 282. [...] § 4º No caso de descumprimento de qualquer das obrigações impostas, o juiz, mediante requerimento do Ministério Público, de seu assistente ou do querelante, poderá substituir a medida, impor outra em cumulação, ou, em último caso, decretar a prisão preventiva, nos termos do parágrafo único do art. 312 deste Código" (Brasil, 1941).
CPP: "Art. 312. [...] § 1º A prisão preventiva também poderá ser decretada em caso de descumprimento de qualquer das obrigações impostas por força de outras medidas cautelares" (Brasil, 1941).
Observamos que a Lei n. 13.964/2019 deu nova redação a esses dispositivos e enumerou novamente os parágrafos do art. 312, conferindo-lhe o parágrafo 2º e transformando, assim, o parágrafo único em parágrafo 1º. Contudo, na redação dada ao parágrafo 4º do art. 282, permaneceu menção ao "parágrafo único" do art. 312, por um lapso legislativo.

2. **Preventivo**: quando existe ameaça de coação ilegal à liberdade de locomoção do paciente. Entre outros, citamos os seguintes exemplos de impetração de *habeas corpus* preventivo: (a) para buscar o "trancamento" do processo ou do inquérito policial quando evidentemente o fato é atípico ou está extinta a punibilidade; (b) quando há risco de decreto de prisão preventiva; (c) quando tem por objeto a anulação do processo; (d) contra decisão de recebimento da denúncia.

— 11.1.4 —
Cabimento

Antes de iniciarmos a análise específica das hipóteses de cabimento de *habeas corpus*, trataremos da evolução do texto legal/constitucional a partir da entrada em vigor do CPP, em janeiro de 1942.

O art. 647 do CPP prevê: "dar-se-á *habeas corpus* sempre que alguém sofrer ou se achar na iminência de sofrer violência ou coação ilegal na sua liberdade de ir e vir, salvo nos casos de punição disciplinar" (Brasil, 1941).

Comparando essa redação com as redações das Constituições que se sucederam ao CPP, notamos que, desde 1946, os textos constitucionais trouxeram previsão capaz de dar maior cobertura ao remédio em sua modalidade preventiva.

Nesse sentido, a Constituição de 1946 previu: "Art. 141. [...] § 23. Dar-se-á *habeas corpus* sempre que alguém sofrer ou se achar ameaçado de sofrer violência ou coação em sua liberdade de locomoção, por ilegalidade ou abuso de poder. Mas as agressões disciplinares, não cabe o *habeas corpus*" (Brasil, 1946). Esse mesmo texto era o que constava do art. 150, parágrafo 20, da Constituição de 1967[5] (Brasil, 1967). Por sua vez, determina o art. 5º, inciso LXVIII, da CF/1988: "conceder-se-á *habeas-corpus* sempre que alguém sofrer ou se achar ameaçado de sofrer violência ou coação em sua liberdade de locomoção, por ilegalidade ou abuso de poder" (Brasil, 1988).

No comparativo entre os textos do CPP e das Constituições que lhe sobrevieram, os principais ajustes feitos foram as substituições de:

a. "se achar na iminência de sofrer" por "se achar ameaçado de sofrer". Este termo é mais abrangente do que aquele e o inclui, pois abarca o que é iminente (muito próximo, prestes) e, também, eventos e riscos mais distantes. Tal adaptação potencializou o campo de cobertura do *habeas corpus* preventivo.

b. "coação ilegal" por "ou coação [...], por ilegalidade ou abuso de poder". Portanto, além da ilegalidade da coação, o abuso de poder passou a ser mencionado expressamente como conduta a ser afastada por meio do remédio constitucional. O abuso de poder é uma espécie de ilegalidade (exercer o

---

5 Quanto à impossibilidade de o remédio ser utilizado "nas transgressões militares", a Constituição de 1988 trouxe em dispositivo autônomo (art. 142, § 2º) – em relação ao que prevê a garantia constitucional (art. 5º, LXVIII) – o não cabimento de *habeas corpus* quanto às "punições disciplinares militares". Melhor o texto de 1988, pois é a "punição" (disciplinar militar) que precisa ser combatida por meio do remédio constitucional, e não a transgressão eventualmente praticada pelo militar.

poder de forma abusiva é exercê-lo ilegalmente), mas nem toda ilegalidade nasce de um abuso de poder. Aliás, essa separação é relevante, também, para a admissão de *habeas corpus* contra ato de particular, como veremos.

c. "dar-se-á" (do CPP e das Constituições de 1946 e 1967) por "conceder-se-á" (CF/1988). Nesse ponto, houve apenas adaptação para redação mais ajustada tecnicamente.

Superada a avaliação da mudança textual relativa à previsão genérica de quando deve ser concedido o *writ*, passaremos à análise do art. 648 do CPP, o qual, partindo dos fundamentos constitucional e legal citados, procura sintetizar os motivos que podem ensejar a concessão de *habeas corpus*. São eles:

"I – quando não houver justa causa;" (Brasil, 1941).

Para fins de cabimento e concessão de *habeas corpus*, o termo *justa causa* assume significado mais abrangente do que aquele que se extrai do art. 395, inciso III, do CPP. Dessa forma, no contexto do art. 648, inciso I, do CPP, pode ensejar *habeas corpus* a falta de justa causa para: (a) instauração de inquérito policial; (b) propositura da ação penal; e (c) prisão.

Jurisprudência em destaque

STF, *Habeas Corpus* n. 106.314/SP:
"HABEAS CORPUS. CONSTITUCIONAL. PROCESSUAL PENAL. TRANCAMENTO DE INQUÉRITO POLICIAL. JUSTA CAUSA NÃO DEMONSTRADA. NECESSIDADE DE APROFUNDAMENTO DOS TRABALHOS INVESTIGATÓRIOS. AUSÊNCIA DE PLAUSIBILIDADE JURÍDICA DAS ALEGAÇÕES APRESENTADAS NESTA IMPETRAÇÃO. PRECEDENTES. DENEGAÇÃO DA ORDEM. 1. É firme a jurisprudência deste Supremo Tribunal Federal no sentido de que, o trancamento de inquérito policial pela via do *habeas corpus*, constitui medida excepcional só admissível quando evidente a falta de justa causa para o seu prosseguimento, seja pela inexistência de indícios de autoria do delito, seja pela não comprovação de sua materialidade, seja ainda pela atipicidade da conduta do investigado. 2. O exame da alegada imprecisão do nome ou inocência do Paciente diante da hipótese de suposto constrangimento ilegal não se coaduna com a via eleita, sendo tal cotejo reservado para processos de conhecimento, aos quais a dilação probatória é reservada 3. Ordem denegada" (Brasil, 2011).

STF, *Habeas Corpus* n. 81.324/SP:
"HABEAS CORPUS. PENAL. PROCESSO PENAL. CRIME CONTRA O SISTEMA FINANCEIRO NACIONAL. REPRESENTAÇÃO. DENÚNCIA. PROCESSO ADMINISTRATIVO. ARQUIVAMENTO. AÇÃO PENAL. FALTA DE JUSTA CAUSA. Denúncia por crime

contra o Sistema Financeiro Nacional oferecida com base exclusiva na representação do BANCO CENTRAL. Posterior decisão do BANCO determinando o arquivamento do processo administrativo, que motivou a representação. A instituição bancária constatou que a dívida, caracterizadora do ilícito, foi objeto de repactuação nos autos de execução judicial. O Conselho de Recursos do Sistema Financeiro Nacional referendou essa decisão. O Ministério Público, antes do oferecimento da denúncia, deveria ter promovido a adequada investigação criminal. Precisava, no mínimo, apurar a existência do nexo causal e do elemento subjetivo do tipo. E não basear-se apenas na representação do BANCO CENTRAL. Com a decisão do BANCO, ocorreu a falta de justa causa para prosseguir com a ação penal, por evidente atipicidade do fato. Não é, portanto, a independência das instâncias administrativa e penal que está em questão. HABEAS deferido" (Brasil, 2002b).

STJ, Recurso Ordinário em *Habeas Corpus* n. 48.397/RJ:

"PROCESSO PENAL E PENAL. RECURSO EM HABEAS CORPUS. ESTELIONATO QUALIFICADO. TRANCAMENTO DA AÇÃO PENAL. INÉPCIA DA DENÚNCIA. NÃO OCORRÊNCIA. GRAVAÇÃO AMBIENTAL REALIZADA POR UM DOS INTERLOCUTORES. LEGALIDADE. VIOLAÇÃO SIGILO PROFISSIONAL. INOCORRÊNCIA. RECURSO IMPROVIDO. 1. A extinção da ação penal por falta de justa causa ou por inépcia formal da denúncia situa-se no campo da excepcionalidade. 2. Somente é cabível o trancamento da ação penal por meio do habeas corpus quando houver comprovação, de plano, da ausência de justa causa, seja em razão da atipicidade da conduta supostamente praticada pelo acusado, seja da ausência de indícios de autoria e materialidade delitiva, ou ainda da incidência de causa de extinção da punibilidade. [...]" (Brasil, 2016c).

Se não houver justa causa para a ação penal, caberá o *habeas corpus* da decisão que receber a denúncia ou queixa, por exemplo. Nesse caso, concedida a ordem, será determinado o que se convencionou chamar de *trancamento do processo*. Também, caso não haja justa causa para a instauração do inquérito policial, caberá a impetração de *habeas corpus* com vistas ao trancamento da investigação policial, como nas seguintes situações: quando se tratar de fato manifestamente atípico; se já extinta a punibilidade; se inexistirem quaisquer indícios de autoria; e diante da ausência de comprovação de materialidade do fato.

Quanto às prisões, o art. 5º, inciso LXI, da CF/1988 determina que "ninguém será preso senão em flagrante delito ou por ordem escrita e fundamentada de autoridade judiciária competente, salvo nos casos de transgressão militar ou crime propriamente militar, definidos em lei" (Brasil, 1988). Com redação próxima, o art. 283, *caput*, do CPP também prevê que "ninguém poderá ser preso senão em flagrante delito ou por ordem escrita e fundamentada da autoridade judiciária competente, em decorrência de prisão cautelar ou em virtude de condenação criminal transitada em julgado" (Brasil, 1941).

Assim, prisão sem justa causa é toda aquela que não se enquadra nas possibilidades de privação de liberdade definidas no texto constitucional e no legal. A falta de justa causa para a prisão pode decorrer, por exemplo, da falta de fundamento para se decretar a prisão preventiva (ou, como sustentado na Subseção 11.1.2, para se determinar medida cautelar alternativa à prisão).

"II – quando alguém estiver preso por mais tempo do que determina a lei;" (Brasil, 1941).

Trata-se aqui do excesso de prazo ligado às prisões cautelares, tema recorrente em nossos tribunais e que deve ser analisado em conjunto com a garantia constitucional da duração razoável do processo (art. 5º, LXXVIII, CF/1988). O sistema de justiça democrático deve zelar pela razoável duração do processo de modo geral, seja qual for a natureza do processo.

No entanto, considerando seu alto potencial invasivo na liberdade e na vida pessoal do sujeito, quando estamos diante de um processo penal, intensifica-se a necessidade de encerramento do processo em tempo razoável. Em se tratando de processo criminal em que o réu está detido cautelarmente, dar ao processo uma razoável duração é ainda mais fundamental para [linha ilegível]. Assim, estando o acusado preso preventivamente, a demora para o encerramento do processo acentua a violação dessa garantia e torna ilegal a privação de sua liberdade de locomoção na modalidade cautelar.

Todavia, ao longo dos anos, os tribunais não tiveram por costume interpretar de forma retilínea a existência de excesso de prazo na custódia preventiva. Em regra, não analisam o excesso de tempo ensejador da colocação do réu em liberdade somente na perspectiva do prazo isolado para prática do ato processual e, muitas vezes, nem mesmo sob a ótica da mera soma dos prazos dos atos que compõem o procedimento aplicado no caso concreto.

Ainda, há diversas súmulas que precisam ser lidas com *grano salis*, ante a necessidade de ponderação que o tema recomenda. São elas: Súmula n. 21 do STJ: "Pronunciado o réu, fica superada a alegação do constrangimento ilegal da prisão por excesso de prazo na instrução" (Brasil, 2021b, p. 42); Súmula n. 52 do STJ: "Encerrada a instrução criminal, fica superada a alegação de constrangimento por excesso de prazo" (Brasil, 2021b, p. 81); Súmula n. 64 do STJ: "Não constitui constrangimento ilegal o excesso de prazo na instrução, provocado pela defesa" (Brasil, 2021b, p. 124).

O que, então, podemos considerar como *razoável* em termos de duração do processo estando o réu preso preventivamente? Para o STF, três critérios referenciais devem ser utilizados diante do caso concreto para aferir a razoabilidade no tempo de prisão preventiva, a saber: (1) a complexidade do caso; (2) o comportamento processual das partes; e (3) eventual desídia das autoridades judiciárias.

Jurisprudência em destaque

STF, Recurso Ordinário em *Habeas Corpus* n. 122.462/SP:

"RECURSO ORDINÁRIO EM HABEAS CORPUS. PROCESSUAL PENAL. EXCESSO DE PRAZO PARA O TÉRMINO DA INSTRUÇÃO CRIMINAL. AUSÊNCIA DE CONSTRANGIMENTO ILEGAL. RECORRENTE ACUSADA DE INTEGRAR ORGANIZAÇÃO CRIMINOSA ENVOLVIDA NA PRÁTICA DOS CRIMES DE TRÁFICO DE DROGAS, CORRUPÇÃO POLICIAL E QUADRILHA ARMADA. PRISÃO PREVENTIVA DEVIDAMENTE FUNDAMENTADA NA GARANTIA DA ORDEM PÚBLICA. RECURSO IMPROVIDO. 1. A jurisprudência do Supremo Tribunal Federal é firme no sentido de que a demora para conclusão da instrução criminal, como circunstância apta a ensejar constrangimento ilegal, somente se dá em hipóteses excepcionais, nas quais a mora seja decorrência de (a) evidente desídia do órgão judicial; (b) exclusiva atuação da parte acusadora; ou (c) situação incompatível com o princípio da razoável duração do processo, previsto no art. 5º, LXXVIII, da CF/88, o que não ocorre no caso dos autos.

2. Os fundamentos utilizados revelam-se idôneos para manter a segregação cautelar da recorrente, na linha de precedentes desta Corte. É que a decisão aponta de maneira concreta a necessidade de garantir a ordem pública, tendo em vista a periculosidade da agente, acusada de integrar organização criminosa voltada à prática dos crimes de tráfico de drogas, corrupção policial e formação de quadrilha armada, com ramificações para outras Comarcas do Estado de São Paulo e também nos Estados de Mato Grosso e Mato Grosso do Sul. 3. Recurso improvido" (Brasil, 2014c).

Trazendo maior controle sobre a aferição da necessidade de se manter a prisão durante a persecução penal (controle este que também auxilia no zelo pela garantia do processo no prazo razoável), a Lei n. 13.964/2019 inseriu o parágrafo único no art. 316 do CPP, que passou a prever: "Decretada a prisão preventiva, deverá o órgão emissor da decisão revisar a necessidade de sua manutenção a cada 90 (noventa) dias, mediante decisão fundamentada, de ofício, sob pena de tornar a prisão ilegal" (Brasil, 1941).

O novo dispositivo possibilita que a revisão da necessidade de manutenção da prisão preventiva, nos termos por ele definidos, funcione como importante ferramenta para evitar o alongamento demasiado e infundado da prisão preventiva. Nesse sentido, o que se busca evitar é o "esquecimento" do réu em situação prisional cautelar, permanecendo por tempo exagerado nessa circunstância sem conclusão do processo, o que, por consequência, afronta não só seu direito de liberdade, como também a garantia da duração razoável do processo penal. Como esta previsão é recente, a jurisprudência está sendo lapidada. Em caso que serve de paradigma aos primeiros posicionamentos do STF, no HC n. 191.836/SP houve grande imbróglio no enfrentamento do tema. Impetrado o *habeas corpus*, foi concedida a liminar pelo relator, que assim entendeu: "Uma vez não constatado ato posterior sobre a indispensabilidade da medida, formalizado nos últimos 90 dias, tem-se desrespeitada a previsão legal, surgindo o excesso de prazo" (Brasil, 2021c)[16].

Em seguida, contudo, houve suspensão dos efeitos da liminar pela presidência do STF. Na fundamentação de seu voto, destacou o presidente:

> Outrossim, a *ratio* do artigo 316 do Código de Processo Penal não pode ser desconsiderada. A definição da categoria excesso de prazo demanda juízo de razoabilidade à luz das circunstâncias concretas do caso em análise. Nesse sentido, na esteira do que sustentado pela Procuradoria-Geral da República, a revisão da prisão a cada 90 dias pressupõe marcha processual em condições de alterar a realidade sobre a qual decretada a prisão. (Brasil, 2021d)

---

6   O STF concedeu a liminar no *Habeas Corpus* n. 191.836/SP em 02/10/2020. Logo após, em 10/10/2020, houve suspensão dos efeitos da liminar, decisão que foi referendada pela maioria do Tribunal Pleno no dia 15/10/2020 (Brasil, 2021c).

A decisão do presidente foi, posteriormente, referendada
pelo plenário da STF, de ofício, por maioria, a seguinte de seu julgamento:

> A inobservância da reavaliação prevista no parágrafo único do artigo 316 do Código de Processo Penal (CPP), com a redação dada pela Lei 13.964/2019, após o prazo legal de 90 (dias), não implica a revogação automática da prisão preventiva, devendo o juízo competente ser instado a reavaliar a legalidade e a atualidade de seus fundamentos. (Brasil, 2021d)

Há também posicionamento do STJ pelo não automatismo da ilegalidade da prisão preventiva pelo atraso na apreciação da necessidade ou não de sua manutenção[17].

---

7   STJ, Agravo Regimental nos Embargos de Declaração no Habeas Corpus n. 605.590/MT: "5. A alteração promovida pela Lei nº 13.964/2019 ao art. 316 do Código Penal estabeleceu que o magistrado revisará, a cada 90 dias, a necessidade da manutenção da prisão, mediante decisão fundamentada, sob pena de tornar a prisão ilegal. Não se trata, entretanto, de termo peremptório, isto é, eventual atraso na execução deste ato não implica automático reconhecimento da ilegalidade da prisão, tampouco a imediata colocação do custodiado cautelar em liberdade. 6. 'Nos termos do parágrafo único do art. 316 do CPP, a revisão, de ofício, da necessidade de manutenção da prisão cautelar, a cada 90 dias, cabe tão somente ao órgão emissor da decisão (ou seja, ao julgador que a decretou inicialmente) [...] Portanto, a norma contida no parágrafo único do art. 316 do Código de Processo Penal não se aplica aos Tribunais de Justiça e Federais, quando em atuação como órgão revisor'. (AgRg no HC 569.701/SP, Rel. Ministro Ribeiro Dantas, Quinta Turma, DJe 17/06/2020). 7. Agravo regimental conhecido e não provido, reiterada a recomendação ao Juízo processante de reanálise da prisão" (Brasil, 2020a).

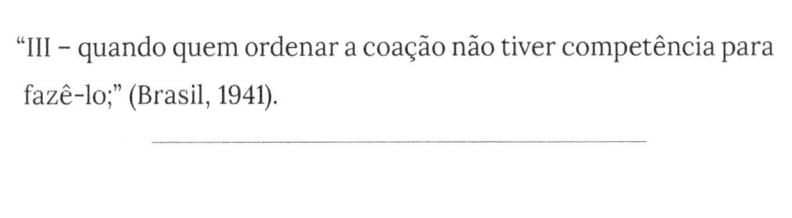

"III – quando quem ordenar a coação não tiver competência para fazê-lo;" (Brasil, 1941).

Trata-se de hipótese de impetração do *writ* por questão formal quando a prisão for decretada por autoridade judiciária incompetente para a prática do ato.

"IV – quando houver cessado o motivo que autorizou a coação;" (Brasil, 1941).

Nesse caso, a prisão preventiva teria sido decretada legalmente, mas o motivo que a ensejou se esvaiu ao longo da persecução penal. Em se tratando de prisão preventiva, para que o sujeito permaneça custodiado, é necessário que o motivo se mantenha presente por todo o tempo em que há a privação de sua liberdade. Se o motivo desaparecer (não restando qualquer outro), a prisão deverá ser imediatamente revogada. Caso contrário, haverá coação ilegal do direito de liberdade.

A prisão preventiva rege-se pela cláusula *rebus sic stantibus*, nos termos do *caput* do art. 316 do CPP. Aliás, esse motivo de impetração do *habeas corpus* está diretamente ligado ao disposto no parágrafo único do art. 316 do CPP, que exige reavaliação da necessidade da preventiva a cada 90 dias, conforme já doutrinamos.

Ainda, como sustentamos a possibilidade de *habeas corpus* de decisões sobre medidas cautelares alternativas à prisão (ver Subseção 11.1.2), o remédio poderá ser utilizado caso tenha sido decretada a medida e não mais subsista motivo para tanto. Para Lopes Jr. (2018, p. 1129),

> quando o *periculum libertatis* enfraquece, é perfeitamente possível a substituição da prisão preventiva por uma medida cautelar diversa (art. 319), pois houve alteração do suporte fático legitimamente. Ademais, recordemos que a prisão preventiva exige a demonstração da inadequação ou insuficiência das medidas cautelares diversas. Qualquer alteração fática superveniente que inverta essa equação autoriza o pedido de substituição da prisão por uma medida cautelar diversa.

Portanto, o autor também trabalha com a hipótese de se pedir a substituição da prisão preventiva por medida cautelar alternativa se o *periculum libertatis* enfraquecer com o passar do tempo.

"V – quando não for alguém admitido a prestar fiança, nos casos em que a lei a autoriza;" (Brasil, 1941).

A fiança deve ser concedida (e arbitrada) ou negada, conforme o que consta dos arts. 322 e seguintes do CPP. Lopes Jr. (2018, p. 1.129) assim se posiciona: "pensamos que esse dispositivo deve ter uma leitura alargada, tendo cabimento o HC no caso em que não é oferecida a fiança (e cabível), mas também nos casos em que o valor arbitrado é excessivo, equivalendo-se ao não oferecimento".

Nosso entendimento coincide com o de Lopes Jr. (2018), ou seja, no sentido do cabimento do *habeas corpus* quando, embora fixada a fiança no caso concreto, seu valor for excessivo a ponto de tornar economicamente inviável seu recolhimento.

"VI – quando o processo for manifestamente nulo;" (Brasil, 1941).

O *habeas corpus* serve também de instrumento para se arguir nulidades absolutas e relativas. Cabe recordar que, tratando-se de nulidade relativa, há momento oportuno para sua arguição, sob pena de preclusão e sanatória do vício. Quando, por outro lado, a nulidade é absoluta, pode ser ventilada a qualquer momento, não havendo preclusão temporal e sendo insanável o vício.

Sob a ótica da defesa, inclusive, podem ser trazidas nulidades que possam desconstituir coisa julgada após o trânsito em julgado. Assim, o *writ* é meio idôneo à arguição de nulidades relativas ou absolutas e, quanto às últimas, mesmo após o trânsito em julgado da condenação, o remédio pode ser impetrado. No caso de concessão da ordem com base nesse inciso, dispõe o art. 652 do CPP: "Se o *habeas corpus* for concedido em virtude de nulidade do processo, este será renovado" (Brasil, 1941). Para mais detalhes sobre as nulidades processuais, confira o Capítulo 1 deste livro.

"VII – quando extinta a punibilidade." (Brasil, 1941).

Se presente causa extintiva da punibilidade no caso concreto, não há poder punitivo estatal a ser reconhecido concretamente. Se extinta a pretensão punitiva, sequer deve ser instaurada qualquer fase da persecução penal. Quando já instaurada, o *habeas corpus* pode ser impetrado para promover seu imediato trancamento, quer esteja em fase de investigação policial, quer esteja em fase de ação penal.

— 11.1.5 —
Legitimidade

De acordo com o art. 654 do CPP, qualquer pessoa tem legitimidade para impetrar *habeas corpus*, para si ou para outrem.

Portanto, qualquer pessoa física ou jurídica, nacional ou estrangeira, capaz ou incapaz, pode impetrar o remédio heroico para si ou para terceira pessoa. Igualmente, o advogado do paciente pode fazer o pedido mesmo sem procuração. Também o representante do Ministério Público pode impetrá-lo em favor do paciente.

Impetrante é aquele que ingressa com o pedido de *habeas corpus*. Paciente é o possível beneficiário da ordem, ou seja, a pessoa em favor de quem o pedido é ajuizado e que sofre ou está ameaçado de sofrer constrangimento ilegal em seu direito de liberdade. Coator (ou autoridade coatora) é aquele que concretamente praticou o suposto ato ilegal.

Assim, a **legitimidade passiva** em sede de *habeas corpus* é da autoridade coatora (e não do executor), ou seja, aquela que concretamente é responsável pela ordem ou decisão que configura a lesão ou ameaça de lesão à liberdade de locomoção. O executor (que não figura no polo passivo) é aquele que concretamente efetiva a ordem ou decisão da autoridade coatora, como o diretor ou o agente da unidade prisional em que o paciente está preso.

Admite-se também o uso do *writ* contra **ato de particular**, pois a Constituição Federal, além do "abuso de poder", refere-se à "ilegalidade", que pode decorrer não só de conduta de autoridade pública (como no caso de abuso de poder, que é espécie de ilegalidade), mas também de particular.

São exemplos de condutas que podem ensejar impetração de *habeas corpus* contra ato de particular: recusa em liberar o paciente que já teve alta médica mas que não tem condições de pagar as despesas hospitalares; internação de pessoa, contra sua vontade, para tratamento de doença mental ou dependência de drogas em clínicas ou hospitais.

— 11.1.6 —
Competência

Os critérios que norteiam a definição da competência para apreciar *habeas corpus* são o territorial e o hierárquico.

Em *habeas corpus* impetrado **contra ato de particular, de autoridade policial ou administrativa**, a competência é do juiz de direito da comarca do fato. Caso haja mais de um juiz igualmente competente, deverá a competência ser fixada pela distribuição (art. 75, CPP).

Em *habeas corpus* impetrado **contra ato de juiz de direito**, a competência é do respectivo Tribunal de Justiça (TJ) ou Tribunal Regional Federal (TRF).

Já quando impetrado **contra ato de juiz do Juizado Especial Criminal**, a competência é do colégio (ou turma) recursal. Se, porém, a autoridade coatora for o próprio colégio recursal, a competência será do TJ ou do TRF, em razão da superação do entendimento da Súmula n. 690 do STF, que ocorreu no julgamento do HC n. 86.834/SP.

Jurisprudência em destaque

STF, *Habeas Corpus* n. 86.834/SP:

"COMPETÊNCIA – HABEAS CORPUS – DEFINIÇÃO. A competência para o julgamento do *habeas corpus* é definida pelos envolvidos – paciente e impetrante. COMPETÊNCIA – HABEAS CORPUS – ATO DE TURMA RECURSAL. Estando os integrantes das turmas recursais dos juizados especiais submetidos, nos crimes comuns e nos de responsabilidade, à jurisdição do tribunal de justiça ou do tribunal regional federal, incumbe a cada qual, conforme o caso, julgar os *habeas* impetrados contra ato que tenham praticado. COMPETÊNCIA – HABEAS CORPUS – LIMINAR. Uma vez ocorrida a declinação da competência, cumpre preservar o quadro decisório decorrente do deferimento de medida acauteladora, ficando a manutenção, ou não, a critério do órgão competente" (Brasil, 2007a).

STF, Questão de Ordem no *Habeas Corpus* n. 86.009/DF:

"QUESTÃO DE ORDEM. HABEAS CORPUS CONTRA ATO DE TURMA RECURSAL DE JUIZADO ESPECIAL. INCOMPETÊNCIA DO SUPREMO TRIBUNAL FEDERAL. ALTERAÇÃO DE JURISPRUDÊNCIA. REMESSA DOS AUTOS. JULGAMENTO JÁ INICIADO. INSUBSISTÊNCIA DOS VOTOS PROFERIDOS. Tendo em vista que o Supremo Tribunal Federal, modificando sua jurisprudência, assentou a competência dos Tribunais de Justiça estaduais para julgar *habeas corpus* contra ato de Turmas Recursais dos Juizados Especiais, impõe-se a imediata remessa dos autos à respectiva Corte local para reinício do julgamento da causa, ficando sem efeito os votos já proferidos. Mesmo tratando-se de alteração de competência por efeito de mutação constitucional (nova interpretação à Constituição Federal), e não propriamente de alteração no texto da Lei Fundamental, o fato é que se tem, na espécie, hipótese de competência absoluta (em razão do grau de jurisdição), que não se prorroga. Questão de ordem que se resolve pela remessa dos autos ao Tribunal de Justiça do Distrito Federal e dos Territórios, para reinício do julgamento do feito" (Brasil, 2007c).

A competência do STJ para julgamento de *habeas corpus* vem fixada no art. 105, inciso I, alínea "c", da Constituição Federal:

> Art. 105. Compete ao Superior Tribunal de Justiça:
>
> I – processar e julgar, originariamente:
>
> [...]
>
> c) os *habeas corpus*, quando o coator ou paciente for qualquer das pessoas mencionadas na alínea "a", ou quando o coator for tribunal sujeito à sua jurisdição, Ministro de Estado ou Comandante da Marinha, do Exército ou da Aeronáutica, ressalvada a competência da Justiça Eleitoral. (Brasil, 1988)

A fixação da competência do STF em sede de *habeas corpus* está prevista no art. 102, inciso I, alíneas "d" e "i", da Constituição Federal:

> Art. 102. Compete ao Supremo Tribunal Federal, precipuamente, a guarda da Constituição, cabendo-lhe:
>
> I – processar e julgar, originariamente:
>
> [...]
>
> d) o *habeas corpus*, sendo paciente qualquer das pessoas referidas nas alíneas anteriores; o mandado de segurança e o *habeas data* contra atos do Presidente da República, das Mesas da Câmara dos Deputados e do Senado Federal, do Tribunal de Contas da União, do Procurador-Geral da República e do próprio Supremo Tribunal Federal;
>
> [...]
>
> i) o *habeas corpus*, quando o coator for Tribunal Superior ou quando o coator ou o paciente for autoridade ou funcionário cujos atos estejam sujeitos diretamente à jurisdição do Supremo Tribunal Federal, ou se trate de crime sujeito à mesma jurisdição em uma única instância. (Brasil, 1988)

Dessa forma, compete ao STF (para além de outras hipóteses) julgar *habeas corpus* contra ato do STJ e dos demais tribunais superiores, quais sejam: Superior Tribunal Militar (STM), Tribunal Superior Eleitoral (TSE) e Tribunal Superior do Trabalho (TST).

Por fim, em *habeas corpus* impetrado contra ato coator praticado por promotor de Justiça ou procurador da República, apesar de haver discussão, prevalece a posição de que a competência é do TJ ou do TRF, respectivamente, pois essas autoridades são julgadas pelos tribunais de segundo grau, ante a prerrogativa de função de cada qual[18]. Dezem (2017, p. 1171) faz, apenas, a seguinte ressalva: "Claro que se a atuação deste promotor ou procurador se der no âmbito do Juizado Especial então valerá a mesma regra que vale para o juiz: a competência será da Turma Recursal".

— 11.1.7 —
Procedimento

Distribuída a petição inicial, os autos serão conclusos ao relator para eventual apreciação de pedido de liminar. Vale lembrar que, no procedimento do *habeas corpus* definido no CPP, não há dispositivo prevendo sua concessão. Porém, admite-se a análise liminar do pedido, aplicando-se analogicamente o procedimento do mandado de segurança, que traz essa permissão (art. 7º, *caput*, III, Lei n. 12.016/2009).

Concedida ou não a liminar, o relator, se entender necessário, pode requisitar informações da autoridade coatora (arts. 662 e 664 do CPP). Juntadas ou não as informações da autoridade

---

8   Esse é o posicionamento de Lopes Jr (2018, p. 1138) e Badaró (2015, p. 916).

coatora, colhe-se o parecer do Ministério Público[19] e, após, determina-se data para julgamento, na primeira sessão, independentemente de prévia intimação ou publicação da pauta, podendo-se, contudo, adiá-lo para a sessão seguinte (art. 664, *caput*, CPP).

A decisão deve ser tomada por maioria de votos. Se houver empate e o presidente não tiver votado, deverá fazê-lo; caso contrário, prevalecerá a decisão mais favorável ao paciente (art. 664, parágrafo único, CPP). Apesar de não haver fase instrutória no procedimento do *habeas corpus*, há instrução feita por meio dos documentos juntados e das informações da autoridade coatora, quando prestadas.

Os regimentos internos dos tribunais também fixam normas complementares sobre *habeas corpus*.

De acordo com a Súmula n. 691 do STF: "Não compete ao Supremo Tribunal Federal conhecer de *habeas corpus* impetrado contra decisão do Relator que, em *habeas corpus* requerido a tribunal superior, indefere a liminar" (Brasil, 2017, p. 399). Embora com alguns temperamentos, essa súmula ainda tem

---

9   O CPP não previu participação do Ministério Público em sede de *habeas corpus*, mas o Decreto-Lei n. 552, de 25 de abril de 1969, passou a prever tal possibilidade, nos pedidos feitos em segunda instância, nos seguintes termos: "Art 1º Ao Ministério Público será sempre concedida, nos Tribunais Federais ou Estaduais, vista dos autos relativos a processos de 'habeas corpus' originários ou em grau de recurso pelo prazo de 2 (dois) dias. § 1º Findo esse prazo, os autos, com ou sem parecer serão conclusos ao relator para julgamento, independentemente de pauta. § 2º A vista ao Ministério Público será concedida após a prestação das informações pela autoridade coatora salvo se o relator entender desnecessário solicitá-las, ou se solicitadas, não tiverem sido prestadas. § 3º No julgamento dos processos a que se refere este artigo será assegurada a intervenção oral do representante do Ministério Público" (Brasil, 1969).

sido aplicada. Confira, a seguir, a oscilação da jurisprudência

---

Jurisprudência em destaque

STF, Questão de Ordem no *Habeas Corpus* n. 76.347/MS:

"*Habeas corpus*. Questão de ordem. Inadmissibilidade de *habeas corpus* em que se pretende seja concedida liminar por esta Corte substitutiva de duas denegações sucessivas dessa liminar pelos relatores de dois Tribunais inferiores a ela, mas dos quais um é superior hierarquicamente ao outro. – A admitir-se essa sucessividade de *habeas corpus*, sem que o anterior tenha sido julgado definitivamente para a concessão de liminar '*per saltum*', ter-se-ão de admitir consequências que ferem princípios processuais fundamentais, como o da hierarquia dos graus de jurisdição e o da competência deles. *Habeas corpus* não conhecido" (Brasil, 1998b).

STF, *Habeas Corpus* n. 89.681/RO:

"CONSTITUCIONAL. HABEAS CORPUS. PROCESSUAL PENAL. AUSÊNCIA DE TÍTULO PRISIONAL PARA MANTER A SEGREGAÇÃO DO PACIENTE (PRISÃO EM FLAGRANTE OU PRISÃO

PREVENTIVA). CONSTRANGIMENTO ILEGAL DEMONSTRADO E COMPROVADO NOS AUTOS. TEMPERAMENTO DA SÚMULA 691 DESTE SUPREMO TRIBUNAL. PRECEDENTES. HABEAS CORPUS CONDEDIDO. 1. Primeira prisão determinada por Ministra do Superior Tribunal de Justiça, em flagrante, relativamente ao crime de formação de quadrilha, na ação penal em trâmite naquele Superior Tribunal, exauriu-se ao se pronunciar sobre a denúncia ali apresentada pelo Ministério Público Federal e que determinou a soltura do ora Paciente. 2. Segunda prisão levada a efeito pela Polícia Federal sob o fundamento de remanescer a prisão em flagrante do Paciente quanto ao crime de porte e guarda de armas de fogo, processo em trâmite no Tribunal de Justiça do Estado de Rondônia. Pedido de relaxamento da prisão indeferido pelo Desembargador Relator, ocasião em que, ante a carência da flagrância alegada pela Polícia Federal, a prisão foi transmudada em prisão preventiva "para garantia da ordem pública". Para que fosse legítima a prisão, haveria que se comprovar o estado de flagrância ou, a ser como afirmado pelo Tribunal de Justiça de Rondônia, caso de preventiva, que foram atendidos os requisitos desta, basicamente, os do art. 312 do Código de Processo Penal. Necessário temperamento da Súmula 691 deste Supremo, para que não se negue a aplicação do art. 5º, inc. XXXV, da Constituição da República. Não se há negar jurisdição ao que reclama prestação do Poder Judiciário, menos ainda deste

Supremo Tribunal, quando se afigure ilegalidade flagrante. Precedentes. Qualquer pessoa – independente de sua condição ou foro – tem o direito de não ser privada do seu estado de liberdade pelo Estado senão quando houver flagrância ou decisão judicial neste sentido, a qual, de resto, haverá de atender aos requisitos legais. 3. Habeas corpus concedido" (Brasil, 2007b).[10]

— 11.1.8 —
Recursos em sede de *habeas corpus*

Quando o *habeas corpus* é concedido ou denegado em primeira instância, cabe recurso em sentido estrito, nos termos do inciso X do art. 581 do CPP (ver Capítulo 3). Quando concedido o *habeas corpus* por juiz de primeira instância, cabe, também, o chamado *recurso de ofício* (art. 574, I, CPP).

Da decisão que denega ou não conhece o *habeas corpus*, quando proferida em única instância pelos tribunais superiores, cabe recurso ordinário constitucional ao STF (art. 102, II, "a", CF/1988).

Finalmente, convém ressaltar que o recurso ordinário constitucional tem prazo de 5 dias de interposição, já com as razões recursais, segundo prevê o art. 30 da Lei n. 8.038, de 28 de maio de 1990 (Brasil, 1990). Em se tratando de tutela à liberdade de

---

10 Pela admissão do *habeas corpus* e atenuação da Súmula n. 691, ver também: STF, HC n. 85.185/SP; e STJ, HC n. 20.092/SP. Vedando a admissão, ver: STJ, HC n. 7.555/SP; e HC n. 6.327/SC.

locomoção, é possível que, em vez de se interpor o recurso ordinário constitucional, seja impetrado outro *habeas corpus* ao STJ ou ao STF, conforme as circunstâncias do caso e a intensidade da ilegalidade demandarem.

— 11.2 —
Revisão criminal

A revisão criminal é disciplinada pelos arts. 621 a 631 do CPP. Como vimos no início deste capítulo, ela tem natureza jurídica de ação, não de recurso, pois, com sua propositura, nova relação jurídico-processual se instaura; além disso, seu cabimento não se prende à existência de decisão judicial não transitada em julgado. Ao contrário, a revisão pressupõe o trânsito em julgado da condenação (ou da absolvição imprópria), como veremos.

Constitui-se a revisão criminal, portanto, em uma ação autônoma de impugnação de competência originária dos tribunais, de natureza penal e caráter desconstitutivo. Seu objetivo é rescindir a coisa julgada criminal (em conformidade com os motivos constantes do art. 621 do CPP), com vistas a tutelar o direito de liberdade.

No Brasil, a revisão criminal pode ter como objeto a sentença condenatória (ou acórdão condenatório) e a sentença absolutória imprópria (ou acórdão absolutório impróprio) transitadas(os) em julgado. A permissão de utilização da via revisional para impugnação de decisões absolutórias impróprias leva em conta a fixação da sanção penal de medida de segurança (art. 386, parágrafo único, CPP)[111]

Jurisprudência em destaque

STJ, Recurso Especial n. 329.346/RS:

"PROCESSUAL PENAL. REVISÃO CRIMINAL. SENTENÇA ABSOLUTÓRIA. ART. 621. IMPOSSIBILIDADE. ERRÔNEA CAPITULAÇÃO NO DISPOSITIVO. ERRO MATERIAL. CORREÇÃO A QUALQUER TEMPO. POSSIBILIDADE. 1. Com efeito o art. 621 do CPP só permite a revisão de sentença condenatória, sendo, portanto, condição indispensável, para o seu conhecimento, a decisão definitiva de mérito acolhendo a pretensão condenatória, ou seja, impondo ao réu a sanção penal correspondente. 2. Tanto a doutrina como a jurisprudência não admitem o conhecimento de revisão criminal de sentença absolutória, salvo em caso de absolutória com aplicação de medida de segurança. 3. A questão, tratada como se fora de alteração do fundamento da sentença, é na verdade de correção de erro material de que se revestiu o decreto, ao concluir pela aplicação do art. 386, VI, quando toda a fundamentação do *decisum* foi no sentido da inexistência de prova da materialidade e da autoria do crime. 4. O erro material,

---

[11] Nesse sentido, ver: Dezem (2017, p. 1178); Badaró (2015, p. 925); Grinover; Gomes Filho; Fernandes (2005, p. 318); Lopes Jr. (2018, p. 1106-1107); e Nucci (2005, p. 947). Contra a possibilidade de revisão criminal de absolvições impróprias, ver: Tornagui (1995, p. 368).

sempre perceptível primo *icto oculi*, pode e deve ser corrigido a qualquer tempo, ainda que tenha havido trânsito em julgado, já que sua correção não implica em alterar o conteúdo da decisão. 5. Recurso provido para reformar o acórdão da revisão e, em seguida, de ofício, para conceder *habeas corpus*, determinando a correção do erro material, na parte dispositiva da sentença absolutória" (Brasil, 2005a).

Assim, em nosso sistema processual, não existe revisão criminal de decisão penal absolutória transitada em julgado. Não se admite, portanto, revisão criminal *pro societate*, mas somente *pro reo* (leia-se: condenado ou absolvido impropriamente). É uma escolha política do legislador brasileiro, que considera as bases valorativas de nosso Estado democrático de direito[12] (no próximo tópico, trataremos de revisão criminal e Estado democrático de direito).

A Convenção Americana sobre Direitos Humanos também prevê a impossibilidade de revisão criminal de absolvições definitivas em seu art. 8, item 4, nos seguintes termos: "O acusado

---

12 Sobre os fundamentos pelos quais não admitimos a revisão *pro societate*, Grinover, Gomes Filho e Fernandes (2005, p. 311) explicam: "O fundamento da linha que advoga a utilização de revisão exclusivamente *pro reo* também é político: o drama do processo penal, que já é um castigo, os direitos da personalidade e da intimidade, o princípio do *favor revisionis* (desdobramento daquele do *favor rei*), tudo leva a concluir que o réu absolvido não pode ser submetido a novo julgamento. [...] Melhor atende aos interesses do bem comum a manutenção de uma sentença injusta proferida em prol do réu, do que a instabilidade e insegurança que ficaria submetido o acusado absolvido, se o pronunciamento absolutório pudesse ser objeto de revisão".

absolvido por sentença passada em julgado não poderá ser submetido a novo processo pelos mesmos fatos" (CIDH, 1969).

— 11.2.1 —
Revisão criminal e segurança jurídica

Considerando-se que a revisão criminal é instrumento hábil a rescindir a coisa julgada penal, como harmonizar esse seu papel com a necessidade de o sistema jurídico fornecer, também, segurança? Se, de um lado, para corrigir erros judiciários, é necessário dispor de um meio processual capaz de alterar o que fora fixado na decisão definitiva; de outro, é fundamental harmonizar sua utilização com a necessidade de preservar a segurança jurídica.

Estamos diante de princípios alicerces do modelo democrático de Estado – como justiça, liberdade e segurança jurídica – que precisam dialogar de forma conciliatória.

Em uma visão constitucionalista principiológica, os valores erigidos como vigas mestras do sistema jurídico, forjado no modelo democrático de Estado, devem conviver de maneira harmoniosa. Para tanto, em face de uma situação concreta em que há um aparente conflito entre esses princípios, a solução deve ser encontrada por meio da utilização do método da ponderação de valores.

Esses axiomas, que aparentam estar se opondo quando falamos em *rescisão da coisa julgada*, devem se comunicar de forma dialógica e pacificadora, e não colidente, mesmo porque, conforme afirma Rangel (2012a, p. 17), "a regra da segurança jurídica é indissociável do valor justiça".

Assim, ao mesmo tempo em que a segurança jurídica, refletida pela imutabilidade da coisa julgada, deve cumprir seu papel jurídico, político e social, não podemos considerá-la instrumento intransponível diante da necessidade de reparar as injustiças advindas de erros judiciários decorrentes da falibilidade humana.

Não é o caso de solapar um valor em detrimento do outro, mas de congregá-los, evitando-se os excessos que possam comprometer a harmonia sistêmica entre eles. E, nesse ponto, o sistema jurídico brasileiro resolve bem a questão, uma vez que prevê o cabimento da revisão criminal somente nas situações excepcionais disciplinadas no art. 621 do CPP. Desse modo, não se trata de instituto aplicável de maneira ampla, aberta, como se fosse uma espécie de "nova chance" contra o decreto condenatório transitado em julgado.

Ao revés, quando observamos o texto do CPP ao disciplinar o cabimento da revisional penal, verificamos que o legislador permite a revisão apenas em hipóteses excepcionais, com filtragem rígida para sua utilização. Assim, nas apertadas situações em que é cabível (o que mostra que a segurança jurídica não é afrouxada sem critérios legais rígidos), o legislador a configura como "mola processual propulsora" de justiça e garantia do *status libertatis e dignitatis*. Aí está, portanto, a compatibilização entre os dois valores fundamentais.

Finalizando, destacamos as palavras de Rangel (2012a, p. 267, grifo do original): "se houver um erro grave na sentença a ponto de se colocar em choque o valor **justiça** sobre o valor **certeza** a sociedade precisará de um instrumento à mão para atacar o caso julgado: é a revisão criminal".

— 11.2.2 —
Revisão criminal e decisões do Tribunal do Júri

Outro debate que envolve importantes valores e princípios refere-se à possível ocorrência de "conflito" entre a revisão criminal e os julgados do Tribunal do Júri. Porém, aqui, a discussão decorre da existência da soberania dos veredictos (art. 5º, XXXVIII, "c", CF/1988) como princípio constitucional do Júri.

Sobre essa questão, convém recordar as considerações feitas no Capítulo 2 a respeito de como se deve compreender e interpretar a soberania do Júri, ou seja, na condição de garantia do acusado e de seu direito de liberdade, e não como instrumento capaz de obstruí-la.

Caso fosse rejeitada, em qualquer circunstância, a revisão criminal sob o pálio de que se deve "preservar" a soberania dos veredictos, tal preceito estaria sendo aplicado de forma a negá-lo como garantia. Passaríamos, assim, a ter uma pseudogarantia, ou seja, uma falsa garantia que atuaria na contramão do que se deveria assegurar por meio dela.

Portanto, deve-se admitir pedido revisional de sentenças condenatórias (e absolutórias impróprias) advindas da corte popular, mesmo que o cerne de sua decisão seja soberano.

Superado o ponto, surge outra indagação: "Caso o tribunal revisor decida por acolher o pedido feito na rescisória penal, pode, desde logo, apresentar resposta quanto ao mérito, retificando o conteúdo do julgado? Ou, julgando procedente o pedido, apenas deve determinar a submissão do réu a novo Júri para 'nova análise soberana' quanto ao mérito?" Em síntese, ao julgar procedente o pedido de revisão, compete ao tribunal fazer também o juízo rescisório ou deve restringir-se ao mero juízo rescindente?

Entendemos que, ao dar procedência ao pedido, pode o tribunal revisor exercer também o juízo rescisório. A despeito de vozes em sentido contrário, prevalece esse entendimento, ou seja, o órgão julgador da revisão pode fazer os juízos rescindente e rescisório.

Nesse sentido, Marques (1963, p. 54) sustenta que a soberania do Júri não pode "ser atingida enquanto preceito para garantir a liberdade do réu. Mas se ela é desrespeitada em nome desta mesma liberdade, atentado algum se comete ao texto constitucional". E segue o autor: "Os veredictos do Júri são soberanos enquanto garantem o *jus libertatis*. Absurdo seria, por isso, manter essa soberania e intangibilidade quando se demonstra que o Júri condenou erradamente"[13] (Marques, 1963, p. 55).

Jurisprudência em destaque

STJ, Recurso Especial n. 1.304.155/MT:
"PROCESSUAL PENAL. RECURSO ESPECIAL. CONHECIMENTO. MATÉRIA CONSTITUCIONAL E INFRACONSTITUCIONAL. REVISÃO CRIMINAL JULGADA PROCEDENTE, PELO TRIBUNAL DE ORIGEM. ART. 621, I E III, DO CÓDIGO DE PROCESSO PENAL. ERRO JUDICIÁRIO, POR CONTRARIEDADE À PROVA DOS AUTOS. EXISTÊNCIA DE PROVAS DA INOCÊNCIA DO RÉU. ABSOLVIÇÃO, PELO TRIBUNAL DE 2º GRAU. POSSIBILIDADE. INOCORRÊNCIA DE OFENSA À SOBERANIA DO TRIBUNAL DO JÚRI. RECURSO ESPECIAL CONHECIDO E DESPROVIDO. I. Transitada em julgado a sentença condenatória, proferida com fundamento em decisão do Tribunal do Júri, o Tribunal *a quo* julgou procedente a Revisão Criminal, ajuizada pela defesa, absolvendo, desde logo, o réu, por ocorrência de erro judiciário, em face de contrariedade à prova dos autos, bem como pela existência de novas provas de sua inocência, a teor dos arts. 621, I e III, e 626 do CPP. II. Fundamentado o acórdão recorrido em matéria constitucional e infraconstitucional, tendo sido interposto também

---

13 No mesmo sentido, ver: Grinover; Gomes Filho, Fernandes (2005, p. 320); e Rangel (2012a, p. 269). Contra a possibilidade de juízo rescisório pelo tribunal que julga revisão criminal proposta contra decisões do Júri, ver: Nucci (2005, p. 943-944).

Recurso Extraordinário, é de ser conhecido o Recurso Especial, por ofensa a dispositivos legais, relacionados, no caso, ao art. 74, § 1º, do CPP e ao cabimento da Revisão Criminal (art. 621, I e III, do Código de Processo Penal). Recurso Especial conhecido. III. A Revisão Criminal objetiva proteger o *jus libertatis*, somente podendo ser utilizada pela defesa. IV. O Tribunal competente para julgar a Revisão Criminal pode, analisando o feito, confirmar a condenação, ou, no juízo revisional, alterar a classificação do crime, reduzir a pena, anular o processo ou mesmo absolver o condenado, nos termos do art. 626 do CPP. V. Uma vez que o Tribunal de origem admitiu o erro judiciário, não por nulidade no processo, mas em face de contrariedade à prova dos autos e de existência de provas da inocência do réu, não há ofensa à soberania do veredicto do Tribunal do Júri se, em juízo revisional, absolve-se, desde logo, o réu, desconstituindo-se a injusta condenação. Precedente da 6ª Turma do STJ. VI. 'A obrigação do Poder Judiciário, em caso de erro grave, como uma condenação que contrarie manifestamente as provas dos autos, é reparar de imediato esse erro. Por essa razão é que a absolvição do ora paciente (e peticionário, na revisão criminal) é perfeitamente aceitável, segundo considerável corrente jurisprudencial e doutrinária' (STJ, HC 63.290/RJ, Rel. p/ acórdão Ministro CELSO LIMONGI (Desembargador Convocado do TJ/SP), SEXTA TURMA, DJe de 19/04/2010). VII. Recurso Especial conhecido e improvido" (Brasil, 2014a).

Embora não reconhecido o juízo rescisório pela via da revisão criminal, nos autos do *Habeas Corpus* n. 63.290/RJ (cidado no ILOp n. 1.304.155/MT) houve esse entendimento pelo STJ.

STJ, *Habeas Corpus* n. 63.290/RJ:
"HABEAS CORPUS. CONDENAÇÃO. TRIBUNAL DO JÚRI. REVISÃO CRIMINAL. INDEFERIDA. TRIBUNAL ESTADUAL. MANIFESTO ERRO JUDICIÁRIO COMETIDO PELO JÚRI. REVISÃO QUE PODERIA E DEVERIA RESCINDIR A SENTENÇA CONDENATÓRIA E ABSOLVER O PACIENTE. ORDEM CONCEDIDA PARA ABSOLVER O PACIENTE, POR FALTA DE JUSTA CAUSA. 1. A soberania do Júri é garantia em favor do *jus libertatis*. 2. A revisão criminal também objetiva proteger o *jus libertatis*, pois só pode ser utilizada pela defesa. 3. Institutos que convergem para proteção do direito de liberdade de ir, vir e permanecer. 4. Indeferida a revisão, só resta o *habeas corpus* a impedir a perpetuidade do erro judiciário. O remédio heroico, por sua natureza, pode, diante de claro erro judiciário, desconstituir a injusta condenação e absolver o ora paciente. 5. Ordem concedida para absolver o paciente, por falta de justa causa, com expedição de alvará de soltura clausulado" (Brasil, 2010).

— 11.2.3 —
Cabimento

As hipóteses de cabimento estão previstas no art. 621 do CPP, segundo o qual a revisão criminal será admitida:

"I – quando a sentença condenatória for contrária ao texto expresso da lei penal ou à evidência dos autos;" (Brasil, 1941).

São duas hipóteses que decorrem dessa previsão. A primeira se refere ao caso de a sentença condenatória ser contrária ao texto expresso da lei penal: trata-se de decisão em conflito com a lei penal ou processual penal, a Constituição ou qualquer outra lei ou ato normativo que a tenha embasado. Como visto no Capítulo 1, a arguição de nulidade absoluta favorável à defesa não preclui nem mesmo após o trânsito em julgado da condenação, podendo ser trazida em sede de revisão criminal sob o fundamento de "contrariedade à norma constitucional". Ademais, reforçando a possibilidade de reconhecimento de nulidade em sede de revisão criminal, o *caput* do art. 646 do CPP assim dispõe: "Julgando procedente a revisão, o tribunal poderá alterar a classificação da infração, absolver o réu, modificar a pena **ou anular o processo**" (Brasil, 1941, grifo nosso).

A segunda hipótese que decorre do inciso I se verifica quando a sentença condenatória for "contrária à evidência dos autos". Aqui, a análise não se resume ao aspecto eminentemente jurídico, como na situação antecedente, pois exige a reapreciação do conjunto probatório. Há forte tendência a se compreender que a dissonância deva ser "frontal" e, portanto, que a decisão esteja totalmente dissociada do acervo probatório.

No entanto, concordamos com autores como Lopes Jr. (2018) e Badaró (2015), os quais atentam para a necessidade de que, em sede de revisão criminal, o *in dubio pro reo* também impere. Lopes Jr. (2018, p. 1110) assim se posiciona:

> a sentença condenatória só pode manter-se quando não houver uma dúvida fundada, seja pela prova existente nos autos, seja pelo surgimento de novas provas. Logo, o *in dubio pro reo* é um critério pragmático para solução da incerteza processual, qualquer que seja a fase do processo em que ocorra! O sistema probatório fundado a partir da presunção constitucional de inocência não admite nenhuma exceção procedimental, inversão de ônus probatório ou frágeis construções inquisitoriais do estilo *in dubio pro societate*.

Portanto, quando a avaliação do contexto probatório geral não permite que a sentença condenatória definitiva se mantenha, a revisão deve ser admitida. Para Badaró (2015, p. 927), seria necessário apenas fazer um ajuste de fundamentação, pois, nesse caso, a revisão seria calcada na primeira parte do inciso I, por ser a sentença condenatória "contrária ao texto expresso da lei" (leia-se: contrária ao art. 5º, inciso LVII, da CF/1988 – presunção de inocência – e ao art. 386, inciso VII, do CPP – não existir prova suficiente para a condenação).

"II – quando a sentença condenatória se fundar em depoimentos, exames ou documentos comprovadamente falsos;" (Brasil, 1941).

Pela redação, é preciso haver nexo causal entre a prova falsa e a decisão condenatória, isto é, que a prova falsa, poluindo o convencimento do magistrado, tenha dado suporte à condenação.

Lopes Jr. (2018, p. 1111) aponta para a necessidade de ponderarmos com *grano salis* essa exigência de nexo de causalidade entre a falsidade da prova e a condenação:

> É elementar que a falsidade complementar periférica e irrelevante em termos probatórios não vai justificar a revisão criminal. Mas, por outro lado, também não se pode cair no relativismo extremo, em que uma boa manipulação discursiva sempre vai dizer que "excluindo mentalmente a prova falsa, ainda subsistem elementos para condenar". Porque, querendo, sempre sobrará prova para condenar; basta uma boa retórica.

Se a sentença condenatória for fundamentada em prova ilícita, a revisão criminal deverá ser proposta com base no inciso I, por contrariar texto expresso da lei (leia-se: art. 5º, inciso LVI, da CF/1988 e art. 157, caput, do CPP)[14].

A despeito de abalizadas vozes no sentido de que a demonstração do falso pode ser feita no transcurso da revisão criminal, prevalece o entendimento de que deve ser feita prova pré-constituída da falsidade.

Essa pré-constituição pode ser efetivada por meio de ação declaratória de falsidade documental no Juízo Cível ou mediante produção antecipada de prova no Juízo Criminal de primeira instância (mas com base nos arts. 381 a 383 do CPC). Pode, ainda, a falsidade já ter sido reconhecida em sentença condenatória por falso testemunho ou falsa perícia (art. 342, Código Penal), o que servirá de base probatória para ajuizamento da revisão criminal ao condenado que foi prejudicado pelo falso.

"III – quando, após a sentença, se descobrirem novas provas de inocência do condenado ou de circunstância que determine ou autorize diminuição especial da pena." (Brasil, 1941).

Apesar de a redação do dispositivo trazer a previsão de "novas provas", basta que seja uma única prova nova a ensejar a demonstração da inocência do condenado ou de circunstância que reduza a pena.

---

14 Nesse sentido, ver: Lopes Jr. (2018, p. 1112); e Badaró (2015, p. 928).

Sobre o conceito de *novas provas*, é preciso empregar seu significado mais abrangente para incluir não apenas aquelas provas que surgirem somente após o processo que levou à condenação do réu, mas também as que, embora preexistentes, não foram juntadas aos autos e, até mesmo, as que constavam nos autos, mas não foram avaliadas pelo juiz na formação de seu livre convencimento motivado.

Também aqui se discute se a nova prova deve ser pré-constituída ou se pode ser produzida no bojo da ação revisional. Do mesmo modo, prevalece o entendimento de que é necessária a pré-constituição da nova prova, que deve ser feita por meio da produção antecipada de prova no Juízo Criminal de 1º grau, com fundamento nos arts. 381 a 383 do CPC.

— 11.2.4 —
Legitimidade

De acordo com o art. 623 do CPP, têm legitimidade ativa para propor revisão criminal o próprio réu (condenado), o procurador legalmente habilitado ou, no caso de morte do réu, seu cônjuge (estende-se a legitimidade ao companheiro ou à companheira, conforme o art. 226, parágrafo 3º, da CF/1988), ascendente, descendente ou irmão.

Há, portanto, a possibilidade de que (para além da previsão de que o pedido seja feito por profissional habilitado) o próprio condenado (ou absolvido impropriamente) postule diretamente em juízo. Mais uma alternativa para se exercer a autodefesa.

A legitimidade passiva pertence ao Estado, que é representado pelo Ministério Público. Porém, o Ministério Público, mesmo quando é parte, conserva sua essência como fiscal da lei e, logo, não há óbice a que seja favorável ao pleito revisional. Vale lembrar, aqui, a lição de Jardim (2005, p. 218) sobre a função do Ministério Público no processo penal:

> embora parte do processo penal, o Ministério Público desempenha função ainda mais nobre: pugna pela correta aplicação das leis aos casos concretos. Ao Estado não interessa executar uma sentença penal condenatória injusta. Isto está bem claro em diversos dispositivos legais, deles se podendo extrair os princípios democráticos que inspiram o nosso sistema processual.

Se, porventura, for feito pedido indenizatório de forma cumulativa, com base no art. 630 do CPP, o Ministério Público atuará também como substituto processual da Fazenda Pública[15].

O CPP não concede a legitimidade passiva ao ofendido para atuar em sede de revisão criminal, o que configura "grave omissão do Código, porquanto o resultado da revisão pode afetar juridicamente a vítima, inclusive quanto a seus interesses civis" (Grinover; Gomes Filho; Fernandes, 2005, p. 316).

---

15 Nesse sentido, ver: Badaró (2015, p. 930).

— 11.2.5 —
Ausência de prazo e novo pedido

A revisão criminal não se submete a prazo (art. 622, *caput*, CPP), podendo, após o trânsito em julgado da condenação (ou da absolvição imprópria), ser intentada a qualquer tempo, durante ou após o cumprimento da pena e mesmo depois da morte do condenado (hipótese em que a legitimidade é dada ao cônjuge, ascendente, descendente ou irmão do falecido).

Não se admite a reiteração do pedido de revisão criminal, salvo quando fundado em novas provas (art. 622, parágrafo único, CPP). Dessa regra podemos extrair as seguintes leituras: "a) o impedimento à reiteração do pedido opera só quando houver a tríplice identidade (partes, pedido e causa de pedir); b) mesmo no caso de tríplice identidade e, consequentemente de verdadeira reiteração do pedido, a revisão caberá, se fundada em novas provas" (Grinover; Gomes Filho; Fernandes, 2005, p. 313).

— 11.2.6 —
Procedimento

O pedido de revisão criminal deve ser endereçado ao presidente do tribunal competente e ser distribuído a um relator e a um revisor. A distribuição deve recair sobre julgador que não tenha tomado decisão em qualquer fase do processo anterior (art. 625, *caput*, CPP).

A petição inicial deve ser instruída com a certidão do trânsito em julgado ou com as peças que comprovam os fatos arguidos (art. 625, § 1º, CPP). Recebido o recurso, o relator pode determinar o apensamento dos autos originais, desde que isso não acarrete dificuldade à execução normal da sentença (art. 625, § 2º, CPP). Se insuficientemente instruído e a relatoria entender inconveniente ao interesse da justiça o apensamento dos autos originais, esse pedido poderá ser indeferido liminarmente (art. 625, § 3º, CPP).

Se indeferido liminarmente o pedido, caberá recurso inominado ao órgão competente para julgar a revisão (art. 625, 3º, parte final, CPP).

Não há previsão de concessão de liminar em revisão criminal no CPP. Porém, parte da doutrina entende que, excepcionalmente, podem ser aplicadas, por analogia, as regras do CPC para fins de concessão de tutela antecipada ao revisionando[16].

Nada impede que, sendo robustos os elementos que instruem a revisão e estando o condenado preso ou submetido à medida de segurança, seja concedido *habeas corpus* de ofício para que o revisionando aguarde em liberdade o julgamento de seu pedido.

---

16 Nesse sentido, ver: Dezem (2017, p. 1181); e Badaró (2015, p. 932).

Doutrina em destaque

Conforme ressalta Lopes Jr. (2018, p. 1116), "Noutra dimensão, também já se admitiu a conversão de *habeas corpus* em revisão criminal, na medida em que o *writ* pretendia desconstituir uma sentença transitada em julgado e exigia uma cognição ampla, que excedia os limites do *habeas corpus*. Neste sentido, consulte-se o REsp 158.028, Rel. Min. Luiz Vicente Cernicchiaro, j. 19/03/1998, em que se lê que 'a fungibilidade dos recursos é admissível. Resulta da natureza instrumental do processo. Nada impede, outrossim, uma ação ser escolhida como outra. O HC é uma ação constitucionalizada: visa a fazer cessar ou impedir que ocorra ofensa ao direito de liberdade. A revisão criminal também é ação, não obstante a colocação no CPP'".

Não sendo caso de indeferimento liminar, os autos são encaminhados para parecer da Procuradoria-Geral em 10 dias (art. 625, § 5º, CPP). Todavia, aqui não se trata de mero parecer, e sim de "verdadeira resposta à ação, sendo o ministério Público o único legitimado passivo, inclusive no caso de pedido de indenização, em que atuará como substituto processual da Fazenda Pública" (Badaró, 2015, p. 932).

Após a manifestação ministerial, os autos retornam ao relator para, em 10 dias, apresentar o relatório. Na sequência, são enviados ao revisor para análise também em 10 dias. Por fim, designa-se a data para julgamento (art. 625, § 5º, parte final, CPP) e, na sessão, admite-se a sustentação oral. Conforme a Súmula n. 393 do STF, "Para requerer revisão criminal, o condenado não é obrigado a recolher-se à prisão" (Brasil, 2017, p. 224).

Finalmente, julgada a revisão criminal, podem ser interpostos embargos declaratórios, recurso especial, recurso extraordinário, agravos previstos em regimentos internos, recurso inominado (art. 625, § 3º, parte final, CPP) ou embargos de divergência (no caso de o julgamento ocorrer no STJ ou no STF, segundo os arts. 1.043 e 1.044 do CPC).

— 11.2.7 —

Competência

Quanto à repartição de competência entre os tribunais para julgamento de revisão criminal (ação de competência originária), assim define o art. 624 do CPP:

> Art. 624. As revisões criminais serão processadas e julgadas:
>
> I – pelo Supremo Tribunal Federal, quanto às condenações por ele proferidas;
>
> II – pelo Tribunal Federal de Recursos, Tribunais de Justiça ou de Alçada, nos demais casos.
>
> § 1º No Supremo Tribunal Federal e no Tribunal Federal de Recursos o processo e julgamento obedecerão ao que for estabelecido no respectivo regimento interno.

§ 2º Nos Tribunais de Justiça ou de Alçada, o julgamento será efetuado pelas câmaras ou turmas criminais, reunidas em sessão conjunta, quando houver mais de uma, e, no caso contrário, pelo tribunal pleno.

§ 3º Nos tribunais onde houver quatro ou mais câmaras ou turmas criminais, poderão ser constituídos dois ou mais grupos de câmaras ou turmas para o julgamento de revisão, obedecido o que for estabelecido no respectivo regimento interno. (Brasil, 1941)

Apesar da boa indicação da divisão de competência entre os tribunais, o dispositivo mantém a redação que vem desde sua entrada em vigor. Portanto, encontra-se desgastado e, em parte, comprometido. É preciso, então, compatibilizar seu texto com a CF/1988, além de ser imprescindível verificar o regimento interno do tribunal que analisará o pedido, a fim de que sejam observadas as normas de organização interna que atingem a competência. De modo geral, podemos assim compreender a repartição de competência para julgar revisão criminal:

- das condenações transitadas em julgado em primeira instância, competente é o TJ ou o TRF de sobreposição ao respectivo juízo;
- das condenações transitadas em julgado no TJ ou no TRF, cabe ao mesmo tribunal rever seus julgados, mas pelo Grupo Criminal (e não pela Câmara Criminal) do TJ ou pela Seção Criminal (e não pela Turma Criminal) no caso do TRF;

- das condenações transitadas em julgado no STJ, compete, em princípio, ao próprio STJ (art. 105, I, "e", CF/1988) rever seus julgados;
- das condenações transitadas em julgado no STF, cabe, em princípio, ao próprio STF (art. 102, I, "j", CF/1988) analisar o pedido revisional.

No entanto, somente será competente o STJ ou o STF para analisar diretamente a revisão dos próprios julgados se o fundamento do recurso especial ou do recurso extraordinário, interposto no processo em que se deu a condenação definitiva, for o mesmo da revisão criminal. Isso porque, nesse caso, a matéria objeto da revisional foi anteriormente julgada pelo respectivo tribunal superior. Caso a revisão criminal esteja fundamentada em matéria diversa da decidida no recurso especial ou extraordinário, a competência será do TJ ou do TRF.

— 11.2.8 —
Efeitos da absolvição e da proibição da *reformatio in pejus* na revisão criminal

Preceitua o art. 626 do CPP que, ao julgar procedente a revisão criminal, pode ser alterada a classificação jurídica da infração, absolvido o acusado, alterada a pena ou anulado o processo, não podendo ser agravada a pena anteriormente imposta.

Assim, além de ser vedada a revisão criminal *pro societate*, também é proibida a *reformatio in pejus* direta e indireta quando de seu julgamento, na mesma linha do que ocorre em recurso exclusivo da defesa. Coerente o CPP, porquanto, se fosse admitida a reforma em prejuízo do condenado, direta ou indiretamente, seu pedido revisional produziria concretamente efeitos típicos aos de uma revisão *pro societate*.

Quando acolhido o pedido para absolver o revisionando, devem ser restabelecidos todos os direitos perdidos em virtude da condenação (art. 627, CPP), inclusive os que foram atingidos pelos efeitos secundários penais e pelos efeitos extrapenais decorrentes da decisão condenatória. Ainda, a decisão proferida na revisão criminal de um dos condenados pode ter seus efeitos estendidos aos demais condenados, desde que não se fundamente em questões de caráter exclusivamente pessoal. Portanto, embora ela não tenha natureza recursal, aplica-se o efeito extensivo previsto no art. 580 do CPP à revisão criminal.

— 11.2.9 —
Revisão criminal e reparação do dano pelo Estado

Julgada a revisão criminal, pode ser reconhecido o direito à indenização do condenado pelos prejuízos decorrentes do erro judiciário. Nesse sentido, assim prevê o art. 630 do CPP:

> Art. 630. O tribunal, se o interessado o requerer, poderá reconhecer o direito a uma justa indenização pelos prejuízos sofridos.

§ 1º Por essa indenização, que será liquidada no juízo cível, u auuuli tá a União se a condenação tiver sido proferida pela justiça do Distrito Federal ou de Território, ou o Estado, se o tiver sido pela respectiva justiça.

§ 2º A indenização não será devida:

a) se o erro ou a injustiça da condenação proceder de ato ou falta imputável ao próprio impetrante, como a confissão ou a ocultação de prova em seu poder;

b) se a acusação houver sido meramente privada. (Brasil, 1941)

Há obrigação do Estado de indenização por erro judiciário, cuja previsão se encontra no art. 5º, inciso LXXV, da CF/1988, devendo ser aferida de acordo com a natureza objetiva de sua responsabilidade, estabelecida no art. 37, parágrafo 6º, também da CF/1988.

As hipóteses de exclusão da responsabilidade estatal previstas no art. 630, parágrafo 2º, do CPP devem ser vistas com cautela, ante a possibilidade de não terem sido recepcionadas pela Constituição de 1988.

Começaremos pela alínea "b", que contempla questão menos complexa e nos permite concluir com maior clareza pela sua não recepção pela ordem constitucional de 1988. Isso porque, nos casos de ação penal de iniciativa privada, o que o Estado transfere ao particular é apenas a titularidade da ação, ou seja, o *jus persequendi* em juízo.

A responsabilidade estatal decorre de erro na prestação jurisdicional, ou seja, de erro no julgamento, e não do fato de a acusação ser privada. Não há, também, qualquer ressalva feita pelo art. 5º, inciso LXXV, da CF/1988 quanto à espécie de ação para afastar a responsabilidade indenizatória do Estado por erro judiciário. Dessa forma, é do Estado (titular da atividade jurisdicional penal e do *jus puniendi*) a responsabilidade pelo erro cometido no processo penal, não devendo dela se eximir mesmo que a ação penal seja de iniciativa do particular. "Dependendo das circunstâncias, o Estado terá ação regressiva contra o querelante"[17] (Badaró, 2015, p. 934).

Quanto à alínea "a", existe bastante divergência sobre sua recepção ou não pela CF/1988. Entendemos que, por ser objetiva a responsabilidade estatal também no caso de erro judiciário, somente deve ser afastada quando há culpa ou dolo exclusivo do revisionando. Portanto, no caso de haver culpa concorrente entre o condenado e o Estado, este não pode eximir-se de responsabilização pelo erro judiciário.

Doutrina em destaque

Nesse sentido, Lopes Jr. (2018, p. 1119) expõe: "há entendimentos divergentes em torno dos limites da responsabilidade objetiva do Estado, mormente quando o fato danoso decorre de culpa ou dolo da própria vítima (nesse caso, o réu no processo)

---

17 Para Tornagui (1995, p. 374), "o erro judiciário é do juiz, consequentemente do Estado. Se esse entende que foi induzido em erro pelo querelante deve agir regressivamente contra ele ou chamá-lo ao processo [...] e não descarregar esse ônus nos ombros do injustamente condenado".

constituindo-se a culpa exclusiva da vítima uma causa de exclusão da responsabilidade do Estado. Em relação à confissão, por exemplo, permanece íntegra a responsabilidade do Estado, até porque, a confissão não é prova plena da responsabilidade penal e não autoriza, por si só, a condenação, de modo que, nesse caso, não haverá culpa exclusiva do réu".

Na mesma linha, Badaró (2015, p. 934) explica: "Mesmo assim, a vedação somente subsiste no caso de culpa ou dolo exclusivo do condenado, com excludente da responsabilidade objetiva do Estado, por exemplo, no caso em que um pai confessa, falsamente, a prática do crime para inocentar o seu filho, verdadeiro culpado. Por outro lado, no caso em que haja concorrência de culpas, cabendo ao Estado parte da responsabilidade pelo erro, a indenização será devida. Assim, por exemplo, se a confissão foi obtida mediante coação, será devida a indenização". Também entendem da mesma forma Grinover, Gomes Filho e Fernandes (2005, p. 340).

Já para Damásio de Jesus (2002), não houve recepção de nenhuma das hipóteses excludentes de responsabilidade do Estado pela CF/1988, pois não foi feita qualquer ressalva em seu art. 5º, inciso LXXV.

Por outro lado, Greco Filho (1995, p. 399) posiciona-se a favor da constitucionalidade das duas alíneas, sustentando que as "restrições do parágrafo não são incompatíveis com o dever de indenizar, uma vez que reproduzem, apenas, o princípio da causalidade e, no primeiro caso, o princípio geral do direito de que ninguém pode se beneficiar com a própria torpeza. É certo que o Estado tem o dever de alcançar a verdade, mas, pelo menos nesse caso, não pode ser responsabilidade pelo erro judiciário se o próprio acusado a ele deu causa".

Quanto à via para se requerer a indenização, a despeito da permissão de se requerer a indenização na própria ação revisional penal, o condenado pode, se assim preferir, perseguir seu direito a uma justa indenização por meio de ação reparatória do dano no juízo civil, com supedâneo na independência das esferas criminal e cível.

Considerações finais

Registramos, aqui, nosso anseio de que a leitura tenha sido producente e de que os objetivos de disseminação e aperfeiçoamento do conhecimento relativo aos institutos analisados tenham sido alcançados a contento.

Fechar o estudo do processo penal analisando de forma completa as nulidades, os recursos e as ações impugnativas é tarefa que exige atenção aos aspectos teóricos e, muitas vezes, práticos que envolvem a dinâmica desses temas e de vários outros que gravitam em torno de cada um deles.

Por isso, fica a sugestão de que ao estudo dos assuntos explorados nesta obra seja somada a revisão de temas anteriores da matéria, para facilitar a compreensão de forma mais organizada e sistemática do processo penal.

Referências

AVENA, N. **Processo penal esquematizado**. 3. ed. São Paulo: Método, 2011.

BADARÓ, G. H. **Processo penal**. 3. ed. São Paulo: Revista dos Tribunais, 2015.

BONFIM, E. M. **Curso de processo penal**. 7. ed. São Paulo: Saraiva, 2012.

BRASIL. Constituição (1824). **Coleção das Leis do Império do Brasil**, Rio de Janeiro, 25 mar. 1824. Disponível em: <http://www.planalto.gov.br/ccivil_03/constituicao/constituicao24.htm>. Acesso em: 25 jun. 2021.

BRASIL. Constituição (1946). **Diário Oficial**, Rio de Janeiro, 19 set. 1946. Disponível em: <http://www.planalto.gov.br/ccivil_03/constituicao/constituicao46.htm>. Acesso em: 25 jun. 2021.

BRASIL. Constituição (1967). **Diário Oficial da União**, Brasília, 24 jan. 1967. Disponível em: <http://www.planalto.gov.br/ccivil_03/constituicao/constituicao67.htm>. Acesso em: 25 jun. 2021.

BRASIL. Constituição (1988). **Diário Oficial da União**, Brasília, DF, 5 out. 1988. Disponível em: <http://www.planalto.gov.br/ccivil_03/constituicao/constituicao.htm>. Acesso em: 25 jun. 2021.

BRASIL. Decreto-Lei n. 2.848, de 7 de dezembro de 1940. **Diário Oficial da União**, Poder Executivo, Rio de Janeiro, RJ, 31 dez. 1940. Disponível em: <http://www.planalto.gov.br/ccivil_03/decreto-lei/del2848compilado.htm>. Acesso em: 25 jun. 2021.

BRASIL. Decreto-Lei n. 3.689, de 3 de outubro de 1941. **Diário Oficial da União**, Poder Executivo, Rio de Janeiro, RJ, 13 out. 1941. Disponível em: <http://www.planalto.gov.br/ccivil_03/decreto-lei/del3689.htm>. Acesso em: 25 jun. 2021.

BRASIL. Decreto-Lei n. 552, de 25 de abril de 1969. **Diário Oficial da União**, Poder Executivo, Brasília, DF, 25 abr. 1969. Disponível em: <http://www.planalto.gov.br/ccivil_03/decreto-lei/1965-1988/Del0552.htm>. Acesso em: 25 jun. 2021.

BRASIL. Lei n. 5.010, de 30 de maio de 1966. **Diário Oficial da União**, Poder Legislativo, Brasília, DF, 1º jun. 1966. Disponível em: <http://www.planalto.gov.br/ccivil_03/leis/l5010.htm>. Acesso em: 25 jun. 2021.

BRASIL. Lei n. 7.210, de 11 de julho de 1984. **Diário Oficial da União**, Poder Executivo, Brasília, DF, 13 jul. 1984. Disponível em: <http://www.planalto.gov.br/ccivil_03/leis/l7210.htm>. Acesso em: 25 jun. 2021.

BRASIL. Lei n. 8.038, de 28 de maio de 1990. **Diário Oficial da União**, Poder Legislativo, Brasília, DF, 29 maio 1990. Disponível em: <http://www.planalto.gov.br/ccivil_03/leis/l8038.htm>. Acesso em: 25 jun. 2021.

BRASIL. Lei n. 9.099, de 26 de setembro de 1995. **Diário Oficial da União**, Poder Legislativo, Brasília, DF, 27 set. 1995. Disponível em: <http://www.planalto.gov.br/ccivil_03/leis/l9099.htm>. Acesso em: 25 jun. 2021.

BRASIL. Lei n. 13.105, de 16 de março de 2015. **Diário Oficial da União**, Poder Legislativo, Brasília, DF, 17 mar. 2015a. Disponível em: <http://www.planalto.gov.br/ccivil_03/_ato2015-2018/2015/lei/l13105.htm>. Acesso em: 25 jun. 2021.

BRASIL. Superior Tribunal de Justiça. Agravo Regimental no Agravo em Recurso Especial n. 606.677/SP. Relator: Min. Jorge Mussi. **Diário da Justiça**, Brasília, DF, 22 abr. 2015b. Disponível em: <https://scon.stj.jus.br/SCON/GetInteiroTeorDoAcordao?num_registro=201402878300&dt_publicacao=22/04/2015>. Acesso em: 25 jun. 2021.

BRASIL. Superior Tribunal de Justiça. Agravo Regimental nos Embargos de Declaração no Habeas Corpus n. 605.590/MT. Relator: Min. Reynaldo Soares da Fonseca. **Diário da Justiça**, Brasília, DF, 15 out. 2020a. Disponível em: <https://scon.stj.jus.br/SCON/GetInteiroTeorDoAcordao?num_registro=202002047523&dt_publicacao=15/10/2020>. Acesso em: 25 jun. 2021.

BRASIL. Superior Tribunal de Justiça. Agravo Regimental nos Embargos de Declaração no Recurso Especial n. 1.706.412/SP. Relator: Min. Antonio Saldanha Palheiro. **Diário da Justiça**, Brasília, DF, 21 jun. 2019a. Disponível em: <https://scon.stj.jus.br/SCON/GetInteiroTeorDoAcordao?num_registro=201702783677&dt_publicacao=21/06/2019>. Acesso em: 25 jun. 2021.

BRASIL. Superior Tribunal de Justiça. Embargos de Divergência em Recurso Especial n. 1.630.121/RN. Relator: Min. Reynaldo Soares da Fonseca. **Diário da Justiça**, Brasília, DF, 11 dez. 2018. Disponível em: <https://scon.stj.jus.br/SCON/GetInteiroTeorDoAcordao?num_registro=201602605830&dt_publicacao=11/12/2018>. Acesso em: 25 jun. 2021.

BRASIL. Superior Tribunal de Justiça. Habeas Corpus n. 24.730/SC. Relator: Min. Gilson Dipp. **Diário da Justiça**, Brasília, DF, 3 nov. 2003a. Disponível em: <https://stj.jusbrasil.com.br/jurisprudencia/220471/habeas-corpus-hc-24730-sc-2002-0127158-6>. Acesso em: 25 jun. 2021.

BRASIL. Superior Tribunal de Justiça. Habeas Corpus n. 32.053/PR. Relator: Min. Felix Fischer. **Diário da Justiça**, Brasília, DF, 14 jun. 2004. Disponível em: <https://scon.stj.jus.br/SCON/GetInteiroTeorDoAcordao?num_registro=200302163778&dt_publicacao=14/06/2004>. Acesso em: 25 jun. 2021.

BRASIL. Superior Tribunal de Justiça. Habeas Corpus n. 63.290/RJ. Relator: Min. Celso Limongi. **Diário da Justiça**, Brasília, DF, 19 nov. 2010. Disponível em: <https://scon.stj.jus.br/SCON/GetInteiroTeorDoAcordao?num_registro=200601603859&dt_publicacao=19/04/2010>. Acesso em: 25 jun. 2021.

BRASIL. Superior Tribunal de Justiça. Habeas Corpus n. 149.966/RS. Relator: Min. Sebastião Reis Júnior. **Diário da Justiça**, Brasília, DF, 19 nov. 2012a. Disponível em: <https://scon.stj.jus.br/SCON/GetInteiroTeorDoAcordao?num_registro=200901966756&dt_publicacao=19/11/2012>. Acesso em: 25 jun. 2021.

BRASIL. Superior Tribunal de Justiça. Habeas Corpus n. 205.616/SP. Relator: Min. Og Fernandes. **Diário da Justiça**, Brasília, DF, 27 jun. 2012b. Disponível em: <https://scon.stj.jus.br/SCON/GetInteiroTeorDoAcordao?num_registro=201101002922&dt_publicacao=27/06/2012>. Acesso em: 25 jun. 2021.

BRASIL. Superior Tribunal de Justiça. Habeas Corpus n. 266.092/MG. Relator: Min. Rogério Schietti Cruz. **Diário da Justiça**, Brasília, DF, 31 maio 2016a. Disponível em: <https://scon.stj.jus.br/SCON/GetInteiroTeorDoAcordao?num_registro=201300659344&dt_publicacao=31/05/2016>. Acesso em: 25 jun. 2021.

BRASIL. Superior Tribunal de Justiça. Recurso Especial n. 22.809-1/RJ. Relator: Min. Assis Toledo. **Diário da Justiça**, Brasília, DF, 28 set. 1992. Disponível em: <https://www.stj.jus.br/docs_internet/revista/eletronica/stj-revista-eletronica-1994_63_capJurisprudencia.pdf>. Acesso em: 25 jun. 2021.

BRASIL. Superior Tribunal de Justiça. Recurso Especial n. 184.477/DF. Relator: Min. Gilson Dipp. **Diário da Justiça**, Brasília, DF, 25 mar. 2002a. Disponível em: <https://scon.stj.jus.br/SCON/GetInteiroTeorDoAcordao?num_registro=199800571833&dt_publicacao=25/03/2002>. Acesso em: 25 jun. 2021.

BRASIL. Superior Tribunal de Justiça. Recurso Especial n. 329.346/RS. Relator: Min. Hélio Quaglia Barbosa. **Diário da Justiça**, Brasília, DF, 29 ago. 2005a. Disponível em: <https://scon.stj.jus.br/SCON/GetInteiroTeorDoAcordao?num_registro=200100700946&dt_publicacao=10/10/2005>. Acesso em: 25 jun. 2021.

BRASIL. Superior Tribunal de Justiça. Recurso Especial n. 601.924/PR. Relator: Min. José Arnaldo da Fonseca. **Diário da Justiça**, Brasília, DF, 7 nov. 2005b. Disponível em: <https://scon.stj.jus.br/SCON/GetInteiroTeorDoAcordao?num_registro=200301880918&dt_publicacao=07/11/2005>. Acesso em: 25 jun. 2021.

BRASIL. Superior Tribunal de Justiça. Recurso Especial n. 704.331/MG. Relator: Min. José Arnaldo da Fonseca. **Diário da Justiça**, Brasília, DF, 23 maio 2005c. Disponível em: <https://scon.stj.jus.br/SCON/GetInteiroTeorDoAcordao?num_registro=200401639698&dt_publicacao=23/05/2005>. Acesso em: 25 jun. 2021.

BRASIL. Superior Tribunal de Justiça. Recurso Especial n. 756.285/RS. Relatora: Min. Laurita Vaz. **Diário da Justiça**, Brasília, DF, 24 out. 2005d. Disponível em: <https://scon.stj.jus.br/SCON/GetInteiroTeorDoAcordao?num_registro=200500913908&dt_publicacao=24/10/2005>. Acesso em: 25 jun. 2021.

BRASIL. Superior Tribunal de Justiça. Recurso Especial n. 753.396/RS. Relatora: Min. Laurita Vaz. **Diário da Justiça**, Brasília, DF, 8 maio 2006a. Disponível em: <https://scon.stj.jus.br/SCON/GetInteiroTeorDoAcordao?num_registro=200500806012&dt_publicacao=08/05/2006>. Acesso em: 25 jun. 2021.

BRASIL. Superior Tribunal de Justiça. Recurso Especial n. 1.304.155/MT. Relator: Min. Sebastião Reis Júnior. **Diário da Justiça**, Brasília, DF, 1º jul. 2014a. Disponível em: <https://scon.stj.jus.br/SCON/GetInteiroTeorDoAcordao?num_registro=201200208012&dt_publicacao=01/07/2014>. Acesso em: 25 jun. 2021.

BRASIL. Superior Tribunal de Justiça. Recurso Especial n. 1.395.729/MG. Relator: Min. Rogério Schietti Cruz. **Diário da Justiça**, Brasília, DF, 25 abr. 2016b.

BRASIL. Superior Tribunal de Justiça. Recurso Ordinário em Habeas Corpus n. 48.397/RJ. Relator: Min. Nefi Cordeiro. **Diário da Justiça**, Brasília, DF, 16 set. 2016c. Disponível em: <https://scon.stj.jus.br/SCON/GetInteiroTeorDoAcordao?num_registro=201401251936&dt_publicacao=16/09/2016>. Acesso em: 25 jun. 2021.

BRASIL. Superior Tribunal de Justiça. **Regimento Interno do Superior Tribunal de Justiça**. Brasília, DF, 2021a. Disponível em: <https://www.stj.jus.br/publicacaoinstitucional/index.php/Regimento/article/view/3115/3839>. Acesso em: 25 jun. 2021.

BRASIL. Superior Tribunal de Justiça. **Súmulas do STJ**. Brasília, DF, 2021b. Disponível em: <https://www.stj.jus.br/docs_internet/jurisprudencia/tematica/download/SU/Sumulas/SumulasSTJ.pdf>. Acesso em: 25 jun. 2021.

BRASIL. Supremo Tribunal Federal. Ação Declaratória de Constitucionalidade n. 43/DF. Relator: Min. Marco Aurélio. **Diário da Justiça**, Brasília, DF, 12 nov. 2020b. Disponível em: <https://redir.stf.jus.br/paginadorpub/paginador.jsp?docTP=TP&docID=754357342>. Acesso em: 25 jun. 2021.

BRASIL. Supremo Tribunal Federal. Agravo Regimental em Agravo de Instrumento n. 580.503/RS. Relator: Min. Ellen Gracie. **Diário da Justiça**, Brasília, DF, 28 mar. 2006b. Disponível em: <https://redir.stf.jus.br/paginadorpub/paginador.jsp?docTP=AC&docID=378131>. Acesso em: 25 jun. 2021.

BRASIL. Supremo Tribunal Federal. Agravo Regimental em Recurso Extraordinário com Agravo n. 770.405/ES. Relator: Min. Roberto Barroso. **Diário da Justiça**, Brasília, DF, 14 fev. 2014b. Disponível em: <https://redir.stf.jus.br/paginadorpub/paginador.jsp?docTP=TP&docID=5276254>. Acesso em: 25 jun. 2021.

BRASIL. Supremo Tribunal Federal. Agravo Regimental no Recurso Extraordinário n. 372.698/AM. Relator: Min. Eros Grau. **Diário da Justiça**, Brasília, DF, 24 mar. 2006c. Disponível em: <https://redir.stf.jus.br/paginadorpub/paginador.jsp?docTP=AC&docID=340664>. Acesso em: 25 jun. 2021.

BRASIL. Supremo Tribunal Federal. Agravo Regimental no Recurso Ordinário em Habeas Corpus n. 117.076/PR. Relator: Min. Celso de Mello. **Diário da Justiça**, Brasília, DF, 18 nov. 2020c. Disponível em: <https://redir.stf.jus.br/paginadorpub/paginador.jsp?docTP=TP&docID=754405324>. Acesso em: 25 jun. 2021.

BRASIL. Supremo Tribunal Federal. Habeas Corpus n. 50.417/SP. Relator: Min. Thompson Flores. **Diário da Justiça**, Brasília, DF, 10 set. 1973. Disponível em: <https://jurisprudencia.stf.jus.br/pages/search/sjur150958/false>. Acesso em: 25 jun. 2021.

BRASIL. Supremo Tribunal Federal. Habeas Corpus n. 59.668-1/RJ. Relator: Min. Moreira Alves. **Diário da Justiça**, Brasília, DF, 4 jun. 1982. Disponível em: <https://jurisprudencia.stf.jus.br/pages/search/sjur149835/false>. Acesso em: 25 jun. 2021.

BRASIL. Supremo Tribunal Federal. Habeas Corpus n. 65.988/PR. Relator: Min. Sydeny Sanches. **Diário da Justiça**, Brasília, DF, 18 ago. 1989. Disponível em: <https://redir.stf.jus.br/paginadorpub/paginador.jsp?docTP=AC&docID=69716>. Acesso em: 25 jun. 2021.

BRASIL. Supremo Tribunal Federal. Habeas Corpus n. 75.178/RJ. Relator: Min. Carlos Velloso. **Diário da Justiça**, Brasília, DF, 12 dez. 1997. Disponível em: <https://redir.stf.jus.br/paginadorpub/paginador.jsp?docTP=AC&docID=75793>. Acesso em: 25 jun. 2021.

BRASIL. Supremo Tribunal Federal. Habeas Corpus n. 76.208/RJ. Relator: Min. Carlos Velloso. **Diário da Justiça**, Brasília, DF, 24 abr. 1998a. Disponível em: <https://redir.stf.jus.br/paginadorpub/paginador.jsp?docTP=AC&docID=76497>. Acesso em: 25 jun. 2021.

BRASIL. Supremo Tribunal Federal. Habeas Corpus n. 81.324/SP. Relator: Min. Nelson Jobim. **Diário da Justiça**, Brasília, DF, 23 ago. 2002b. Disponível em: <https://redir.stf.jus.br/paginadorpub/paginador.jsp?docTP=AC&docID=78702>. Acesso em: 25 jun. 2021.

BRASIL. Supremo Tribunal Federal. Habeas Corpus n. 82.697/SP. Relator: Min. Ilmar Galvão. **Diário da Justiça**, Brasília, DF, 14 mar. 2003b. Disponível em: <https://redir.stf.jus.br/paginadorpub/paginador.jsp?docTP=AC&docID=79123>. Acesso em: 25 jun. 2021.

BRASIL. Supremo Tribunal Federal. Habeas Corpus n. 84.078/MG. Relator: Min. Eros Grau. **Diário da Justiça**, Brasília, DF, 5 fev. 2009a. Disponível em: <https://redir.stf.jus.br/paginadorpub/paginador.jsp?docTP=AC&docID=608531>. Acesso em: 25 jun. 2021.

BRASIL. Supremo Tribunal Federal. Habeas Corpus n. 86.834/SP. Relator: Min. Marco Aurélio. **Diário da Justiça**, Brasília, DF, 9 mar. 2007a. Disponível em: <https://redir.stf.jus.br/paginadorpub/paginador.jsp?docTP=AC&docID=409304>. Acesso em: 25 jun. 2021.

BRASIL. Supremo Tribunal Federal. Habeas Corpus n. 87.585/TO. Relator: Min. Marco Aurélio. **Diário da Justiça**, Brasília, DF, 26 jun. 2009b. Disponível em: <https://jurisprudencia.stf.jus.br/pages/search/sjur127/false>. Acesso em: 25 jun. 2021.

BRASIL. Supremo Tribunal Federal. Habeas Corpus n. 89.544/RN. Relator: Min. Cezar Peluso. **Diário da Justiça**, Brasília, DF, 15 maio 2009c. Disponível em: <https://stf.jusbrasil.com.br/jurisprudencia/4128305/habeas-corpus-hc-89544-rn>. Acesso em: 25 jun. 2021.

BRASIL. Supremo Tribunal Federal. Habeas Corpus n. 89.681/RO. Relatora: Min. Cármen Lúcia. **Diário da Justiça**, Brasília, DF, 2 fev. 2007b. Disponível em: <https://redir.stf.jus.br/paginadorpub/paginador.jsp?docTP=AC&docID=402450>. Acesso em: 25 jun. 2021.

BRASIL. Supremo Tribunal Federal. Habeas Corpus n. 106.314/SP. Relatora: Min. Cármen Lúcia. **Diário da Justiça**, Brasília, DF, 24 ago. 2011. Disponível em: <https://redir.stf.jus.br/paginadorpub/paginador.jsp?docTP=TP&docID=1395197>. Acesso em: 25 jun. 2021.

BRASIL. Supremo Tribunal Federal. Habeas Corpus n. 109.579/BA. Relator: Min. Luiz Fux. **Diário da Justiça**, Brasília, DF, 4 set. 2013a. Disponível em: <https://redir.stf.jus.br/paginadorpub/paginador.jsp?docTP=TP&docID=4439483>. Acesso em: 25 jun. 2021.

BRASIL. Supremo Tribunal Federal. Habeas Corpus n. 114.323/BA. Relator: Min. Luiz Fux. **Diário da Justiça**, Brasília, DF, 18 jun. 2013b. Disponível em: <https://redir.stf.jus.br/paginadorpub/paginador.jsp?docTP=TP&docID=4004070>. Acesso em: 25 jun. 2021.

BRASIL. Supremo Tribunal Federal. Habeas Corpus n. 126.292/SP. Relator: Min. Teori Zavascki. **Diário da Justiça**, Brasília, DF, 17 maio 2016d. Disponível em: <https://redir.stf.jus.br/paginadorpub/paginador.jsp?docTP=TP&docID=10964246>. Acesso em: 25 jun. 2021.

BRASIL. Supremo Tribunal Federal. Habeas Corpus n. 191.836/SP. Relator: Min. Marco Aurélio. **Diário da Justiça**, Brasília, DF, 1º mar. 2021c. Disponível em: <https://redir.stf.jus.br/paginadorpub/paginador.jsp?docTP=TP&docID=755173854>. Acesso em: 25 jun. 2021.

BRASIL. Supremo Tribunal Federal. Questão de Ordem na Repercussão Geral no Recurso Extraordinário n. 966.177/RS. Relator: Min. Luiz Fux. **Diário da Justiça**, Brasília, DF, 1º fev. 2019b. Disponível em: <https://jurisprudencia.stf.jus.br/pages/search/sjur397311/false>. Acesso em: 25 jun. 2021.

BRASIL. Supremo Tribunal Federal. Questão de Ordem no Habeas Corpus n. 76.347/MS. Relator: Min. Moreira Alves. **Diário da Justiça**, Brasília, DF, 8 maio 1998b. Disponível em: <https://redir.stf.jus.br/paginadorpub/paginador.jsp?docTP=AC&docID=80259>. Acesso em: 25 jun. 2021.

BRASIL. Supremo Tribunal Federal. Questão de Ordem no Habeas Corpus n. 86.009/DF. Relator: Min. Carlos Britto. **Diário da Justiça**, Brasília, DF, 27 abr. 2007c. Disponível em: <https://redir.stf.jus.br/paginadorpub/paginador.jsp?docTP=AC&docID=443460>. Acesso em: 25 jun. 2021.

BRASIL. Supremo Tribunal Federal. Recurso Extraordinário n. 420.816/PR. Relator: Min. Carlos Velloso. **Diário da Justiça**, Brasília, DF, 10 dez. 2006d. Disponível em: <https://redir.stf.jus.br/paginadorpub/paginador.jsp?docTP=AC&docID=390768>. Acesso em: 25 jun. 2021.

BRASIL. Supremo Tribunal Federal. Recurso Ordinário em Habeas Corpus n. 79.974/RJ. Relator: Min. Néri da Silveira. **Diário da Justiça**, Brasília, DF, 18 ago. 2000. Disponível em: <https://jurisprudencia.stf.jus.br/pages/search/sjur22249/false>. Acesso em: 25 jun. 2021.

BRASIL. Supremo Tribunal Federal. Recurso Ordinário em Habeas Corpus n. 94.482/RN. Relatora: Min. Cármen Lúcia. **Diário da Justiça**, Brasília, DF, 15 ago. 2008. Disponível em: <https://redir.stf.jus.br/paginadorpub/paginador.jsp?docTP=AC&docID=541631>. Acesso em: 25 jun. 2021.

BRASIL. Supremo Tribunal Federal. Recurso Ordinário em Habeas Corpus n. 122.462/SP. Relator: Min. Teori Zavascki. **Diário da Justiça**, Brasília, DF, 9 set. 2014c. Disponível em: <https://redir.stf.jus.br/paginadorpub/paginador.jsp?docTP=TP&docID=6683006>. Acesso em: 25 jun. 2021.

BRASIL. Supremo Tribunal Federal. Referendo na Medida Cautelar na Supensão de Liminar n. 1.395/SP. Relator: Min. Luiz Fux. **Diário da Justiça**, Brasília, DF, 4 fev. 2021d. Disponível em: <https://redir.stf.jus.br/paginadorpub/paginador.jsp?docTP=TP&docID=754954657>. Acesso em: 25 jun. 2021.

BRASIL. Supremo Tribunal Federal. **Regimento Interno**: atualizado até a Emenda Regimental n. 57/2020. Brasília, DF, 2020d. Disponível em: <https://www.stf.jus.br/arquivo/cms/legislacaoRegimentoInterno/anexo/RISTF.pdf>. Acesso em: 25 jun. 2021.

BRASIL. Supremo Tribunal Federal. **Súmulas do STF**. Brasília, DF, 1º dez. 2017. Disponível em: <http://www.stf.jus.br/arquivo/cms/jurisprudenciaSumula/anexo/Enunciados_Sumulas_STF_1_a_736_Completo.pdf>. Acesso em: 25 jun. 2021.

BRASIL. Supremo Tribunal Federal. **Súmulas Vinculantes do STF**. Brasília, DF, 8 maio 2020e. Disponível em: <http://www.stf.jus.br/arquivo/cms/jurisprudenciaSumulaVinculante/anexo/2020SumulaVinculante1a29e31a58Completocapaecontedo.pdf>. Acesso em: 25 jun. 2021.

BRASIL. Tribunal Regional Federal (4ª Região). **Regimento Interno [do] Tribunal Regional Federal da Quarta Região**: instituído pela Resolução n. 23/09, publicada em 04 de abril de 2019. Porto Alegre, 2019c. Disponível em: <https://www2.trf4.jus.br/trf4/upload/editor/apb17_ritrf4-ar19-para_imprimir.pdf>. Acesso em: 25 jun. 2021.

BUENO, C. S. **Manual de direito processual civil**. São Paulo: Saraiva, 2016.

CIDH – Comissão Interamericana de Direitos Humanos. **Convenção Americana sobre Direitos Humanos**. San José, Costa Rica, 22 nov. 1969. Disponível em: <https://www.cidh.oas.org/basicos/portugues/c.convencao_americana.htm>. Acesso em: 25 jun. 2021.

CINTRA, A. C. de A.; GRINOVER, A. P.; DINAMARCO, C. R. **Teoria geral do processo**. 20. ed. São Paulo: Malheiros, 2004.

CHOUKR, F. H. **Código de Processo Penal**: comentários consolidados e crítica jurisprudencial. 2. ed. Rio de Janeiro: Lumen Juris, 2007.

DAMÁSIO DE JESUS, E. **Código de Processo Penal anotado**. 19. ed. São Paulo: Saraiva, 2002.

DEZEM, G. M. **Curso de processo penal**. 3. ed. São Paulo: Revista dos Tribunais, 2017.

ESPÍNOLA FILHO, E. **Código de Processo Penal brasileiro anotado**. Rio de Janeiro: Ed. Rio, 1980. v. 3.

GRINOVER, A. P.; GOMES FILHO, A. M.; FERNANDES, A. S. **Nulidades no processo penal**. 8. ed. São Paulo: Revista dos Tribunais, 2004.

GRINOVER, A. P.; GOMES FILHO, A. M.; FERNANDES, A. S. **Recursos no processo penal**. 4. ed. São Paulo: Revista dos Tribunais, 2005.

GRECO FILHO, V. **Manual de processo penal**. São Paulo: Saraiva, 1995.

JARDIM, A. S. **Direito processual penal**. 11. ed. Rio de Janeiro: Forense, 2005.

LOPES JR., A. **Direito processual penal**. 15. ed. São Paulo: Saraiva, 2018.

MARQUES, J. F. **A instituição do júri**. São Paulo: Saraiva, 1963. v. I.

MARQUES, J. F. **Elementos de direito processual penal**. Rio de Janeiro: Forense, 1965. v. 4.

MEDINA, J. M. G. **Novo Código de Processo Civil comentado**. 3. ed. São Paulo: Revista dos Tribunais, 2015.

MENDONÇA, A. B. de. **Nova reforma do Código de Processo Penal comentada**: artigo por artigo. São Paulo: Método, 2008.

MIRABETE, J. F. **Processo penal**. 18. ed. São Paulo: Atlas, 2006.

MOSSIN, H. A. **Nulidades no direito processual penal**. 3. ed. Barueri: Manole, 2005.

MOSSIN, H. A. **Recursos em matéria criminal**: doutrina, jurisprudência, modelos de petição. 4. ed. Barueri: Manole, 2006.

MUCCIO, H. **Curso de processo penal**. 2. ed. São Paulo: Método, 2011.

NORONHA, E. M. **Curso de processo penal**. 10. ed. São Paulo: Saraiva, 1978.

NUCCI, G. de S. **Código de Processo Penal comentado**. 4. ed. São Paulo: Revista dos Tribunais, 2005.

NUCCI, G. de S. **Júri**: princípios constitucionais. São Paulo: Juarez de Oliveira, 1999.

PACELLI, E. **Curso de processo penal**. 17. ed. São Paulo: Atlas, 2013.

PARANÁ. Procuradoria-Geral de Justiça. Resolução n. 316/2006. **Diário Oficial do Estado**, 2006.

PARANÁ. Tribunal de Justiça do Estado do Paraná. **Regimento Interno do Tribunal de Justiça do Estado do Paraná**. Curitiba, 2021. Disponível em: <https://www.tjpr.jus.br/regimento-interno-tjp>. Acesso em: 25 jun. 2021.

RABELO, G. O princípio da ne reformatio in pejus indireta nas decisões do Tribunal do Júri. **Boletim do IBCCrim**, São Paulo, v. 17, n. 203, p. 16-18. out. 2009.

RANGEL, P. **A coisa julgada no processo penal brasileiro como instrumento de garantia**. São Paulo: Atlas, 2012a.

RANGEL, P. **Direito processual penal**. 20. ed. São Paulo: Atlas, 2012b.

RIO GRANDE DO SUL. Lei Estadual n. 7.356, de 1º de fevereiro de 1980. **Diário Oficial do Estado**, Porto Alegre, 1º fev. 1980. Disponível em: <http://www3.al.rs.gov.br/legis/M010/M0100018.asp?Hid_IdNorma=26547&Texto=&Origem=1>. Acesso em: 25 jun. 2021.

RIO GRANDE DO SUL. Tribunal de Justiça do Estado do Rio Grande do Sul. **Regimento Interno do Tribunal de Justiça do Estado do Rio Grande do Sul**. Porto Alegre, 2018. Disponível em: <https://www.tjrs.jus.br/novo/jurisprudencia-e-legislacao/legislacao/justica-estadual/>. Acesso em: 25 jun. 2021.

SÃO PAULO (Estado). Tribunal de Justiça do Estado de São Paulo. **Regimento Interno do Tribunal de Justiça do Estado de São Paulo**. São Paulo, 2013. Disponível em: <https://www.tjsp.jus.br/Download/Portal/Biblioteca/Biblioteca/Legislacao/RegimentoInternoTJSP.pdf>. Acesso em: 25 jun. 2021.

SÃO PAULO (Estado). Procuradoria-Geral de Justiça. Corregedoria-Geral do Ministério Pública. Resolução n. 1.187, de 23 de janeiro de 2020. **Diário Oficial do Estado**, São Paulo, 24 jan. 2020. Disponível em: <http://biblioteca.mpsp.mp.br/phl_img/resolucoes/1187.pdf>. Acesso em: 25 jun. 2021.

TORNAGUI, H. **Curso de processo penal**. 9. ed. São Paulo: Saraiva, 1995.

TOURINHO FILHO, F. da C. **Código de Processo Penal comentado**. 9. ed. São Paulo: Saraiva, 2005. v. 2.

TOURINHO FILHO, F. da C. **Processo penal**. 34. ed. São Paulo: Saraiva, 2012. v. 4.

Sobre o autor

Eduardo Pião Ortiz Abraão é mestre em Direito Penal pela Pontifícia Universidade Católica de São Paulo (PUC-SP) e especialista em Direito do Estado pela Universidade Gama Filho. É professor no Centro Universitário Internacional Uninter e defensor público do Estado do Paraná, tendo sido defensor público-geral do estado entre 2017 e 2021. Foi membro da Banca Examinadora do II Concurso para Ingresso na Carreira de Defensor Público do Estado do Paraná.

Impressão: Forma Certa Gráfica Digital
Abril/2023